Second Edition

# Consumption and Promotion

# 소비와 프로모션

서여주 저

(주)백산출판사

# 제2판 머리말

ESG(환경(Environmental), 사회(Social), 지배구조(Governance)의 약칭으로 기업의 비재무적 성과를 판단하는 기준으로 활용되고 있음)와 메타버스는 최근 가장 핫한 두 개의 키워드로 부상하고 있다. ESG는 기업경영의 사회적 책임과 윤리적 배경에서 나온 용어이고, 메타버스는 온라인게임과 ICT 분야의 가상현실 기술에서 출현한 용어로서 그 등장 배경은 다르지만 Covid-19로 인해 동시에 핫이슈로 부상했다. 산업혁명과 더불어 본격적으로 꽃피우기 시작한 자본주의의 흐름이 가속화되며 모든 부문에서 경쟁이 치열해지게 되었는데, 결과 지상주의적 과열 경쟁이 빈부 격차 심화, 환경오염 등 다양한 문제점을 야기함으로써 지속가능성에 대한 근본적 우려를 낳고 있는 상황이다. 이러한 배경이 ESG 이슈가 부상하게 된 계기이며, 기존의 기업의 사회적 책임(Corporate Social Responsibility, CSR) 개념 대비 기업들이 시장에 참여하기 위한 전제 조건으로서 이행의무에 대한 강제성을 한층 강화하고 있다. 메타버스는 Covid-19에 대한 단기적 대응 관점에서 언택트 업무 문화가 확산되며 부상한 용어로서, 기존의 가상현실에 경제적 활동 측면이 강화되며 본격적으로 부상하게 되었다. 얼핏 달라보이는 두 가지 용어들에도 공통점이 존재하는데, 기존의 결과 중심적인 접근 대신 '과정'이 중요해지고 있고, 그러한 과정에 대한 기여도를 평가하겠다는 의도가 숨겨져 있다. ESG는 돈을 벌되 그 수단과 과정의 정당성이 담보되어야 하며, 메타버스는 그러한 과정의 기록 및 검증 수단으로 기능할 수 있다는 접점이 존재한다. 메타버스 안에서는 모든 활동 로그가 기록되어 커뮤니티 구성원들 간의 기여도에 따라 공정하고 투명한 평가가 이루어질 수 있기 때문이다.

이렇듯 새로운 이슈의 등장은 사회 · 문화 · 경제적 기능에 영향을 미치고, 특히 소비와 연계된 프로모션 활동에 적극적으로 반영되고 있다. 이 책은 독자 여러분들에게 소비와 프로모션에 대한 주요 개념들이 어떻게 적용되고 있는지를 학습할 수 있도록 하였고, 이를 바탕으로 실질적인 프로모션 전략의 기본 지침을 제공한다.

소비와 프로모션 초판에 이어 제2판으로 독자 여러분들을 빠르게 다시 만나게 되어 기쁜 마음이다. 앞으로도 독자들의 지속적인 사랑으로 소비와 프로모션에 대한 기본서로서 탄탄하게 자리매김하기를 기원한다.

끝으로 이 책이 나올 수 있도록 무리한 일정에도 기꺼이 출판을 허락해 주신 ㈜백산출판사의 진욱상 대표님과 책을 만드느라 애써주신 편집부 및 마케팅부 여러분께 진심을 담아 감사의 말씀을 드린다.

2021.08.

새롭게 진화하는 프로모션 활동을 위해 …

저자 서 여 주

# 머리말

지금은 연결 시대를 넘어선 초연결 시대다. 연결의 시대에는 온라인과 오프라인의 구분이 실재했다면, 초연결 시대에는 이런 구분이 존재하지 않는다. 이른바 '온라이프(onlife)' 시대다. 모든 것이 연결되고 기존 연결은 더욱 강화되는 지금, 소비자와 연계된 프로모션이 원활하게 이루어지고 있는지를 점검해야 한다.

프로모션은 소비자로 하여금 생각이나 물건들을 수용하도록 설득하는 커뮤니케이션과 동일한 의미로 본 책은 프로모션의 틀을 정리하고 프로모션의 각 도구들을 일목요연하게 설명함으로써 기업과 소비자가 상생할 수 있는 활동들을 소개한다. 무엇보다 급격히 변화하는 시장환경에서 소비자의 시각으로 프로모션에 대해 정확히 이해하고 이를 실질적으로 활용하는 데 도움을 주고자 한다. 더불어 경제의 서비스화가 진행되면서 서비스 산업의 중요성을 강조하는 서비스와 연계된 프로모션 사례도 추가하였다.

이 책은 모두 4부 10장으로 구성되어 있다.

1부는 프로모션에 대한 개관으로 프로모션의 개념, 중요성과 특징 그리고 요소를 다루고 있다.

2부는 프로모션과 커뮤니케이션으로 커뮤니케이션의 정의와 구성요소, 유형, 기능, 반응과정을 다루었고, 설득의 정의, 설득커뮤니케이션의 속성, 설득커뮤니케이션의 요소별 특성 등을 자세히 설명하였다. 또한 커뮤니케이션 지향적인 명시적 프로모션(광고와 PR)과 판매지향적인 명시적 프로모션(인적판매와 판매촉진)을 다루었다.

3부는 프로모션에 관한 이론으로 태도의 개념과 기능 그리고 태도형성에 대한 이론, 관여도와 태도, 태도변화에 대한 이론을 다루었다.

4부는 서비스 경험과 프로모션으로 서비스의 이해 및 서비스와 암시적 프로모션(상품 · 가격 · 유통 · 촉진관리) 그리고 서비스디자인에 대하여 소개하였다.

이 책은 독자들이 소비와 프로모션에 대해 정확히 이해하고 이를 실질적으로 활용하는 데 도움을 주는 것이 무엇보다 중요하다는 판단하에 가급적 쉽게 이해할 수 있도록 하였다. 또한 프로모션과 연관된 주요 이론들을 다루면서 학문적 접근을 위한 요구에 부응하고자 노력하였다. 독자들의 지속적인 사랑으로 소비와 프로모션에 대한 기본서로서 자리매김하기를 기원한다. 앞으로도 소비와 프로모션에 관한 쉬운 이해와 더불어 풍부한 사례정보를 새롭게 수록하여 보다 완성도 높은 책이 되도록 지속적으로 노력하겠다.

끝으로 이 책이 나올 수 있도록 무리한 일정에도 기꺼이 출판을 허락해 주신 ㈜백산출판사의 진욱상 대표님과 책을 만드느라 애써주신 편집부 및 마케팅부 여러분께 진심을 담아 감사의 말씀을 드린다.

2021.02.

소비자를 끌어당기는 방법에 도움이 되길 바라며 …

저자 서 여 주

# 차례

## 1부 프로모션에 대한 개관



## 2부 프로모션과 커뮤니케이션

# 4부 서비스경험과 프로모션

# 1부

# 프로모션에 대한 개관

# 소비와 프로모션

제1장

# 프로모션의 이해

## 1. 프로모션(promotion)의 개념

프로모션은 마케팅 활동의 일부분이다. 미국의 마케팅학회(AMA: American Marketing Association)에서는 마케팅을 '개인과 조직의 목표를 충족시킬 수 있는 교환(exchange)을 창출하기 위한 아이디어(idea), 제품(product), 서비스(service)의 개념화(conception), 가격(pricing), 프로모션(promotion), 유통(distribution)을 기획하고 실행하기 위한 과정'이라 정의하고 있다. 이 정의에서는 마케팅의 핵심적인 4개의 영역(제품, 가격, 프로모션, 유통)을 마케팅 활동의 고유영역이라 정의하고 있는 것이다.

이 개념을 기초로 해서 살펴보면, 프로모션이란 마케팅 활동의 일부분이고, 마케팅의 목표가 교환(exchange)이듯이, 프로모션의 목표도 궁극적으로 교환을 창출하기 위한 것임을 강조하기 위한 것이다. 만약 프로모션이 교환 또는 거래에 어떤 방법으로든지 기여하지 않는다면 프로모션으로서의 의미는 사라진다.

프로모션은 원래 '앞으로 전진한다(to move forward)'는 뜻이지만, 마케팅에서는 '소비자로 하여금 생각이나 물건들을 수용하도록 설득'하는 커뮤니케이션과 동일한 의미로 사용되어 왔다. 다머머쓰(Dommermuth)는 프로모션을 '판매자의 통제하에서 판매자의 제품에 대하여 잠재고객에게 우호적이고 설득적인 정보를 전달하고자 하는 기법(technique)을 포괄하는 것'이라 정의하고 있다. 또한 프로모션은 암시적 프로모션(implicit promotion)과 명시적 프로모션(explicit promotion)으로 나눌 수 있다고 하였다. 암시적 프로모션은 제품, 유통, 가격에 내재하는 설득적 프로모션이며, 명시적 프로모션은 광고, 인적판매, 그리고 PR(Public Relations) 등에 의하여 전달되는 제품에 관한 설득적 프로모션이라 정의하고 있다. 명시적 프로모션과 암시적 프로모션을 잘 조정하고 통합하는 것을 통합적 마케팅 커뮤니케이션(IMC: Integrated Marketing Communication)의 개념으로 볼 수 있다.

엥겔(Engel et al., 1989) 등은 프로모션을 '잠재고객에게 기업이나 제품을 제시하기 위하여 고안된 커뮤니케이션 방법과 자료들의 조정되고 통합된 프로그램'이라 정의하고 있으며, 궁극적으로 판매를 촉진시켜 장기적 이익에 기여할 수 있도록 욕구를 충족시킬 수 있는 제품의 속성을 전달하고자 하는 것이라고 하였다. 이들의 개념적 정의는 프로모션 활동 목표의 초점을 판매에 두고 있고, 그 대상도 주로 기업, 제품에 두고 있으며, 특히 이들은 판매를 단기적 시각에서만 바라본 것이 아니라 장기적 이익을 인정함으로써 그 중간단계인 우호적 태도형성도 프로모션의 목표로 삼고 있다.

따라서 본 책에서는 프로모션을 '상품이나 서비스의 교환을 창출하고 아이디어를 촉진시키기 위한 설득정보의 경로 구축을 위한 판매자 주도의 노력'으로 정의할 것이다. 구체적인 방법에는 광고, 직접판매, 판매촉진, PR, 인적판매 등이 있으며, 이를 적절히 조정 · 통합하는 것을 '프로모션 믹스'라고 할 것이다.

이 개념은 몇 가지 특징으로 구분하여 설명할 수 있다. 첫째, 프로모션 목표는 교환의 창출, 즉 개념을 더욱 좁히면 판매에 있다. 단순한 우호적 태도형성을 위한 프로모션 활동을 프로모션으로 인식할 것인가의 문제는 마케팅의 개념과 직접적으로 연결되어 있다. 마케팅의 영역을 비영리조직까지 확대한다면 단순한 우호적 태도의 형성도 프로모션 개념의 영역으로 인정될 것이지만, 만약 그렇지 않다면 프로모션의 목표가 아닐 수 있다. 그러나 프로모션의 한 방법으로 제시되고 있는 PR 등은 그 자체가 우호적 태도의 형성에 있는 것으로 볼 수 있지만, 궁극적으로 판매를 염두에 두고 있는 것으로 보아야 할 것이다. 즉 단기적이든, 장기적이든, 직접적이든, 간접적이든 프로모션은 기업의 이익, 판매 등에 기여할 수 있어야 한다.

둘째, 명시적 프로모션이 그 대상이다. 그 이유는 암시적 프로모션을 포함시키는 것은 자칫 프로모션만의 영역이 아닌 마케팅 활동 전체와 깊은 관련이 있기 때문에 프로모션을 다루는 관점이 지나치게 포괄적일 수 있다.

## 2. 프로모션 전략의 개념과 전략상의 위치

프로모션 전략은 마케팅 전략의 하위활동이다. 전략이란 '변화하는 조직의 환경하에서 조직의 목표를 달성하기 위하여 조직의 자원을 효율적으로 배분하는 과정'이라 정의되는데, 그 의미를 자세히 살펴보면, 다음과 같다. 첫째, 변화하는 조직의 환경하에서라는 것은 조직을 둘러싸고 있는 대외적 · 대내적 환경을 고려한다는 것이며 둘째, 조직의 목표를 달성하기 위함이라는 것은 조직의 목표가 사전에 잘 정의되어 있어야 한다는 것이며 셋째, 조직의 자원을 효과적으로 배분한다는 것은 투입대비 산출의 비가 극대화될 수 있도록 자원의 조정과 통합을 이룬다는 것이다.

그러므로 프로모션 활동의 목표도 마케팅 목표하에서 설정되는 것이며, 그 프로모션 목표와 마케팅 목표를 달성하기 위하여 프로모션 활동들은 계획되고 집행된다. 프로모션의 목표를 설정할 때 프로모션의 목표를 마케팅 목표와 다른 차원에서(한 단계 낮은 차원에서) 설정할 수도 있으나, 마케팅 목표를 그대로 프로모션 목표로 이용할 수도 있다. 그러나 프로모션 활동들이 제각기 다른 성격의 몇 개의 하위활동으로 나누어지고, 다른 마케팅 요소들도 나름대로의 특성을 가지고 마케팅 목표를 달성하는 데 기여하기 때문에 프로모션의 목표와 마케팅 목표를 동일하게 설정하는 것은 흔하지 않을 것이다. 보통 마케팅 목표와 프로모션의 목표는 판매중심적인 목표와 커뮤니케이션 목표로 나누어서 그 시기의 환경에 따라 적절한 목표를 선택하여 사용할 수 있으며, 그에 따라 프로모션의 세부활동들이 조정되고 통합될 수 있다.

프로모션 활동은 광고(advertising), 인적판매(personal selling), 판매촉진(sales promotion), PR 또는 홍보(publicity) 등의 구체적인 4가지 활동으로 세분되는데, 이 구체적이고 나름대로의 특성을 가진 개별활동에서 마케팅 목표와 부합되는 개별목표를 설정하는 것이 바람직할 것으로 보인다.

프로모션 전략에서 목표를 설정하고 난 후의 다음 단계는 각 개별 세부 프로모션 활동별로 구체적인 실행계획을 수립하여 이를 실행에 옮기는 것이다. 예를 들면, 광고의 목표가 상표인지율을 70%로 확대하는 것이라면, 광고매체별로 자원을 할당하여 최소의 비용으로 그러한 목표를 달성할 수 있는 구체적인 세부실행활동들을 계획 및 집행할 수 있으며, 인적판매의 경우에는 편의점과 마트 등 리테일(Retail)에서 제품취급률을 50% 이상 확대하기 위하여 판매원들이 점포에 대한 전화 또는 방문 횟수를 통하여 제품취급률을 높일 수 있는 세부활동계획과 실행을,

판매촉진의 경우에는 사용을 통한 소비자인지율 30% 이상 확대라는 목표를 달성하기 위하여 우선적으로 사용률을 높여야 하는데, 이를 위해 쿠폰(coupon)을 사용할 것인지, 아니면 다른 견본품(sample)을 나누어줄 것인지에 관한 계획을 수립할 수 있고, PR 또는 홍보의 경우에는 표적시장에 대한 상표이미지의 우호성 10% 이상 증대라는 목표를 달성하기 위해, 투자자 등을 위한 제품설명회 등을 개최할 것인지에 관한 의사결정을 하는 것이다. 즉 프로모션 전략의 핵심은 마케팅 목표에 맞게 프로모션 세부활동들의 구체적인 계획을 수립하고, 일관성을 가지고 조정하고 통제하는 것이 핵심이 될 것이다.

## 3. 프로모션 요소

### 1) 암시적 프로모션(impicit promotion)

마케팅 믹스(marketing mix)는 구성요소인 제품, 가격, 프로모션, 유통 등이 공통의 목표하에 하나의 통일되고 일관된 활동으로 조정, 통합되는 것을 말한다. 즉 제품, 가격, 유통과 같은 전략적 활동에도 프로모션적 특성이 충분히 내재되어 있으며, 이를 암시적 프로모션이라고 한다(Dommermuth, 1989).

따라서 암시적 프로모션의 제품, 브랜드, 가격, 유통에 내재되어 있는 특성들을 살펴보자.

#### (1) 제품과 프로모션

프로모션에 이용되는 제품적 요소는 두 가지로 나누어볼 수 있다. 그 중 하나는 제품이 가지고 있는 기능적 특성(functional features)이며, 다른 하나는 대리적 단서(surrogate cues)이다. 이들은 모두 제품개념을 구성하고 있는 요소들인데, 기능적 특성은 소비자들이 추구하는 제품의 물리적 속성이고, 대리적 단서는 그 자체로서는 소비자들에게 혜택을 주지 못하지만 소비자들이 제품의 기능적 특성을 지각할 때 도움을 주는 특성이다.

기능적 특성에서 보면 이상적인 상표는 표적 소비자들의 욕구를 충족시켜줄 뿐만 아니라 경쟁자들보다 우월하고 소비자들이 그 제품을 사용하여 만족하면 반복구매함으로써 자연적으로 프로모션을 하게 되는 결과가 생긴다. 다시 말하면, 제품이 가지고 있는 본질적 혜택의 우월성이 자연적으로 프로모션의 역할을 하게 되는 것이다. 그러나 아쉽게도 이 기능적 특성 자체로는 소비자들로 하여금 제품의 차이를 느끼지 못하게 하는 경우가 많으며, 기술수준이 평준화되거나 제품 또는 상표의 수명주기가 성숙기에 이르게 되면 경쟁 제품들의 기술수준도 높아져 "제품의 품질=판매"라는 등식에 한계를 가져오게 된다.

제품의 기능적 특성이 소비자들에게 차별적 우위를 제공하지 못하는 경우, 제품의 기능적 특성상 우위를 보조해주는 것이 있다. 이것이 바로 대리적 단서이다. 이 대리적 단서에 해당하는 것이 바로 제품의 색깔, 모양, 디자인 등 제품을 구성하는 2차적 특성들이다. 물론 제품의 기능적 특성과 대리적 특성 모두가 명시적 프로모션의 대상이 될 수 있다. 그러나 본 책에서는 이들 특성과 단서들이 그 자체가 하나의 커뮤니케이션 수단이 된다는 것이다. 즉 제품의 기능적 특성은 그 자체로서 제품에 대한 메시지 전달효과를 가지고 있으며, 제품의 디자인, 색깔 등과 같은 대리적 단서들도 제품에 대한 메시지를 담고 있는 것이다. 예를 들어 제품의 색깔이 보다 원색적이고 감각적이라면 그것은 분명 그 색깔을 선호하는 소비자들을 표적시장으로 기획된 것이며, 제품의 편의적 특성이 가미된 자동차나 전자제품이라면 그것은 결국 그 표적시장을 판매대상으로 삼고 있다는 메시지를 담고 있는 것이다.

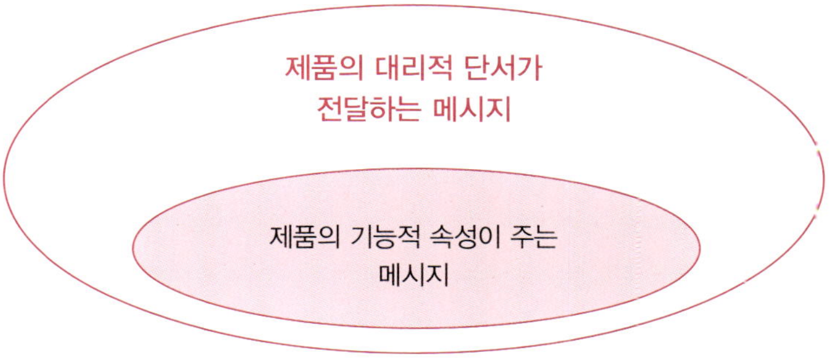


[그림 1-1] **제품과 암시적 프로모션**

### (2) 브랜드(brand)와 프로모션

브랜드는 고대 노르웨이에서 자신이 소유한 소(cow)를 타인의 소와 구분하기 위해 사용한 낙인(brander)에서 유래되었다는 주장과 16세기 초 영국의 위스키 제조업자들이 위스키의 나무통에 자신의 소유임을 나타내기 위해 인두로 표시(burned)한 것에서 비롯되었다는 주장으로, 두 가지 어원 모두 타인의 소유와 자신의 소유를 구분하기 위해 사용한 것이 브랜드의 유래임을 알 수 있다(서용구 · 구인경, 2017). 이런 브랜드가 단순한 형태의 출처 표시가 신용표시를 겸한 식별표시 기능을 발휘하기 시작한 것은 중세에 접어들면서부터이다. 브랜드가 제조업자의 신용을 나타내는 강제적인 성격의 상표의 기능은 18세기 초 프랑스의 영업 자유선언부터로, 이 시기에는 산업혁명과 더불어 제품의 대량 생산과 유통이 세분화되면서 단순히 생산표시로서의 기능만을 담당하던 상표가 신용의 표시, 재산의 표시 등으로 그 기능이 변화하기 시작했다. 18세기 후반 근대 공장조직이 출현되면서 제조업자는 브랜드를 통해 자기가 생산한 제품의 품질 특성을 소비자에게 알려가면서 다른 제조업자와 경쟁해야만 했다. 이러한 과정에서 소비자는 브랜드를 통하여 원하는 생산자와 제품을 구별할 수 있게 되었고, 브랜드는 점차 제조업자의 신용을 표시하는 기능으로 정착되어 갔다.

미국 마케팅협회(American Marketing Association : AMA)는 브랜드란 '판매자 개인이나 단체가 재화와 서비스를 특정 짓고 이것들을 경쟁자의 재화와 서비스로부터 차별화시킬 목적으로 만들어진 이름, 어구, 심벌, 디자인 또는 이들의 결합체'라고 정의한다. 즉 특정 판매자가 자신의 제품이나 서비스를 다른 경쟁자의 제품 또는 서비스와 구별해서 나타내기 위해 사용하는 이름, 어구, 심벌, 디자인 혹은 이들의 결합체라 할 수 있다. 브랜드에 대한 정의는 여러 가지가 있지만 브랜드를 직역하면 '상표'라고 하며, 다른 사람들의 물건과 자신의 것을 구분하기 위한 표식이라는 의미를 지닌다. 상표법에서는 '상표는 자시의 제품을 경쟁자들의 것과 구별하기 위해 사용하는 문자, 기호, 도형, 혹은 그들의 결합이다'라고 정의하고 있다. 브랜드의 연대별 주요 발전과정을 살펴보면 〈표 1-1〉과 같다.

**〈표 1-1〉 브랜드의 연대별 주요 발전과정**

| 시기 | 내용 |
|---|---|
| 기원전 2000 | 이집트인들이 가축들에게 브랜드를 새겨 구별 |
| 기원전 700 | 그리스 상인들이 최초로 상업적 목적을 위해서 항아리에 자신의 브랜드를 부착하여 판매 |
| 기원전 600 | 바빌론 상인들이 가게를 표시하는 간판을 걸고 상품을 광고하였으며 경쟁업체들과의 차이점을 묘사 |
| 기원전 560 | 현재 터키에 있는 리디아의 크로이소스 왕은 금화를 만들어 자신의 인장을 찍음 |
| 기원전 300 | 로마 상인은 심벌을 통해 제품의 생산지를 알림 |

| | |
|---|---|
| 1200-1600 | 유럽의 수도원들은 맥주와 술을 구분하기 위해 브랜드를 사용함 |
| 1400년대 | 인두로 가축의 살을 태워서 자신의 소유임을 알리게 되면서 '브랜드' 라는 단어가 처음으로 영어에 등장 |
| 1600년대 | 상업이 번성하면서 상업적 활동을 알리는(여관, 제과점, 생필품점 등) 표시가 문맹인 사람들에게 제품을 광고하기 위해 사용 |
| 1760년 | 조사이어 웨지우드(Josiah Wedgwood)가 브란드를 만들어 기업화함 |
| 1848년 | 대중문화가 처음으로 펼친 정치 행동인 파리 코뮌(Paris Commune) 이후 현대의 상업적 브랜드가 대거 등장 |
| 1870년 | 미국 텍사스 농장주 새무엘 매버릭(Samuel A. Maverick)이 송아지에 낙인을 찍는 것을 거부하면서 그의 이름 매버릭(Maverick)이 '달리 생각하는 '이단아'를 의미하는 단어가 됨 |
| 1886년 | 코카콜라 브랜드를 상표 등록 |
| 1910년 | 현대 광고의 창시자이며, 브랜드 주창자인 클라우드 홉킨스(Claude Hopkins)는 "사람들은 광대에게 물건을 사지 않는다."라고 말하며 브랜드 이미지의 중요성을 강조함 |
| 1922년 | '브랜드 네임'이라는 단어가 영어에 처음 등장함 |

출처: 손일권(2003)

브랜드 범위는 브랜드 네임(Brand Name), 트레이드 마크(Trade Mark), 브랜드 마크(Brand Mark)로 구분할 수 있는데, 언어로 표현할 수 있는 것은 브랜드 네임이며, 시각적 기호, 마크 등처럼 언어로 표현할 수 없는 것은 브랜드 마크이다. 또 다른 범위인 트레이드마크(Trademark; TM)는 일반적으로 미등록상표에 사용하는데, 기호의 사용에 아무런 제약이 없으며 법적 구속력도 없다. 즉 이 기호는 등록상표를 뜻하는 것은 아니며, 어느 누구라도 자기의 상표에 "TM"을 표시하여 이용할 수 있다. 상표에서 "TM"표시를 배치해야 하는 위치에 관한 정해진 규칙은 없지만 상표의 오른쪽에 표시하는 것이 일반적이다.

서비스마크(Servicemark; SM)는 서비스에 대한 상표(서비스표)라는 의미로 흔히 우버(Uber), 델타(Delta Air Lines) 같은 서비스를 파는 곳에서 사용한다.

등록상표(Registered; Ⓡ)는 특허청에 등록된 상표(Registered Trademark)로서 법적으로 보호되는 상표라는 의미이다. 등록상표에 대해 "Ⓡ"표시를 어떤 방식으로 해야 하는지에 관한 규정은 없으며, 상표권자는 자유로운 방식으로 자신의 등록상표에 "Ⓡ"표시를 할 수 있다. 다만, 일반적으로 상표의 오른쪽에 표시하고 있다. 등록상표에 대해 "Ⓡ"표시를 반드시 해야 한다는 규정도 없으므로 상표권자는 자신의 등록상표에 "Ⓡ"표시를 하지 않아도 된다. 반대로, 만일 등록되지 않은 상표에 "Ⓡ"표시를 하면 이는 "거짓 표시의 금지" 규정(상표법 제224조)에 해당하여 3년 이하의 징역 또는 3천만원 이하의 벌금에 처해질 수 있다(상표법 제233조: 거짓 표시의 죄).

한편, 상표에 "Ⓡ"표시를 했다는 것은 상표권자가 이 상표는 법적 보호를 받는 등록상표이므로 이 상표권을 침해하면 법적 책임을 묻겠다는 경고로 볼 수 있다.

이런 브랜드는 제품이나 서비스 또는 기업 자체의 정체성을 부여하고 타 경쟁사의 제품 또는 서비스와 차별화할 수 있는 기능을 가지고 있다. 소비자들은 브랜드의 정체성과 차별성을 통해 특정 브랜드에 대한 로열티를 갖게 되며, 소비자로 하여금 브랜드를 재구매하게 만들고 결국 기업의 이익을 창출하는 원천이 된다.

### ① 브랜드 구성요소와 분류

브랜드는 소비자에게 자신의 실체를 나타내는 한편 경쟁사와 차별성을 나타내주는 역할을 하는데, 언어적, 비언어적 요소를 모두 포함하는 총체적인 개념으로 단순한 제품명이 아닌 시각에서 청각에 소구될 수 있는 모든 요소들을 포함한다고 할 수 있다.

첫째, 브랜드 네임(brand name)은 브랜드에 있어서 가장 중요한 매체를 칭하는 가장 본질적인 요소로 그 브랜드가 무엇이고, 어떤 것을 할 수 있는지에 대한 연상을 일으킬 수 있다. 이는 브랜드 인지와 의사소통의 기본이 되며 브랜드 네임이 사실상 브랜드 컨셉(brand concept)의 핵심을 형성하는 것으로 브랜드 네임은 소비자에게 알려지는 것이 제일 중요하다(김훈철, 2005).

둘째, 브랜드 인지도를 높이기 위해 가장 많이 사용되는 시각적 요소는 로고(logo)와 심벌(symbol)이다. 로고는 형태를 부여받은 이름, 즉 시각적으로 만들어진 이름으로 브랜드 네임을 다른 사람들이 쉽게 또는 오래 기억할 수 있도록 구성한 독특한 글자체로, 특정 브랜드를 표현하기 위한 고유의 글자체라 할 수 있다. 이런 브랜드 로고는 기원, 소유 또는 연상의 수단으로 기업명을 시각적으로 표현하는 워드마크 형태부터 추상적인 형태에 이르기까지 그 유형이 다양하다(Keller, 1998).

한편 심벌은 글자체에 국한된 것이 아니며 특정한 회사라든지 상표명 등을 나타내는 종합적인 상징체계를 뜻한다. 로고와 심벌은 브랜드 네임과 제품을 소비자에게 쉽게 상기되도록 조화가 잘 이루어져야 한다. 그러므로 브랜드 네임, 로고, 심벌과 같은 브랜드의 시각적 결과물들 간의 조화는 디자인 제작 또는 리뉴얼 시에 가장 중요하게 고려해야 할 점이다.

셋째, 캐릭터(character)는 인간의 심층에 내제된 아름다움과 인간성에 대한 동경을 대상물을 통해 친근감 있게 시각화한 것이라고 정의할 수 있는데 캐릭터를 만들어내는 과정은 매우 어려운 작업이다(유명환 · 용진경, 2009). 캐릭터는 브랜드를 상징하면서 소비자들에게 호감을 일으켜 마케팅 촉진수단으로 사용되기 때문에 브랜드의 구성요소 중 이미지를 대표하는 기능을 수행하며 다양한 이미지로 표현되기 때문에 소비자들의 시선을 끌기에 충분하며 브랜드의 핵심적인 편익을 효과적으로 전달하는데 도움이 된다. 그러므로 대부분의 캐릭터는 간접적이며 화려하고 과장된 이미지로 표현하는 경우가 많다.

넷째, 슬로건(Slogan)이란 본래 스코틀랜드에서 위급할 때 집합신호로 외치는 소리란 뜻에서 유래된 말로 사전적 의미로 대중의 행동을 조작하는 선전에 쓰이는 짧은 문구이다(지명구, 2013). 슬로건은 압축된 문장으로 브랜드를 표현하여 브랜드 인지도를 높이는 데 결정적으로 기여하며 브랜드 이미지를 암시적으로 소비자의 기억 속에 포지셔닝(positioning)하는 대표적 방법으로 광고 캠페인과 같은 마케팅 활동에 많이 사용되는 강력한 브랜드 요소이다.

또한 징글(Jingle)은 브랜드에 관하여 사용된 음악적 메시지, 즉 리듬감을 가진 음악 슬로건으로 전문 작곡자에 의해 작곡되는 광고용 후렴구로, 브랜드의 편익을 전달할 수 있으며 간접적이고 매우 추상적인 방식으로 제품의 의미를 전달한다.

다섯째, 패키지(package)는 제품의 용기 또는 포장지 등을 말하며 제품과 더불어 브랜드의 상징성을 담고 있다. 때문에 패키지 디자인은 내용물의 보호나 보존 등의 목적 이외에 상품의 특성과 내용을 알기 쉽게 전달하고, 소비자의 욕구를 만족시켜 판매를 증대시키는 이중적인 목적을 지니고 있다. 즉 패키지는 브랜드의 명칭과 이미지를 직접적으로 노출시키는 특성을 지녀 제품의 특성이나 장점, 효율성, 사용방법, 내용물에 대한 정확한 내용성분과 기술적인 세부 설명 등의 모든 정보를 알려준다. 패키지는 매체 광고보다 훨씬 더 지속성 있으며 경제적이고 효과적으로 제품의 보호 및 정보전달 등의 기본적인 기능을 수행함과 동시에 브랜드의 차별화 수단으로 사용되는 강력한 커뮤니케이션 수단이 된다.

여섯째, 서체(Typo)는 해당 브랜드가 가지고 있는 아이덴티티를 형성하는 데 기초적인 구성요소로 해당 브랜드의 제품 성격에 따라 다양한 타이포를 사용할 수도 있다. 그렇기 때문에 기존 서체 중 선택하여 기업 전용 서체를 사용하는 경우가 있는가 하면, 브랜드의 이미지에 따라 그 기업만의 브랜드 전용 서체를 직접 만드는 경우도 있다.

마지막으로 컬러(Color) 역시 브랜드의 일관된 이미지와 아이덴티티를 형성하는 중요한 요소 중 하나이다. 소비자들이 특정기업 또는 제품 브랜드를 떠올림과 동시에 그와 연관된 브랜드만의 고유 컬러가 연상되는 것은 곧 기업의 철학을 반영하는 것으로 인식되기 때문이다.

### ② 브랜드 계층구조에 따른 분류

• 기업 브랜드(Corporate Brand)

일반적으로 기업의 이름을 그대로 브랜드로 사용하는 경우로 한 번 정해지면 좀처럼 바꾸기 어려울 뿐만 아니라 오랫동안 지속적으로 사용되기 때문에 철저한 계획하에 장기적이고 신중하게 개발돼야 한다. 그러나 기업의 전략에 의해 변경하거나 새로 만들 수도 있다. 최근 글로벌 브랜드도 시대적 트렌드에 부합하여 조금씩 변경하는 추세이다.

• 패밀리 브랜드(Family Brand)

패밀리 브랜드는 기업 브랜드만으로는 생산하는 모든 제품에 적용하기 어려운 경우, 동일한 범주 또는 동일한 아이덴티티를 갖는 다수의 제품 개별 브랜드를 하나의 브랜드로 묶어주는 역할을 하는데 대표적인 예로 대상의 청정원과 풀무원의 풀무원, 사조O&F의 해표, CJ의 해찬들 등이 있다.

• **개별 브랜드**(Individual Brand)

개별 브랜드는 기업 브랜드나 패밀리 브랜드와 같은 통합 브랜드의 보증적 역할에 의존하지 않는 브랜드로 제품이 가지는 성분, 속성, 특성, 편익, 등급 등이 너무나 독특한 경우에 선택한다. 대표적인 예로 삼성전자의 '비스포크(BESPOKE)', LG전자의 '시그니처(SIGNATURE)'가 있으며, 자신을 위한 투자에 아낌없는 싱글족을 겨냥한 프리미엄 가구 가전 브랜드 'LG 오브제(Objet)' 등이 있다.

• **브랜드 수식어**(Brand Modifier)

브랜드 수식어는 다른 브랜드의 보조를 위해 부착되는 것으로 제품의 특징을 묘사하는 역할을 한다. 데미소다 오렌지, 레몬, 애플 등과 같이 성분 표시를 하거나, 롯데백화점 본점, 잠실점 등과 같이 장소를 나타내기도 한다. 때로는 수식어를 이용하여 구형과 다른 신제품임을 나타내기도 하고, 기존 제품과의 차별화를 나타내기도 한다.

따라서 브랜드는 그 자체가 하나의 커뮤니케이션 수단이 된다. 브랜드는 한번 구축되면 매우 지속적인 특징을 갖기 때문에 암시적 프로모션의 가장 중요한 대상이 된다. 브랜드가 암시적 프로모션 수단이라는 것은 브랜드에 담겨 있는 이미지나 의미들이 결국 제품에 대하여 전달하고자 하는 메시지를 담고 있다는 것이다. 그것은 언어들이 가지고 있는 본질적 의미와 언어가 가지고 있는 소리적 느낌, 그리고 포지셔닝에 의하여 만들어지는 상표의 이미지들이 복합되어 나타난다.

### (3) 유통과 프로모션

유통에도 두 가지 의미의 프로모션이 있다. 그중 하나는 역시 암시적 차원의 프로모션이며, 다른 하나는 명시적 차원의 프로모션이다. 암시적 차원의 프로모션은 그 제품을 취급하는 유통기관과 유통범위(coverage) 전략에 의하여 이루어지며, 이것은 일종의 유통기관이 가지고 있는 이미지가 제품에 전이(transfer)되는 것이다.

제품이 가지고 있는 고유한 이미지를 가지고 유통기관에 제품을 취급하게 함으로써 유통기관의 명성, 이미지 등이 제품에 전이되는 것이다. 예를 들면, 전통적으로 백화점은 가격이 비교적 높으며, 유명한 상표를 취급하고, 제품에 대한 신뢰감, 그리고 A/S(After Service)가 잘 될 것이라는 이미지를 가지고 있다. 만약 이미지가 아직 형성되지 않은 신제품일 경우 광고와 같은 다른 명시적 프로모션 활동을 하지 않아도 명성을 확보하고 있는 백화점에 유통시키게 되면 제품에 대한 어느 정도의 신뢰감과 백화점의 유명도를 큰 저항 없이 얻어낼 수 있는 것이다.

유통범위 전략에서도 암시적 의미를 발견할 수 있다. 유통전략은 범위의 수준에 따라 개방적 전략(intensive distribution strategy), 선택적 전략(selective distribution strategy), 독점적 전략(exclusive distribution strategy)으로 나누어질 수 있다. 개방적 전략에서 독점적 전략으로 갈수록 유통범위가 작아지며, 그에 따라 소비자의 접근가능성이 낮아진다. 접근가능성이 낮아진다면 제품에 대한 희소한 가치는 증대되며, 그에 따라 제품의 이미지는 고급화될 수 있다.

유통에 의한 명시적 프로모션 차원은 제품에 대한 유통기관들의 적극적인 프로모션 활동이다. 다양한 리테일(retail)별로 구매전략에 따른 제품을 구매하고, 그 제품을 적절한 위치에 배열할 뿐만 아니라 제품정보에 관한 광고활동도 병행에 나간다.

### (4) 가격과 프로모션

가격전략 또한 프로모션적 특성을 가지고 있다. 가격에는 크게 거래적 특성(transactional dimension)과 정보적 특성(informational dimension)의 두 가지 의미가 있다. 거래적 특성이란 다분히 경제적인 관점이다. 시장거래의 원리에서 보면 가격이 낮아지면 수요는 증가하고 가격이 높아지면 수요는 감소한다. 그러나 소비자들은 가격이 싸다고 무조건 사고, 가격이 비싸다고 해서 무조건 구매를 거부하는 것은 아니다.

가격과 품질 간의 관계에 대해서는 다양한 견해가 있을 수 있지만 많은 연구결과에서 가격은 제품의 품질을 대변하는 외적인 단서(extrinsic cues)로 작용하기도 한다. 가격이 품질을 추론할 수 있는 기준이 될 때 이를 정보적 특성이 있다고 한다. 이 경우 소비자들은 가격이 싸다면 제품이 다른 제품에 비하여 열등하다고 생각할 것이고, 비싸다면 품질면에서 우수하다고 생각할 것이다.

가격이 정보적 특성을 가지고 있다고 판단되는 경우는 다음과 같다. 첫째, 소비자들이 제품의 품질을 비교할 만한 기준이 존재하지 않을 때 둘째, 제품이 상대적으로 복잡하거나 잘 알려져 있지 않아 제품의 선택에 위험이 따를 때 셋째, 가격 차이가 잘 알려져 있어 그 가격 차이가 사회적 이미지를 반영할 때이다.

가격에 암시적 프로모션 의미가 있다는 것은 바로 가격의 정보적 의미에서이다. 즉 높은 가격은 고가의 표적시장이나 높은 이미지를 전달하고자 하는 것이며, 낮은 가격은 보편적 이미지, 친근감, 저성능 등을 전달하고자 하는 것이라고 볼 수 있다.

소비자들이 가격을 하나의 정보적 특성으로 이용한다는 사실은 준거가격(reference price)에서 찾아볼 수 있다. 준거가격이란 소비자들이 마음속에서 특정 제품의 가격은 어느 정도라고 관습적으로 알고 있는 경우이다. 물론 이것은 기업의 마케팅 결과로서 생길 수도 있고, 소비자들이 그 제품을 일상생활에서 이용하면서 효용과 가격 간의 관계를 생각하면서 발생할 수도 있다.

### 2) 명시적 프로모션(explicit promotion)

명시적 프로모션에는 광고, PR(Public Relations), 인적판매, 판대촉진 등의 4가지 세부적인 활동들이 있다.

① **광고**(advertising)

프로모션 활동 중에서 가장 많은 비중을 차지하는 것이 아마도 광고일 것이다. 이것은 비단 지출되는 비용뿐만 아니라 경영자가 갖는 관심의 양에서도 매우 중요한 의미를 갖는다. 광고는 '대중매체, 직접우편, 전화 등을 통하여 명백한 스폰서에 의하여 전달되는 유료의 비인적 프로모션'이다. 이 정의에는 크게 3가지 의미가 있다. 첫 번째는 대가를 지불하는 유료라는 점이며, 두 번째는 사람이 전달하는 것이 아닌 간접적인 다른 매체가 있다는 점이며, 세 번째는 스폰서(전달하고자 하는 주체)가 명백하다는 것이다.

광고는 다른 세부 프로모션 활동에 비하여 몇 가지 특징을 가지고 있다.

첫째는 비용이다. 광고는 전체 비용은 매우 막대하지만 1인당 비용을 보면 낮은편이다.

둘째, 반복성이다. 광고는 대중매체를 이용하기 때문에 인적판매와 같은 프로모션 활동에 비하여 동일한 메시지를 등일한 소비자에게 짧은 시간 동안 반복하여 제시할 수 있다.

셋째, 표현방법의 다양성이다. 광고는 시각, 청각 등 모든 면에서 소비자들에게 다양한 형태로 원하는 메시지를 제시할 수 있다.

넷째, 메시지 전달의 분위기이다. 인적판매와 비교해 본다면, 광고는 즉각적인 판매로 연결시키는 압력으로 작용하는 것이 아니라 간접적으로 연결시키는 효과가 있다. 이것은 소비자가 불편할 때 또는 즉각적인 구매를 고려하지 않고 있을 때, 보다 편안하고 간접적인 방법으로 판매로 연결시킬 수 있다.

### ② PR

PR은 '대중의 이익과 동시에 조직의 이익에 도움이 될 수 있도록 대중과 상호 이해관계를 직접적인 목적으로 하는 사려 깊고 잘 계획된 경영기능'이다. 이 정의는 다음과 같은 몇 가지 의미를 함축하고 있다.

첫째, PR은 궁극적으로 대중과 조직의 이익에 관여할 수 있어야 한다. 이익의 개념은 경제적일 수도 있고 무형적일 수도 있다. 이익이란 결국 조직의 목표 달성에 도움이 되는 형태라면 무엇이든지 가능하다.

둘째, 사려깊고 잘 계획되었다는 것은 목표가 분명하고 그 성과를 제대로 측정할 수 있도록 PR활동이 다양한 정보를 분석하여 그것을 기반으로 하여 이루어진다는 것이다. 보다 구체적으로는 목표, 그리고 공중의 욕구와 관심, 그리고 조직의 현재의 위치분석, 예산, 구체적인 방법론 등이 면밀하게 분석된 후에 실시된다는 것이다.

셋째, 경영기능이라는 것은 결국 조직의 형태가 기업이라는 것이며, 홍보는 직접적으로는 우호적인 태도형성이지만 결국 그와 함께 기업경영에 도움을 줄 수 있는 기능이자 경영기능 중의 하나라는 것이다. PR을 통하여 오디언스에 대한 면밀한 분석이 이루어지고 이것은 경영의사결정에 도움을 줄 것이며, 나아가 PR 활동의 결과는 궁극적으로 기업의 목표달성에 도움이 될 것이라는 것이다.

PR과 비슷한 개념 중에 홍보(publicity)라는 것이 있다. 흔히 프로모션의 한 수단이라고 중시되어 온 홍보보다 PR은 더 포괄적인 개념이다. 즉 홍보가 단순히 뉴스거리를 만들어 대중에 우호적인 관계를 갖게 하는 것인 데 반해, PR은 이를 포함하여 대중과 우호적 관계를 형성하기 위한 전체적인 방법론을 포괄하는 활동이다.

### ③ 인적판매(personal selling)

인적판매는 판매원 판매라고도 불리는데, 대체로 '하나 이상의 예상 고객들과의 대면접촉을 통한 프로모션'이라고 정의한다. 인적판매가 바로 판매원에 의한 직접적인 대면접촉이라는 점에서 중요한 의의가 있다. 인적판매는 백화점에서 소비자들의 질문에 응답하는 행위가 될 수도 있고, 리테일(retail)을 방문하여 우호적인 관계를 형성하든가, 주문을 받든가, 진열대에서 자사제품의 전시를 유리하게 한다든가 하는 활동을 하는 제조업자의 영업사원의 행위가 될 수도 있다. 인적판매를 생각할 때 직접적인 판매활동만을 전담하는 영업사원을 연상하는 경우가 종종 있는데 이것은 영업사원, 즉 인적판매 활동의 매우 일부분만을 부각시키는 것이다.

소매기관에서 소비자를 접촉하는 영업사원의 경우에는 그 활동이 판매에만 집중되는 경우는 없다. 소비자들은 마음에 드는 제품을 찾아 여러 소매기관을 방문한다. 판매원의 임무는 소비자들의 소매기관 방문이 판매로 이어지게 하는 것이지만, 소비자들의 방문이 판매로 연결되기 위해서는 소비자들의 욕구를 정확하게 파악하고 필요한 정보를 제공하는 것이 중요하다. 만약 소비자들이 원하는 제품을 소매기관이 보유하지 못한 경우, 판매원은 판매로의 연결에 실패하지만 궁극적으로 다음 방문을 기약할 수 있도록 판매원의 설명과 정보제공은 장기적으로 매우 중요하다.

제조업체에서 유통기관에 대한 영업활동을 전담하는 영업사원의 경우도 마찬가지이다. 영업사원들은 자사제품에 대한 판매 이외에도 시장동향, 소비자 정보제공, 경쟁사정보 등을 유통기관에 제공하기도 하고, 재고파악, 진열기술제공, 제품설명, 신용제공 결정, 유통기관의 프로모션의 경제적 · 기술적 지원 등을 통하여 유통기관의 제품의사결정이 자사에 유리하도록 만든다. 즉 영업사원의 업무가 판매로 연결되는 것은 필요조건이지만 결국 이를 위해서는 많은 부수적인 노력들이 수반되어야 한다는 것이다.

한편 인적판매는 다음과 같은 특징을 가지고 있다. 비용 면에서는 1인당 접촉비용이 높다. 그러나 이들의 활동이 궁극적으로 판매로 연결될 가능성이 다른 프로모션 활동에 비하여 높고, 특히 산업재의 경우에는 1명의 영업사원이 얻어내는 판매의 양이 상대적으로 크기 때문에 이 효과가 작다고 볼 수 없다.

광고와 비교해보면, 매스 미디어가 가지고 있는 신뢰성을 갖지는 못하기 때문에 오히려 판매원들은 광고를 자신들의 신뢰성으로 연결시키기도 한다. 즉 광고는 판매원 활동을 보조할 수 있다.

또한 인적판매는 광고에 비해서 소비자로 하여금 구매로의 압력으로 작용할 수 있다. 즉 자칫 강압적 분위기가 만들어질 수도 있기 때문에 소비자들은 인적판매에 대하여 방어적 태도를 취할 수도 있다.

그리고 인적판매는 소비자와의 상호작용을 통해 소비자들이 원하는 것을 상대적으로 정확하게 얻어낸다. 즉 인적판매는 고객화(customization)에 유리하다. 고객화란 결국 소비자들의 욕구를 판매활동에 반영할 수 있는 정보의 피드백이 용이하다는 것과 일맥상통한다.

마지막으로 인적판매는 표적고객을 정확하게 구분하고 발견해낼 수 있다. 따라서 소비자의 욕구에 맞게 필요한 정보를 재구성하여 제공할 수 있다.

### ④ 판매촉진(sales promotion)

판매촉진은 이른바 촉진과 용어적으로 가장 혼란이 있는 활동이다. 촉진과 판매촉진을 혼용해서 사용하기도 하지만, 엄연히 그 개념에서 차이가 있다. 판매촉진은 촉진활동의 가운데 하위활동이다. 판매촉진은 마케팅 활동의 보조적 활동으로서 다른 프로모션 활동들과 일시적으로 작용하는 프로모션 활동이다. 판매촉진은 광고의 대중매체나 인적판매의 판매원이라는 커뮤니케이션 수단과는 다른 커뮤니케이션 수단을 가지고 있다. 판매촉진에 해당하는 커뮤니케이션 수단에는 다음과 같은 것들이 있다.

#### 소비자를 대상으로 한 비가격 판매촉진 방법은 다음과 같다.

경품(premium)은 소비자가 제품을 구입하면 다른 물품을 제공하는 것으로 특정 제품의 구매를 유도하는 촉진수단이다.

- 패키지형 프리미엄(package related premium)에는 세 가지 유형이 있다. 첫째, 내장형(in-pack) 프리미엄은 과자류에서 가장 많이 보이는 것으로 본 제품의 포장 안에 프리미엄이 프함되어 있는 경우다. 둘째, 외장형(on-pack) 프리미엄은 제품 외부에 프리미엄이 함께 묶여 제공된다. 셋째, 분리형(near) 프리미엄은 프리미엄을 함께 포장하거나 부착하기 어려운 경우에 본 제품과 가까운 곳에 진열하고 본 제품의 구매 시에 함께 제공되는 유형이다. 따라서 소비자가 이 제품을 구매하면 동시에 이 프리미엄을 받을 수 있게 된다.

- 연속형 프리미엄(continuity premium)은 프리미엄 제품을 여러 개로 나누어 제공함으로써 몇 개의 본 제품을 구매해야만 하나의 완전한 프리미엄 제품을 형성할 수 있는 경우이다.
- 자기 부담식 프리미엄(self-liquidating premium)은 프리미엄의 일부금액을 소비자들에게 부담하게 하는 방법이다. 소비자가 일정액의 프리미엄 대금이나 세금 등을 부담하여 기업은 소비자에게 프리미엄 제품을 보내주는 방법이다.
- 소개식 프리미엄(referral premium)은 잠재소비자를 소개시켜 줄 경우 프리미엄을 제공하는 방법이다. 예를 들면, 기존 회원이 신규 가입 회원을 한 명 소개할 때마다 판촉행사에 참여할 수 있는 권한을 준다든지 아니면 적립 포인트를 늘려주는 형식이다.
- 보너스 팩(bonus pack)은 가격은 그대로 유지하고 내용물의 용량이나 수량을 늘려 제공하는 프리미엄 방법이다. 보너스 팩을 제공하는 방법에는 두 가지가 있는데, 첫째, 기존 제품의 양을 늘려 포장에 증가된 부분을 표시하여 제공하는 방법과 둘째, 기존의 제품을 몇 개로 묶음 포장하여 낱개로 구매할 경우보다 싼 값으로 제공하는 방법이다.

견본(sample)은 소비자에게 소량의 제품이나 시험용 제품을 무료 또는 적은 비용으로 제공하는 것으로 소비자들이 상품을 직접 사용해보도록 해서 구매를 유도하는 전략이다. 견본을 배포하는 방법은 보통 제품 자체의 특징에 따라 결정된다.

- 호별방문(door-to-door) : 집집마다 찾아다니며 배포하는 호별방문은 목표시장을 선택할 수 있으며 견본에 대한 반응률이 높다는 장점이 있지만 인건비 등의 비용이 많이 든다는 단점이 있다.

- DM(direct mail)샘플링 : DM샘플링은 보통 화장품 회사에서 신제품의 견본을 우편으로 발송하여 소비자를 매장으로 유도하기 위해 자주 사용하고 있다. 그러나 우편료 비용이 많이 소요되며, 표적고객의 데이터가 준비되어야 한다.
- 점포 내 무료샘플(in-store free sample) : 해당 제품을 취급하는 매장에서 샘플링을 실시하는 방법이다. 점포 내 샘플링의 장점은 해당 제품을 판매하는 곳에서 견본을 나눠주기 때문에 사용해 본 후 바로 구매로 이어질 수 있는 장점이 있다.
- 패키지 무료샘플(package free sample) : 패키지 무료샘플은 다른 제품과 함께 소량으로 소비자들이 해당제품을 사용해보도록 하는 방법이다.
- 무료샘플 쿠폰(coupon for free samping) : 우편이나 매체를 통허 무료샘플을 받을 수 있는 쿠폰을 배포한 후 소비자가 해당 쿠폰을 오려서 소매상에 제출하면 해당제품의 샘플을 지급하는 방법이다. 최근에는 SNS를 활용하여 쿠폰을 지급하는 경우가 많아지고 있다.
- 중앙배포(central location) : 잠재고객이 많이 이용하는 장소나 점포, 공공장소 등에서 직접 샘플링을 하는 방법이다.

콘테스트(contest)와 추첨(sweepstakes)이 있는데, 먼저 콘테스트는 소비자가 상품을 타기 위해 자신의 능력을 활용하여 경쟁하도록 하는 판매촉진 방법이다. 이에 반해 추첨은 단지 우연에 의해 추첨자가 결정되며 참여조건으로 구매를 증명할 필요는 없다. 콘테스트나 추첨은 특정한 브랜드에 대한 소비자를 확보할 목적으로 활용될 수 있다는 데 가장 큰 장점이 있다.

시연회(demonstration)는 고객의 눈앞에서 실제로 상품을 보여주면서,

실연을 통해서 상품의 사용법과 차별화된 우위성을 납득시키는 방법이다. 특히 전문품, 대중에게 직접 시험구매시키기에는 무리가 있는 제품, 또는 샘플로 제작하기 어려움이 있는 제품의 경우에 사용된다.

충성도 제고 프로그램은 자주 구매하는 소비자들에게 가격을 할인해 주거나, 선물 혹은 특별 이벤트에 초대장을 보내주거나, 구매 정도에 따라 차별화된 혜택을 부여하는 형태로 이루어지는 판매촉진 방법이다. 예를 들면, 항공산업에서 해당 항공사를 자주 이용하는 고객에게 마일리지를 적립하여 주고 일정 마일리지 이상 되면 무료 항공권을 선물하거나 등급을 올려 2등석에서 1등석으로 조정하여 차별적인 대우를 해주는 경우에 해당한다. 또한 스타벅스는 매년 여름과 겨울 두 달 동안 신제품 음료 3잔을 포함해 총 17잔의 음료를 구매하면 스타벅스 증정품을 제공하는 프로모션도 대표적인 사례다.

#### 소비자를 대상으로 한 가격 판매촉진 방법은 다음과 같다.

가격할인은 해당 제품에 대해 경제적인 측면에서 가격을 할인해줌으로써 소비자들에게 직접적인 구매동기를 부여할 뿐만 아니라 즉각적인 상품구매를 유도한다.

쿠폰(coupon)은 그것을 소지한 사람에게 어떤 이익이나 현금적립 혹은 선물을 주기 위해 유통되는 것을 말한다. 가격에 민감한 제품의 경우 쿠폰은 소비자의 반복구매를 유도할 수 있고, 소비자에게 직접적인 가격을 할인해주는 효과가 있다.

- 제품유통 쿠폰(merchandise–distribution coupons)은 제품의 판매를 통하여 제품과 함께 배포되는 쿠폰이다. 제품과 함께 쿠폰을 유통시키기 위하여 제조업체는 제품의 포장 내부에 쿠폰을 넣거나(in–pack), 제품의 포장이나 제품의 표면에 직접 인쇄하거나(on–pack), 동일 제조

업체의 여타 상품에 부착하는(cross-pack) 방식 중에서 선택한다. 최근에는 SNS가 확산되면서 할인쿠폰을 제공하고 있다.

리펀드(refund)와 리베이트(rebate)는 제조업자에 의해 행해지는 제품구매가격의 일부분을 소비자에게 돌려주는 형태의 판매촉진이다. 리펀드는 소비자가 구매하는 시점에서 소비자에게 현금으로 바로 돌려주는 형태를 취한다. 리베이트는 구매에 따른 가격할인의 형태로 이루어진다.

### 유통 판매촉진의 비가격 판매촉진 활동은 다음과 같다.

영업사원 인센티브(incentive) 제도는 제품에 대한 지식이 부족한 소비자들은 구매하고자 하는 제품을 정하지 못한 채로 유통점을 방문하는 경우가 많다. 그러므로 소매업체의 영업사원이 소비자들에게 특정제품을 구입하도록 권유하거나 추천하는 것은 그 제품의 매출증대에 큰 영향을 미친다. 예를 들어, 자동차나 가전제품을 구매할 경우 소비자들은 영업사원들의 조언에 따라 제품을 선택할 확률이 높다. 이를 위해 제조업체는 그들의 제품을 가장 먼저 소비자들에게 추천해주도록 영업사원들에게 인센티브를 주게 된다.

제조업체들이 유통업체들의 판촉활동을 강화시킬 수 있는 효과적인 방법으로 유통 영업사원들에 대한 교육을 실시하기도 한다. 이는 유통업체와 제조업체 모두에게 도움이 된다. 교육이 잘 된 영업사원들은 고객들로 하여금 유통업체에 대해서뿐만 아니라 제조업체에 대해서도 호의를 갖게 할 수 있다.

대형 유통업체인 경우 자체 교육시설과 교육인력을 보유하고 있어서 영업사원들을 교육시킬 수가 있다. 그러나 소형 유통업체들은 비용과 규모의 제약으로 자체의 교육시설과 교육인력을 보유하지 못한 경우가 많다. 이때 제조업체가 이러한 시설을 제공해주거나 교육에 필요한 인력을 제공해줌으로써 유통업체들이 필요로 하는 교육의 기회를 제공해주는 것이다.

콘테스트는 할당된 판매량을 많이 초과한 유통업체나 영업사원들에게 여러 가지 형태의 선물을 제공하는 것을 말한다. 따라서 영업사원들이 열정을 가지고 판매촉진에 참여할 수 있도록 하는 역할을 담당한다. 콘테스트에서 제공되는 상품은 매우 다양할 수 있다. 실적에 따라 여행상품을 제공하거나, 자사의 멤버십 포인트를 제공하기도 한다.

초대회에는 신제품 런칭 설명회, 신상품 품평회, 창립기념행사, 신년회, 생산시설 견학, 전시회, 단체초대 등이 있다. 초대회의 장점은 무엇보다 동질의식을 가진 유통업자들 간의 자연스런 상호교류의 장이 마련된다는 것이다. 제조업자는 각종 초대회를 통해 판매 시에 느끼는 애로사항을 귀담아 들을 수 있으며, 모범매장의 유통업자에게 자신의 사례를 발표케 함으로써 참신한 자극을 줄 수도 있다.

사은품은 제조업체가 생산한 제품과 연관된 제품을 사용하게 함으로써 판촉효과를 극대화하는 데 효과적이다. 예를 들어, 냉장고를 판매할 때, 냉장고용 음식보관 용기를 사은품으로 증정하거나, 자동차를 판매할 때, 자동차 수리장비를 사은품으로 주는 경우는 그 제품을 판매하는 경쟁업체보다 경쟁우위를 가질 수 있게 된다.

지정 판매량에 대한 인센티브는 누적된 판매량에 따른 인센티브와 비슷하나, 판매량에 따라서 인센티브는 달라지는 것이 아니라 지정 판매량만 넘으면 그 비율에 상관없이 동일한 인센티브를 제공하는 것이 특징이다. 이 제도를 시행하게 되면 정해진 할당량만 넘으면 영업사원들의 판매에 대한 열의가 줄어들 수 있으나, 많은 제품 선택대안들 중에 우선 관심을 가지고 그 제품에 대한 정보를 많이 가지게 되는 계기가 될 수 있다.

제조업체는 그들의 제품에 대한 고객의 시선과 관심을 끌도록 하는 목적으로 매장 내 다양한 지점에 설치할 수 있는 고객접점(POP: Point of Purchase) 광고물(Display)을 제공한다. 특히 각 제품이 소비자의 시선을 끌 수 있는 시간이 평균 0.3초에 불과한 소비재의 경우는 제품의 가시성이 매우 중요하다. POP 광고물은 소비자의 시선을 끄는 기능 이외에도 제품에 대한 정보(예를 들어, 제품의 특징, 제품의 외관 등)를 제공하는 역할도 수행한다. 매체광고와 연계된 테마를 가진 POP 광고물이 특히 효과적이다.

팩세트(trade bonus pack)는 제조업체가 특정제품의 시장점유율을 확대하거나 비인기 제품의 제고를 소진하기 위한 대표적인 푸시(push)전략[1] 중의 하나다. 제조업자는 판매를 확대하거나 재고를 소진하려고 생각하는 제품을 대상으로 일정한 팩세트를 만들고 판촉요소를 가미하여 유통업자의 매입동기를 고취시키고 대량판매를 유도한다.

응모권 내장은 보통 팩세트와 같이 제품의 확대판매를 목적으로 사용되지만, 팩세트보다 게임적인 요소를 가미하여 유통업자의 매입동기를 자극하는 방법이다. 응모권은 박스포장 단위마다 하나씩 내장되는데, 당첨확률은 높지만 저가의 경품을 제공하는 방법이 있고, 반대로 당첨될 확률은 적지만 고가의 경품이 제공되는 방법이 있다.

---

1) 푸시전략이란 제조업자가 중간상을 대상으로 적극적인 촉진전략을 사용하여 도매상, 소매상들이 자사의 제품을 소비자에게 적극적으로 판매하도록 유도하는 방법이다. 따라서, 제조업자가 이 방법을 사용하면 인적판매와 중간상 판촉의 중요성이 증가하게 되고, 최종 소비자를 대상으로 하는 광고의 중요성은 상대적으로 감소하게 된다. 풀(pull)전략이란 제조업자가 최종소비자를 대상으로 적극적인 촉진을 사용하여 소비자가 자사의 제품을 적극적으로 찾게 함으로써 중간상들이 자발적으로 자사 제품을 취급하게 만드는 전략이다.
따라서, 이 전략을 사용하면 최종소비자를 대상으로 하는 광고와 소비자 판촉의 중요성이 증가하게 된다.

박람회(trade show)는 동종산업에서 경쟁하는 수천의 제조업체들이 그들의 다양한 제품을 전시하거나 정기적으로 계획된 행사에 초대되어 그들의 제품을 전시하고 주문을 받는다. 보통은 동종산업 간에 협력하여 박람회를 계획하고 전개하는데 이와 같은 박람회는 소비자뿐만 아니라 유통업체를 대상으로 하는 판촉전략이 된다. 제조업체는 막대한 마케팅비용을 들여 박람회를 계획하는데 이것을 통해 제조업체는 새로운 유통경로를 확대할 수도 있고 자사의 신제품에 관한 정보와 지식을 소비자와 유통업체에게 알림으로써 인지도를 향상시키고 나아가 대량주문을 받기도 한다.

판매상 지원(dealer loader)은 특정 양의 제품을 구매한 것에 대해 제조업자가 유통업자에게 제공하는 경품을 지칭한다. 일반적으로 판매상 지원에는 두 가지가 있다. 하나는 구매에 대해 제공되는 구매지원(buying loading)이며, 다른 하나는 진열이나 특판 등의 촉진지원에 대한 보상으로 제조업자가 유통업자에게 제공하는 진열지원(display loader)이다.

제조업체는 유통업체가 보다 효율적인 재고 및 판매관리를 할 수 있도록 매장관리 프로그램 등을 자체 개발하여 유통업체에 지원하기도 한다. 뿐만 아니라 제품의 특성상 빠른 배달이 중요하거나 데일리(daily) 제품인 경우 수요 예측을 위해 제조업체와 연계하여 유통업체의 POS(point of sales) 등을 전산화함으로써 수요량이나 판매조건에 맞춘 자동주문 시스템 등을 지원할 수도 있다.

### 유통 판매촉진의 가격 판매촉진 활동은 다음과 같다.

진열수당(display 또는 allowance)은 협력광고 수당과 비슷한 것이다. 제조업체는 소매업체가 가격할인 판매촉진 기간 동안 소비자들이 잘 알아볼 수 있도록 매장에 진열하기를 바란다. 평상시에는 진열을 좋은 곳에 하는 것도 중요하지만 제조업체가 많은 비용을 들여서 진행하는 판매촉진 행사 기간 중에 매출을 극대화시킬 수 있는 진열과 배치가 매우 중요하다. 소매업체들이 이렇게 판촉기간 동안 판촉에 유리하도록 진열과 배치하는 것을 유도하고 진열에 대한 비용을 지불하기 위하여 진열 수당을 지불하는 것이다.

전시와 진열이 중요한 이유는 소비자들에게 제품에 대한 필요를 상기시키거나 시험적으로 사용하기 위하여 구매를 유도할 수도 있기 때문이다. 가격에 대한 저항 때문에 구매를 미뤄왔던 소비자들에게 판촉기간임을 알려서 구매가 이루어지도록 하기도 한다.

시판대 및 특판대 수당은 제조업체가 신제품을 출시할 경우 시험판매할 수 있는 장소를 제공하는 소매업체에게 지불하는 것이다. 신제품을 시험하기 위해서는 소매업체가 가장 적합하기 때문이다. 이 시판대를 사용하면 지정된 액수를 소매업체에게 지불하게 된다. 또한 특판대는 제조업체가 판촉행사를 위하여 설치하는 것으로 기존의 제품 판촉활동을 하기 위한 것이다. 이러한 특판대 역시 좋은 위치에 설치해야만 하고 행사를 치르기 위해서는 유통업체의 도움이 필요하므로 수당을 제공하게 된다.

구매량에 따른 할인이란 한정된 기간을 정해놓고 그 기간 동안 유통업체가 구입한 총물품에 대한 누적판매량 혹은 주문량에 다라 할인을 해주는 것이다. 이 정책을 쓰는 경우에 유통업체는 이 기간 동안에는 소량의 주문을 자주하기보다는 가급적 수요를 예측하여 물량을 모아서 한꺼번에 미리 주문한다. 주문을 한꺼번에 모아서 하게 되련 제조업체는 생산량에 관한 정보를 얻을 수 있기 때문에 생산관리에 도움이 되고 영업사원들이나 구매를 담당하는 직원의 물류관리에도 도움을 줄 수 있기 때문에 효과적이다.

가격할인은 정해진 기간 동안 유통업체에게 제품을 할인해주는 것이다. 일시적인 가격할인으로써, 유통업체로 하여금 보다 많은 재고를 보유하게 하고 할인의 일부 혹은 전부를 소비자 가격에 반영하도록 유도한다. 그리고 그 할인기간이 지나면 가격은 원래 가격으로 되돌아간다. 이러한 할인에는 일정수량 이상을 주문해야 한다는 등의 조건이 붙을 수 있고, 직접적인 할인을 제공할 수도 있고, 프리미엄 제공 등의 형태가 있을 수 있다. 가격할인은 정기적으로 일정기간 동안 실시하게 되며 비정기적으로는 실시하지 않는 것이 보통이다.

재고 금융지원이란 유통업체가 제품을 공급받기 위하여 제조업체에게 물품대금을 지불해야 하는데 유통업체가 자금의 여력이 없고 제조업체가 자금의 여력이 있는 경우 제품에 대한 지불을 연장해주는 계약을 맺는다. 보통 재고에 대한 지불은 90일이나 배달 후 어떤 고정된 기간 후에 하도록 명시를 한다. 결과적으로 유통업체의 금융부담을 제조업체가 해소해주는 것이다. 이 정책을 사용하게 되면 유통업자는 그들이 그 물품에 대한 값을 지불하기 전에 다 판매하여 지불대금을 마련해야 하기 때문에 그 제품의 판매를 위하여 노력하게 된다.

오버라이더(overrider)는 유럽에서 자주 쓰이는 유통판매촉진으로 제조업체가 매년 초에 유통업체와 계약을 맺는 것이다. 즉 제조업체는 유통업자에게 적절한 목표판매량을 제시하고 만약 그 목표판매량을 유통업자가 연말에 달성할 경우 제조업자는 유통업자에게 연초에 계약한 금액을 지급하는 방법이다. 실행단계 중 무엇보다 중요한 것은 매년 초에 갱신되는 계약에서 1년 동안 판매할 목표판매량을 각 유통업자의 수준에 맞게 제시하는 것이다.

협동광고(cooperative advertising)는 제조업체가 유통업체를 대신하여 광고를 수행하거나 유통업체가 광고를 할 때 그 광고비의 일부를 보조해줌으로써 유통업체의 실적 향상에 기여할 수 있다. 제조업자들은 유통업체가 광고를 할 때 그 광고비를 일부 보조해주게 된다. 이러한 협동광고의 장점은 광고비에 대한 부담을 감소시킬 뿐만 아니라 광고의 제작을 제조업체에서 주관함으로써 일관성 있는 광고캠페인을 가능하게 해준다는 점이다.

유통업체 쿠폰의 목적은 그 사용기간을 짧게 한정하여 특정기간 동안의 매출을 증대시키려는 것이다. 즉 제조업체는 유통업체가 고객들에게 할인쿠폰을 제공하도록 지원할 수 있다. 제조업체는 쿠폰의 인쇄비용과 회수된 수량에 대한 금액을 전액 지원하는 것이 보통이다.

촉진지원금(push money)은 특별한 판매목표를 일정기간 동안 달성한 영업사원에게 제공되는 별도의 보수를 말한다. 촉진지원금은 Spiff[2] 또는 Spiv로 알려져 있다. 예를 들어 냉장고 제조업자는 1월 1일부터 1 주간 특별히 촉진지원금 전략을 활용할 수 있는데, 유통업자가 A모델을 판매할 때마다 10만 원을 지급하고, B모델에 대해서는 7만 원을, 그리고 C모델에 대해서는 5만 원을 지급할 수 있다. 유통업자는 이 기간이 끝나면 해당제품을 팔았다는 증거를 제공함으로써 제조업체로부터 촉진지원금을 받게 된다. 영업사원 개인이 그 제품을 책임지고 판매하는 경우에 더욱 효과적이고 유통업체들 간에 판매에 대한 열정과 동기를 유발하나, 뇌물과 같은 부정적 이미지를 가지고 있어 판촉에 대한 도덕적 비판도 적지않다.

리베이트(rebate)는 광범위한 의미에서 유통업체가 제조업체에게 지불한 액수의 일정부분이나 일정비율을 다시 유통업체에게 되돌려주는 제반거래를 말한다. 그러므로 리베이트에는 매우 다양한 형태가 존재하

2) spiff 또는 spiv는 판매에 대한 즉각적인 보너스를 위한 속어로 일반적으로 spiff는 제조업체나 고용주가 특정 제품을 판매하기 위해 판매원에게 직접 지불하는 것을 의미한다.

는데, 몇 가지 예를 들면, 지불촉진 리베이트, 끼워팔기 리베이트, 점유율 리베이트 등이 있다.

- 지불촉진 리베이트란 장기어음이 아닌 수표나 현금으로 대금을 단기에 지불할 경우 제조업체가 제시하는 조건이다. 제조업체와 유통업체의 계약서에 '2/10, n/30'이라고 보통 표기하며 이 표시의 의미는 구매가 일어난 달의 마지막 날로부터 30일 이내에 물품 값을 모두 지불해야 하며, 만약 10일 이내에 물품대금을 완불했을 경우 물품대금의 2%를 할인해 준다는 의미이다. 2%의 가격할인을 취하지 않는다면 유통업자는 남은 20일간 2%의 이자를 더 지불하는 것처럼 인식하기 쉬우나 연간 이자율이 36%에 달하는(2%×(360/20)) 높은 할인율이므로, 제조업체가 제시하는 모든 지불촉진 리베이트를 유통업자는 받는 것이 유리하다. 반면에 제조업체는 지불촉진 리베이트를 제시함으로써 현금회전율을 높이고 따라서 현금유동성을 개선시킨다는 장점이 있다.
- 끼워팔기 리베이트란 유통업체가 판매하기 용이한 인기품목만을 주문할 경우 비인기품목을 주문하는 조건으로 인기품목의 공급가를 할인해주거나 이미 지불된 물품대금을 되돌려주는 것이다.
- 점유율 리베이트란 유통업체가 여러 제조업체의 제품 및 브랜드를 취급하는 경우 자사 제품의 판매를 늘리기 위하여 제시하는 조건으로 각 유통점포의 매출액에서 그 제조업체 제품군의 판매액이 차지하는 비율의 연간 증가분에 대하여 일정비율로 대금을 되돌려주는 것이다.

따라서 광고, PR, 인적판매, 판매촉진에 관한 보다 자세한 설명은 본 책의 제4장과 제5장에서 자세하게 다룰 예정이다.

## 4. 프로모션 믹스(promotion mix)

프로모션에는 광고, PR, 인적판매, 판매촉진 등의 4가지 하위활동들이 있다. 이들은 각자 나름대로의 방법으로 프로모션의 본질적인 개념에 포함되고 있는데, 프로모션 믹스도 마케팅 목표와 프로모션 목표를 달성하기 위하여 광고, PR, 인적판매, 판매촉진 등과 같은 프로모션 하위활동을 일관되고 통일된 활동으로 조정하고 통합하는 것을 말한다([그림 1-2] 참조).

프로모션 믹스전략의 근간을 이루고 있는 4가지 요소들은 각자 매우 독특한 입장에서 프로모션 목표를 달성하는 데 기여한다. 따라서 프로모션 활동에 있어서 적정 프로모션 믹스 방법에 대하여 살펴보자.

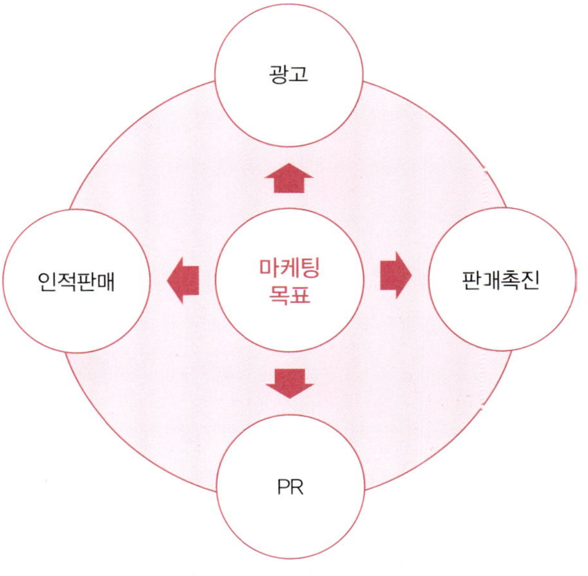


[그림 1-2] 프로모션 믹스

### 1) 주요요소활용법(the lead element approach)

기업들은 나름대로 자사의 상황에서 가장 효과적이라고 생각되는 프로모션 방법을 이용한다. 어떤 기업은 단 하나의 프로모션 방법을 고수하기도 하고 또 어떤 기업들은 두세 개의 프로모션 방법들을 동시에 사용하기도 한다. 즉, 기업들은 자사의 환경하에서 나름대로 효과적이라고 판단하는 프로모션 방법들이 있는데, 이렇게 주로 사용되는 프로모션 방법들을 주요요소라 하고 이를 이용한 프로모션 믹스 방법을 주요요소활용법이라고 한다.

예를 들어, 내구소비재(자동차, 전자제품)를 판매하는 기업들은 주로 인적판매를 주요요소로 활용하고, 비내구재(식품, 화장품)를 판매하는 기업들은 광고를 주요요소로 활용한다. 이러한 의사결정방법은 주로 제품을 기준으로 하여 이루어지는데, 산업재일수록 인적판매방법을, 소비재일수록 광고와 같은 대중매체를 이용하게 된다.

그러나 주요요소활용법이라고 해서 그 방법만을 고수하는 것은 아니다. 주요요소 역할을 하는 프로모션 방법 이외에 다른 방법들이 주요요소를 보조하는 것이 보통이다. 그러므로 주요요소가 선정되면 그 주요요소를 지원해줄 수 있는 보조요소를 선정하여 활용해야 한다. 많은 경우 이러한 보조요소의 역할을 간과하는데, 주요요소와 보조요소는 상호작용을 통하여 서로의 효과를 배가시킬 수 있다는 것을 알아야 한다. 인적판매는 광고에 있어서 공신력 있는 대중매체라는 수단을 통하여 제품에 대한 공신력을 뒷받침할 수 있으며, 광고는 인적판매를 통하여 직접적인 판매활동으로 연결될 수 있는 통로를 확보할 수 있다는 사실을 명심하여야 한다.

## 2) 소비자 의사결정단계 활용법
### (the prospect decision stage approach)

이 방법은 프로모션 방법을 선택하는 기준이 소비자의 의사결정단계에 따라 달라진다는 것을 가정하고 있다. 즉, 소비자들은 제품을 구매하기까지 여러 단계를 거치게 되는데, 이 단계에 따라 소비자들의 심리적인 상태가 달라질 뿐만 아니라 욕구도 달라지기 때문에 각 단계에 맞는 적절한 프로모션 방법을 사용하여야 한다는 것이다. 소비자의 의사결정단계에 따라 각각 어떠한 상황이 존재하고, 또 그에 따라 어떠한 프로모션 방법이 효과적인지에 대하여 설명해보자. 이론에 따라 차이가

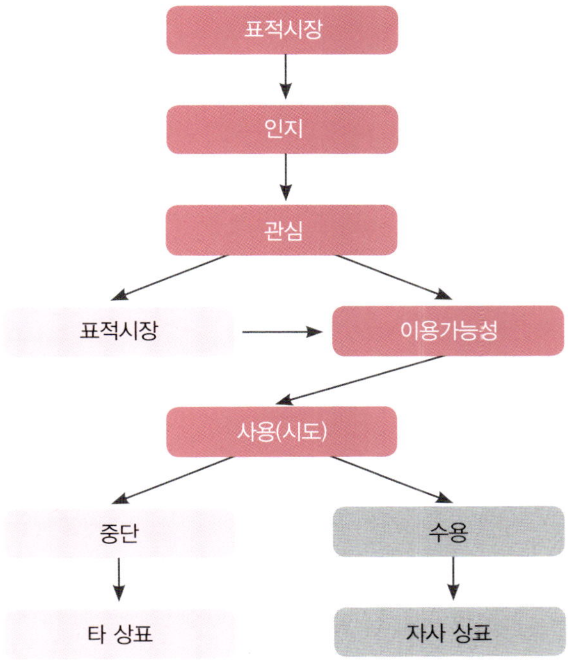


[그림 1-3] 소비자의 의사결정단계

있기는 하지만 소비자는 제품의 구매에 이르기까지 인지(awareness) → 관심(interest) → 평가(evaluation) → 이용가능성(availability) → 시험구매(trial)의 단계를 거치게 된다. 나아가 만약 시험구매단계에서 만족하면 그 제품을 수용하여 반복구매하게 되지만, 만족하지 않으면 그 제품의 구매를 중단하고 다른 제품을 사용하게 된다. 이러한 단계를 설명하는 것이 바로 [그림 1–3]이다.

먼저 인지/관심단계에서는 소비자들이 제품에 대한 지식이 전혀 없으므로 상표를 인지시키고, 그 제품에 대한 적절한 지식을 제공하여야 한다. 이 때문에 이 단계에서는 주로 광고나 홍보 등과 같은 대중매체를 통한 프로모션 활동이 효과적이다. 관심단계를 지나 평가단계에 이르게 되면 소비자들은 제품의 구매를 심각하게 고려하게 된다. 물론 평가에 얼마나 많은 시간을 투자하는가 하는 것은 제품의 특성, 그리고 제품이 가지고 있는 구매의 위험성이 영향을 줄 것이다. 즉, 가격이 비싸거나 구매 후에 심각한 위험이 발생할 가능성이 있는 경우 구매는 즉각적으로 이루어지지 않고, 연기되거나 지연될 것이다. 만약 소비자의 구매에 있어서 평가문제가 심각하다면 대중매체를 이용한 광고나 홍보보다 인적판매가 중요한 역할을 한다. 왜냐하면 소비자들은 대중매체에서는 제공될 수 없는 깊고 자세한 정보를 판매원과의 상호작용을 통해서 얻어낼 수 있기 때문이다.

소비자들이 제품을 시험적으로 구매할 수 있기 위해서는 제품을 편리하게(장소적으로) 구매할 수 있어야 한다. 특정의 제품에 대해서는 판매원만 이 제품구매의 통로가 되는 경우도 있지만 또 많은 경우에는 일반적인 소매 기관들이 제품의 구매장소가 된다. 어느 경우가 되더라도 이때에는 인적판매가 중요한 역할을 한다. 만약 판매원을 필요로 하는 제품의 경우 판매원의 역할이 중요한 것은 당연하지만, 소매기관을 통해 공급되는 일반 소비재의 경우에도 소매기관들이 제품을 취급할 수 있도록 권유하고 독려하는 판매원의 역할이 매우 중요하다. 즉, 결국 소매기관들이 제품을 취급하게 하는 것은 바로 판매원이 중요한 역할을 하기 때문이다.

시험구매와 제품의 수용 및 반복구매단계에서는 소비자들이 소매기관을 방문하여 제품을 구매하게 되는데, 이때 소비자들은 처음으로 제품과 만나게 된다. 이 때문에 소매기관 내에서 어떻게 진열되어 있는지, 아니면 제품의 겉모양은 어떤지(암시적 프로모션, 대리적 단서) 등과 같은 제품 자체의 암시적 프로모션 활동이 중요하게 된다. 나아가 제품을 구매하게 된 후 그 제품을 다시 구매하게 되는 것은 제품의 성능(암시적 프로모션, 기능적 특성)이다.

소비자들이 제품을 구매하는 것은 시간적으로 일정한 간격이 있다. 제품의 본질적 특성이나 성과 이외에도 광고를 통한 상기(remind)와 판매촉진 방법을 통한 구매유도가 소비자로 하여금 지속적인 구매를 창출해낸다. 그러므로 소비자들이 제품에 대한 품질을 인정하고 이를 지속적으로 재구매하도록 하기 위해서는 광고와 적절한 판매촉진방법이 필요하다.

### 3) 연속법(the planning sequence approach)

연속법이란 프로모션 중에서 특정 요소에서의 의사결정이 전체 판매와 다른 요소에 미치는 영향이 가장 큰 요소부터 의사결정을 하면서 각 요소들을 조정하는 것이다. 프로모션 믹스와 일견 직접적인 관련은 없어 보이지만 프로모션 활동의 조정과 각 요소들에 대한 의사결정의 선후를 결정할 때 사용할 수 있다.

예를 들어, [그림 1-4]와 같이 먼저 판매성과와 기회를 평가하고, 변경, 개발, 지원이 필요한가를 분석한다. 만약 그렇다면 프로모션 요소 중 어느 요소가 가장 필요한가를 분석하고, 그에 따라 적절한 방법을 하나씩 평가하여 최종적인 의사결정을 하는 것이다.

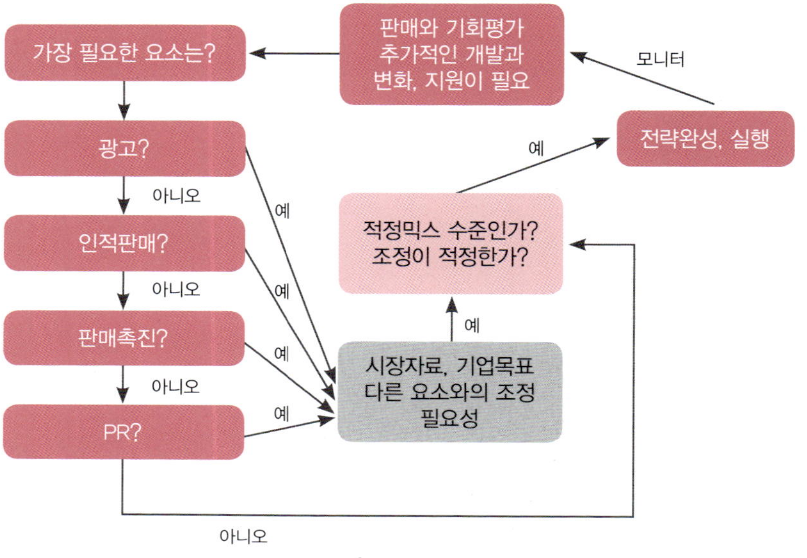


[그림 1-4] **연속법**

2부

# 프로모션과 커뮤니케이션

# 소비와 프로모션

제2장

# 커뮤니케이션 개념과 원리

## 1. 커뮤니케이션의 정의

'커뮤니케이션(communication)'이란 원래 '공유' 또는 '공통'이라는 뜻을 지닌 라틴어 'communicare', 'communis'를 그 어원으로 하고 있다. 따라서 커뮤니케이션이란 말을 문자 그대로 해석하면, 하나 이상의 유기체가 다른 유기체들과 지식, 정보, 의견, 신념, 감정 등을 공유하는 행동이라 할 수 있다(차배근, 1988).

커뮤니케이션은 인간의 가장 기본적인 활동으로서 상징을 통해 정보나 의견을 주고받는 행위이다. 여기서 상징이란 언어적 요소뿐 아니라 몸짓이나 표정과 같은 비언어적 요소까지 포함한다. 상징을 이용할 수 있는 능력을 갖춘 인간은 어원에 나타나 있듯이 커뮤니케이션을 통해 의미를 공유하며 공동체 의식을 느끼게 된다. 따라서 커뮤니케이션은 인간이 사회적 삶을 영위하는 데 있어 필수적 행위라고 할 수 있다.

커뮤니케이션이란 용어는 현대로 오면서 다양하게 사용되었고, 그 의미도 학자들마다 다양하게 정의를 내리고 있는데, 이들을 종합해 보면 커뮤니케이션의 정의는 구조적 관점(structural view), 기능적 관점(functional view), 의도적 관점(intentional view)에서 살펴볼 수 있다(Barnlund, 1968). 이를 자세히 살펴보면 다음과 같다.

먼저 구조적 관점은 커뮤니케이션을 정보 또는 메시지의 단순한 '송 · 수신 과정'으로 보고, 그 구조 자체(송신자 → 메시지 → 수신자)에 비중을 두는 견해이다. 이 관점에 의하면 커뮤니케이션의 연구과제는 '어떤 경로를 통해 정보가 흐르며, 어떻게 하면 그것을 신속, 정확하게 한 곳에서 다른 곳으로 보낼 수 있느냐'에 관한 것이다. 이를 주장하는 대표적 학자인 슈람(Schramm)은 커뮤니케이션을 일련의 정보적 기호들에 대하여 특정의 의미를 공유하게 되는 것으로 정의하였다. 그러나 이 관점은 커뮤니케이션의 구조 또는 시스템, 즉 정보나 메시지의 유통과정에 지나치게 비중을 둠으로써, 정보의 의미나 그것이 유발하는 결과를 경시한다는 단점이 있다.

둘째, 기능적 관점이란 커뮤니케이션을 인간의 기호사용 행동 자체로 보고, 그 기호화 및 해독과정(encoding-decoding)에 중점을 두는 견해이다. 이 관점은 '어떻게 인간이 기호를 사용해서 서로 의미를 창조하고 공통의미를 수립하고 있느냐?' 하는 커뮤니케이션의 기능적인 면에 관심을 둔다. 특히 이 관점은 인간의 기호사용 행동 및 기호화와 해독과정에 초점을 맞추고 커뮤니케이션을 인간의 본질적이고 비의도적 행위로 본다는 특징이 있다. 위버(Weaver)는 커뮤니케이션을 특정의 심성이나 메커니즘이 다른 심성 또는 메커니즘에 영향을 미치는 모든 절차라고 보았는데 이는 기능적 관점을 잘 나타내준다. 주로 언어심리학과 일반의미론 학자들의 견해가 이 관점에 해당한다.

셋째, 의도적 관점에서는 커뮤니케이션을 한 인간이 다른 인간에게 영향을 미치기 위해 의도적으로 계획한 행동으로 간주하는데, 주로 사회심리학자들의 견해가 이에 해당한다. 예일학파인 호블랜드(Hovland)와 그의 동료들에 의하면, 커뮤니케이션이란 한 개인이 다른 사람들의 행동을 변용시키기 위해 어떤 자극(주로 언어적 자극)을 보내는 과정이다.

즉 의도적 관점의 커뮤니케이션은 타인을 설득하고자 하는 설득커뮤니케이션의 바탕이 된다고 할 수 있다.

종합하면, 커뮤니케이션에 대한 구조적 관점은 커무니케이션의 기술적 영역에 비중을 두는 것이며, 기능적 관점은 커뮤니케이션을 의미적 차원에서 보는 것이고, 마지막으로 의도적 관점은 커뮤니케이션의 효과 문제에 중점을 두는 것이라 할 수 있다. 이러한 관점들을 종합해 커뮤니케이션에 대한 정의를 내리면, 커뮤니케이션이란 인간이 기호를 통해 서로 정보나 메시지를 전달하고 수신하여 서로 공통된 의미를 수립하고, 나아가 서로의 행동에 영향을 미치는 과정 및 행동이라고 할 수 있다(차배근, 1988). 따라서 인간의 사회적 삶은 개인과 개인 사이, 개인과 집단 사이, 집단 커뮤니케이션을 통한 상호작용에 의해 이루어지고 있다고 할 수 있다.

## 2. 커뮤니케이션의 구성요소

모델이란 '실물과 그 구조는 같으나 규모가 다르게 만들어진 물건', 또는 '가상으로 만든 형체'를 말한다. 따라서 커뮤니케이션 모델이란 커뮤니케이션 과정의 구조를 언어나 그림을 사용하여 비유적으로 표시한 것이라 하겠다. 커뮤니케이션 연구에서 가장 보편적으로 사용되는 라스웰의 모델은 커뮤니케이션 과정에 대한 분석도구토서 5W를 제안하였다(차배근, 1988; Lasswell, 1958). 즉, 라스웰은 〈표 2-1〉에 나타난 바와 같이 통제분석, 내용분석, 매체분석, 수용자분석, 효과분석으로 구분하여 커뮤니케이션 연구의 분야별 체계화를 제안하였다.

〈표 2-1〉 라스웰의 커뮤니케이션 연구체계

| 문제영역 | 연구영역 |
|---|---|
| 누가(who) | 통제분석(control analysis) |
| 무엇을(says what) | 내용분석(content analysis) |
| 어떤 채널을 통하여(in which channel) | 매체분석(medium analysis) |
| 누구에게(to whom) | 수용자분석(audience analysis) |
| 어떤 효과를 가지고 말하는가(with what effect?) | 효과분석(effect analysis) |

한편 벌로(Berlo)도 커뮤니케이션 과정에 따라 커뮤니케이션 모델을 제시하고 있다. 즉 모든 커뮤니케이션에는 송신자(Sender), 메시지(Message), 매체(Channel), 수신자(Receiver)와 같은 구성요소들이 내재되어 있다고 전제하면서 'SMCR' 모델을 전제하였다. 벌로가 제안한 모델과 앞서 소개한 커뮤니케이션에 관한 세 가지 관점을 종합해보면 [그림 2-1]과 같다.

[그림 2-1]을 토대로 커뮤니케이션의 구성 요소를 살펴보면 다음과 같다. 첫 번째 요소는 커뮤니케이션의 주체로서 메시지를 전달하는 커뮤니케이터(communicator) 또는 송신자(sender), 정보원(source)이며, 두 번째 요소는 송신자의 메시지를 받는 수신자(receiver)이다. 세 번째 요소는 송신자가 수신자에게 전달하고자 하는 메시지(message)인데, 이는 커뮤니케이터가 자신의 목적을 달성하기 위해 고안한 내용과 기호들 또는 자극들의 집합이라 할 수 있다. 여기서 기호란 어떤 객관적 사물, 사상, 상황을 대신하는 언어, 그림, 도식 등을 의미하는 것으로, 이는 커뮤니케이터가 가지고 있는 생각 그 자체와는 구별된다. 즉 메시지는 커뮤니케이터가 생각하는 바가 기호를 통하여 표출된 것을 의미한다. 네 번째 요소는 커뮤니케이터의 메시지 전달 수단인 채널(channel)이다. 다섯 번째 요소는 커뮤니케이션 효과(effect)인데, 이는 커뮤니케이터가 수신자

로 하여금 메시지 전달을 통해 얻고자 의도했던 반응을 말한다. 이상과 같은 5가지 요소를 커뮤니케이션을 구성하는 기본 요소라 하며 이들의 영문 첫 글자를 따서 커뮤니케이션의 'SMCRE 모형'이라고도 한다(차배근, 1988).

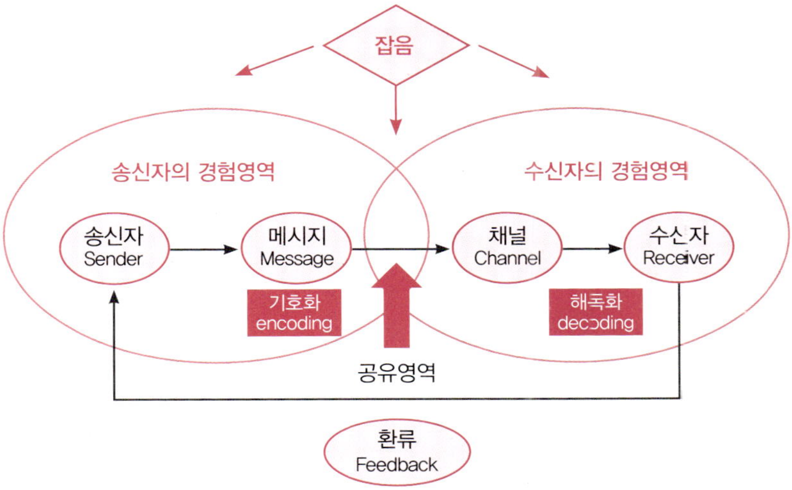


[그림 2-1] **커뮤니케이션 모델**

한편 커뮤니케이션에는 이상과 같은 5가지 기본 요소 외에도 피드백(feedback), 경험영역(field of experience), 기호화(encoding), 해독화(decoding), 잡음(noise), 게이트키핑(gatekeeping) 등의 요소가 있다. 우선 피드백이란 커뮤니케이션에서 송신자가 보낸 메시지에 대한 수신자의 반응(response)으로 정의할 수 있다. 즉 친구가 "그동안 잘 지냈지?"라고 물은 메시지에 대해 다른 친구가 "응 잘 지냈어, 너는 어때?"라고 반응을 보일 수 있는데, 이는 피드백에 해당한다. 피드백에서는 이전 커뮤니케이션 과정수신자가 송신자가 되고 송신자는 수신자가 되는데, 피드백은 언어 이외의 다양한 방식으로 가능하며, 모든 커뮤니케이션 과정에서 반드시 발생하는 것은 아니다. 커뮤니케이션 과정은 1회로 끝날 수도 있으며, 때로는 지속적으로 발생한다. 앞의 예에서 친구들 간에 안부를 묻는 커뮤니케이션은 한 번 진행됐으나, 다른 친구의 "너는 어때?"라는 반응에 다시 원래의 송신자는 피드백을 보낼 수 있고, 그 피드백에 다시 피드백이 발생하여 지속적으로 대화가 진행될 수 있다. 이와 같은 방식으로 송신자와 수신자 사이에 지속적인 피드백이 발생한다면 더 원활한 메시지 전달이 이루어지고 커뮤니케이션의 효과가 커지는데, 이를 위해선 커뮤니케이션 참여자들 간에 공유영역이 넓어야 한다. 공유영역이란 두 당사자 각각의 경험영역(field of experience)이 겹치는 부분을 의미하는데, 경험영역은 커뮤니케이션 상황과 관련하여 당사자들이 가지고 있는 지각, 경험, 가치, 태도 등을 말한다.

다음으로 커뮤니케이션은 기호화와 해독화 과정을 거쳐 발생한다. 기호화 또는 부호화(encoding)란 송신자의 생각을 단어나 그림 등을 이용해 상징적인 형태로 표현하는 것을 말한다. 반면 해독화(decoding)란 송신자가 보낸 메시지에 의미를 부여하고 해석하는 것을 말한다. 커뮤니케이션은 기호를 이용하여 표현된 메시지를 전달하는 과정이다. 기호를 이용한다는 것은 메시지를 제작하는 부호화 과정에서 발생하는데, 어떠한 방법으로 부호화하느냐에 따라 메시지의 전달결과가 달라질 수 있다. 그 이유는 부호화된 메시지에는 그 자체가 직접적으로 나타내고자 하는 의미가 있고, 나아가 암시적으로 의미하는 바가 존재할 수 있기 때문이다.

커뮤니케이션 과정에 게이트키핑(gatekeeping) 과정이 포함되는 경우가 있다. 게이트키핑은 특히 커뮤니케이션 메시지가 조직적으로 생산될 때 발생되는 것으로 예를 들면, 뉴스미디어 조직 내에서 기자나 편집자와 같은 뉴스 결정권자에 의해 뉴스가 취사선택되는 과정을 의미한다. 다시 말해 우리 주변에서는 항상 수많은 메시지가 생산되는데 이들이 목표 수용자에 도달하기 위해서는 많은 문(gate)을 통과해야 한다. 이 과정에서 어떤 메시지는 선택되고 어떤 메시지는 거부되는데 이처럼 메시지의 취사, 선택이 이루어지는 것을 게이트키핑이라 하고 이를 행하는 사람을 게이트키퍼(gatekeeper)라고 한다. 커뮤니케이션 과정의 가지막 요소는 잡음(noise)이다. 잡음이란 커뮤니케이션 전 과정에서 송신자와 수신자 사이의 커뮤니케이션을 방해하는 요소를 말한다. 잡음에는 개인적 요인으로 발생하는 심리적 잡음(피곤함 등의 사적 요인)과 사회문화적 요인으로 발생하는 잡음, 그리고 물리적 잡음(공사하는 소리나 기차 지나가는 소리 등)이 있다.

## 3. 커뮤니케이션의 유형

커뮤니케이션의 유형은 여러 가지 기준에 의하여 분류될 수 있다. 우선 커뮤니케이션을 메시지 기호의 종류에 따라 분류할 경우는 언어적(verbal) 커뮤니케이션과 비언어적(nonverbal) 커뮤니케이션으로 구분된다. 또한 언어적 커뮤니케이션은 다시 문자(written) 커뮤니케이션과 구두(oral) 커뮤니케이션으로 구분된다. 이러한 메시지 기호에 따른 분류 외에 가장 널리 사용되고 있는 커뮤니케이션 유형의 분류는 커뮤니케이션 수신자와의 관계 및 매체의 기술적 차원에 따른 것이다. 이에 따르면 커뮤니케이션 유형은 크게 세 가지, 즉 대인(interpersonal) 커뮤니케이션, 집단(group) 커뮤니케이션, 그리고 매스(mass) 커뮤니케이션으로 나눌 수 있다(Dean, 1968). 첫째, 대인 커뮤니케이션이란 인간 상호 간에 일어나는 커뮤니케이션이며 두 사람 이상이 참여하는 상황에서 일어나는 긴밀한 정보전달 상황이다. 서로 얼굴을 맞대고 정보를 주고받는 상황에서 언어나 몸짓, 표정 등의 상징을 사용하여 상대방에게 그 뜻을 알리고, 상징을 전해 받는 이는 그 뜻을 해석하여 송신자의 생각이나 의도를 이해하게 된다. 따라서 대인 커뮤니케이션은 물리적 근접성, 심도 있는 상호작용, 대면 상황, 비형식적인 성격을 지니며 기계적 또는 기술적 매체요소는 다른 커뮤니케이션에 비해 적게 반영된다. 둘째 집단 커뮤니케이션이란 집단적 상황에서 일어나는 커뮤니케이션이다. 이 커뮤니케이션은 작은 규모의 경우는 소집단(small group) 커뮤니케이션으로, 비교적 규모가 크거나 조직의 형태를 가지고 있는 경우는 조직(organizational) 커뮤니케이션으로 나눌 수 있다. 소집단 커뮤니케이션은 작은 규모로 이뤄지기 때문에 공동체적 성격을 지니며 비공식적 성격이 강하다. 최근 실시간 SNS(social network service)채팅이나 기업에서 소비자 반응 조사를 위해 실시하는 포커스 그룹 인터뷰 등이 이에 해당한다. 반면 조직 커뮤니케이션은 일정한 형태와 규범, 규칙 등을 지닌 조직의 사회구조적 환경에서 일어나는 커뮤니케이션이며, 메시지 유통 흐름에 따라 수평적 또는 수직적 커뮤니케이션으로 구분할 수 있다. 마지막으로 매스 커뮤니케이션이란 주로 기계적 또는 기술적 매체의 힘을 이용하여 불특정다수의 사람들에게 대량의 정보와 지식, 오락 등을 제공하는 커뮤니케이션이라는 점에서 다른 유형과 구별된다. 즉 매스 커뮤니케이션은 신문, 방송, 잡지, 영화, 서적 등을 매개로 이루어지며 대중 사회를 주도하는 주요 요인이기도 하다. 이상과 같이 커뮤니케이션 유형을 구분해보면 크게 대인 커뮤니케이션(집단 커뮤니케이션은 대인 커뮤니케이션과 유사)과 매스 커뮤니케이션으로 구분될 수 있는데, 이 두 유형의 구체적인 특성을 살펴보면 〈표 2-2〉와 같다(차배근, 1988).

메시지의 흐름과 피드백을 보면 대인 커뮤니케이션은 피드백이 활발하게 이루어지고, 따라서 메시지도 쌍방향에서 흐른다. 즉 소수가 커뮤니케이션하기 때문에 즉각적으로 자신의 반응을 상대방에게 전달하는 것이 가능하다. 반면 매스 커뮤니케이션은 수신자로부터의 피드백이 발생하기 매우 어렵다. 따라서 커뮤니케이션도 송신자로부터 수신자에게로 일방적으로 진행되는 경우가 많다. 또한 대인 커뮤니케이션은 두 당사자가 대면한 채로 발생하므로 메시지 수신자가 송신자의 메시지를 선별적으로 고르기 어려우나 매스 커뮤니케이션은 그렇지 않다. 뿐만 아니라 매스 커뮤니케이션은 불특정 다수의 수신자에게 메시지를 전달하므로, 대인 커뮤니케이션에 비해 여러 사람에게 동시에 메시지를 전달할 수 있다. 따라서 정보의 대량전달이나 그에 따른 수신자의 지식 습득에는 효과적이지만, 수신자의 태도나 행동 변화에 영향을 미치기는 상대적으로 어렵다. 왜냐하면 태도를 형성하거나 변화시키기 위해서는 수신자를 설득해야 하는데, 설득의 경우 송신자와 수신자가 서로 얼굴을 맞대고 하는 것이 효과적이기 때문이다.

〈표 2-2〉 **대인 및 매스 커뮤니케이션의 특성**

| 특성 | 대인 커뮤니케이션 | 매스 커뮤니케이션 |
|---|---|---|
| 1. 메시지의 흐름 | 대체로 쌍방적 | 대체로 일방적 |
| 2. 커뮤니케이션 상황 | 대면적 | 간접적 |
| 3. 즉각적 피드백의 양 | 많음 | 적음 |
| 4. 수용자들의 선별적 노출의 정도 | 적음 | 많음 |
| 5. 다수 수용자에 대한 전달속도 | 비교적 느림 | 비교적 빠름 |
| 6. 가능한 효과 | 태도형성 및 변화 | 지식의 습득 |

이상과 같이 대인 커뮤니케이션과 매스 커뮤니케이션의 특징을 살펴보았는데, 몇몇 연구자들은 커뮤니케이션 유형의 하나로 인간 내부에서 일어나는 대내적(intrapersonal) 커뮤니케이션을 추가하기도 한다. 이는 가장 작은 단위의 커뮤니케이션으로 스스로 생각하고 어떤 결정을 내

리는 과정에서 내부적으로 발생하는 것이다. 즉 개인이 자신과 주변 환경을 이해하기 위해 의식적 또는 무의식적으로 머릿속에서 메시지를 처리하는 과정에서 발생하는 커뮤니케이션이다. 그러나 이 경우 대부분의 커뮤니케이션 메시지가 표출되지 않기 때문에 명시적인 커뮤니케이션이라 할 수 없다. 다시 말해 커뮤니케이션의 목적이 누군가와의 의사소통을 전제로 하는 반면 대내적 커뮤니케이션은 자기의 생각이나 관념의 상태로 존재할 뿐, 무엇인가로 표출되지 않을 때도 있기 때문에 커뮤니케이션의 범주에서 제외될 수도 있다. 그러나 자신과의 대화에서 중얼중얼한다든지, 어떤 표정이나 행동의 변화를 보일 때는 커뮤니케이션의 범주에 넣을 수 있다.

## 4. 매스 커뮤니케이션의 기능

커뮤니케이션의 기능에 대한 논의는 여러 학자들에 의해 이루어졌는데 이를 가장 체계적으로 분류한 학자는 라이트(Wright)이다. 그는 라스웰(Lasswell)이 제시한 매스 미디어의 환경감시(surveillance), 상관조정(correlation), 사회 유산 전수(cultural transmission) 기능에 오락(entertainment) 기능을 추가하는 한편, 머튼(Merton)의 기능분석 방법을 원용하여 매스 커뮤니케이션 기능들의 분석체계를 제시한 바 있다.

여기서 환경감시기능이란 사회에서 일어나는 여러 가지 사건들을 정리하여 구성원들에게 알려주는 기능을 말하는 것으로 언론 매체가 일상적으로 다루는 뉴스의 기능이라고 할 수 있다. 환경감시 기능은 구성원들에게 천재지변을 예고하거나 불량식품을 고발하는 등 경각심을 일깨우고 주변 환경의 위험을 알려줌으로써 피해를 예방하거나 최소화하도록 해주는 긍정적 역할을 한다. 반면 역기능을 초래하기도 하는데 예를 들어 세계의 동향이나 국제적 사건의 보도가 특정 국가나 사회의 정치적 안정을 위협하거나 사회 변혁의 압력을 가중시킬 수 있다.

상관조정 기능이란 단순한 사실보도의 차원을 넘어서 환경에 관한 정보의 의미를 해석하고 대응책을 처방하여 구성원의 태도 형성에 영향을 주는 기능을 말한다. 즉 이 기능은 변화하는 환경에 사회가 제대로 적응할 수 있도록 도와주는 것을 의미하며, 환경에 성공적으로 적응하기 위해서는 사회의 각 부분들이 서로 긴밀하게 연계되어야 한다는 뜻에서 상관조정이라는 용어가 사용되었다. 상관조정 기능도 역기능을 초래할 수 있다. 예를 들어 논평이나 사설에 편견이 개입되거나 고의로 중요한 문제들을 왜곡해서 다룰 경우 구성원의 가치 판단을 왜곡시킬 수 있다. 또 미디어의 의견이나 주장에 지나치게 의존할 경우 구성원 스스로의 비판적이고 분석적인 사고력이 저하되는 역기능을 초래할 수 있다.

사회유산 전수 기능이란 사회의 가치, 규범이 한 세대에서 다음 세대로 또는 그 사회로 편입된 새로운 사회 구성원들에게 전수되는 기능을 말한다. 다시 말해 매스 미디어가 사회화 기능을 담당하는 것으로 개인의 사회적응을 도와주는 기능을 수행한다는 것이다. 이 또한 역기능을 초래할 수 있는데, 미디어가 제공하는 내용이 다소 규격화되고 획일화될 경우 문화적 다양성을 상실케 하고 창의성을 저해할 수 있다는 것이 그것이다.

마지막으로 오락 기능이란 매스 미디어가 흥미로운 내용을 통해 사람들의 기분전환 및 휴식을 돕는 기능을 수행한다는 것이다. 오늘날 시청률 경쟁이 심화됨에 따라 오락적 기능이 강조되고 있다는 지적도 있다. 오락 기능은 휴식을 제공하여 생활에 활력을 불어넣는다는 긍정적 기능도 수행하지만 다른 한편 오락물에 지나치게 몰입하다 보면 사회적으로 중요한 문제들에 무관심하게 되거나 이들을 회피하게 되는 역기능을 초래할 수 있다.

## 5. 커뮤니케이션의 반응과정

### 1) 전통적 반응계층모델(traditional response hierarchy model)

전통적 반응계층모델들에는 크게 AIDA 모델, 효과의 계층모델, 혁신수용모델, 정보처리모델 등 4가지가 있다. 이러한 4가지 모델을 특히 전통적 반응계층모델이라고 부르는 이유는 이 4가지 모델이 서로 다른 프로모션의 활동을 가정하고 만들어진 것이지만, 대부분 인지적 관점에서 만들어져 그 형태가 비교적 비슷하기 때문이다. 커뮤니케이션에 관한 전통적 반응계층 모델(traditional response hierarchy model)은 소비자들이 제품의 구매와 관련하여 가지는 단계들을 이해하고 이를 프로모션전략에 반영할 수 있으며, 소비자들이 어떠한 커뮤니케이션 단계에 있는가를 파악하여, 그에 맞는 적절한 전략을 수립할 수 있다는 점에서 의의가 있다.

그러나 이 모델들은 모두 커뮤니케이션의 반응과 효과가 일정한 단계에 걸쳐 일어난다는 점과, 하나의 단계를 거쳐야 다음 단계가 발생함을 가정하고 있다. 더욱이 인지적 단계, 감정적 단계, 그리고 행동적 단계로 나누어 소비자의 행동이 인지–감정–행동의 일련의 연결된 단계에서만 발생한다고 가정하였다. 이러한 모델들을 좀 더 구체적으로 살펴보자.

#### (1) AIDA모델

AIDA모델은 주의(Attention)–관심(Interest)–욕구(Desire)–행동(Action)

의 4단계에서 각각 첫 글자를 따서 만든 모델이다. 이 모델은 원래 판매원들의 판매활동에 대한 소비자들의 커뮤니케이션 과정을 가정하여 만들어진 것이다. 즉, 판매원들의 판매활동에 대해서 소비자들이 4단계를 거쳐 최종적인 구매행동에 이르게 되기 때문에 무조건적이고 직접적인 판매중심적 커뮤니케이션보다는 각 단계에 맞는 적절한 정보를 제시한 것이 하다는 것이다.

### (2) 효과의 계층모델(hierarchy of effects model)

효과의 계층모델은 광고목표의 설정과 효과측정을 위해 개발된 모델이다.

이 모델에 따르면 광고효과는 인지(awareness)－지식(knowledge)－호감(liking)－선호(preference)－확신(conviction)－구매(purchase)라는 6단계를 거쳐 발생한다고 하였다. 이 모델의 기본가정은 광고효과는 시간의 변화이 따라 발생하며, 즉각적인 행동이 유발되는 것이 아니라 6개의 단계를 거친다는 것이다.

### (3) 혁신수용모델(innovation adoption model)

혁신수용모델은 혁신의 확산이론에 근거한 것이다. 이 모델은 신제품의 혁신수용과 같이 커뮤니케이션의 효과가 발생한다고 하고 있다. 이 모델에 따르면 커뮤니케이션 효과반응은 인지(awareness)－관심(interest)－평가(evaluation)－시용(trial)－채택(adoption)의 단계를 거친다는 것이다. 이 모델은 신제품에 대한 채택과정에 초점을 맞추고 있으며, 재미있는 것은 결국 시용이라는 성과평가과정이 존재하고 있어 최종적인 수용은 제품의 성능에 기초하고 있음을 나타내고 있다.

혁신수용이론은 로저스(Rogers)의 혁신확산이론을 이용한 것이다(Rogers, 1989). 로저스는 혁신의 확산을 위한 사전단계로서 혁신의 의사결정과정을 제시하였는데, 이에 따르면 지식(knowledge)－설득(persuasion)－의사결정(decision)－실행(implementation)－확신(confirmation)의 5단계를 거친다. 지식단계란 개인이 혁신의 존재를 알고 그 기능에 대한 이해를 하는 단계이며, 설득단계는 개인이 혁신에 대하여 우호적인 또는 비우호적인 태도를 형성하는 단계, 의사결정 단계는 그 혁신을 수용할 것인가 말 것인가를, 실행단계는 혁신의 사용을, 확신은 최종단계로서 혁신의 사용결과를 가지고 강화하는 단계를 의미한다. 보다 자세한 내용은 [그림 2－2]에서 나타난 바와 같다.

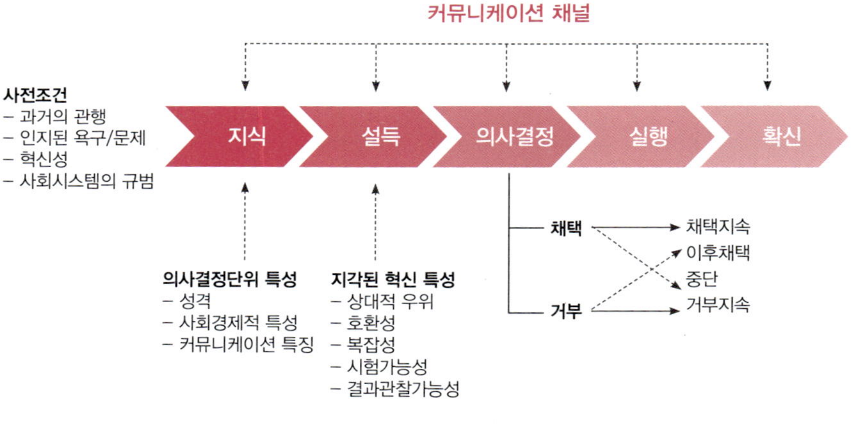


[그림 2－2] **혁신 의사결정 과정**

### (4) 정보처리 모델(information processing model)

정보처리모델은 맥과이어(McGuire)가 제시한 것으로 광고효과에 기초하고 있다. 이 모델은 광고와 같은 설득커뮤니케이션 상황에서 수신자가 정보를 처리하거나 문제를 해결하는 과정을 가정하고 있다. 이 모델이 다른 모델과 다른 것은 보유(retention)라는 단계가 존재한다는 것인데, 이 단계가 중요한 것은 결국 광고를 접한 소비자는 즉각적으로 제품을 구매하기보다는 일정한 기간 동안 정보를 보유한 뒤에 구매행동을 하기 때문이다.

### 2) 대안적 반응모델(alternative response model)

사람의 행동이 인지-감정-행동이라는 단계를 정확하게 모두 거칠 때에는 그에 맞는 상황이 존재한다. 즉, 모든 상황에서 이러한 모든 단계를 따르는 것이 아니라 이러한 정보처리가 발생하는 상황이 별도로 존재한다는 것이다. 이 상황이란 다름 아닌 고관여 상황(high involvement)이다. 여기에서 관여도란 어떤 대상, 이유, 상황 등에 대하여 일어나는 개인적인 관련성, 또는 개인이 가진 중요도와 문제 해결을 위한 노력의 정도이며(Petty and Cacioppo, 1981), 특별한 자극이나 상태에서 고취된 관심과 의욕의 양을 나타내는 내적인 상태(Mitchell, 1979)를 말한다. 관여도를 수준에 따라 고관여도와 저관여도로 분류할 수 있다. 고관여 상황과 같이 소비자들이 적극적인 태도를 가지고 커뮤니케이션을 수용할 때에는 그러한 반응의 계층모델을 따른다고 할 수 있다.

그러나 고관여 상황이 아닌 경우도 많이 존재하기 때문에 이 전통적 모델만으로는 설명이 불가능한 경우가 많다. 대안적 반응모델은 전통적 반응계층 모델을 따를 수 없는 경우를 설명하기 위하여 제시된 모델이다. 대안적 반응모델은 다음과 같은 몇 가지 모델로 나누어 살펴볼 수 있다.

### (1) 학습계층모델(learning hierachy model: learn-feel-do)

레이(Ray)는 표준계층(standard hierachy)이라고 부르는 학습모델을 제시하였는데, 이 모델을 학습계층모델이라고 부르는 이유는 태도와 행동 사이에 학습이라는 과정이 존재하기 때문이다. 여기서 학습이란 광고에 의한 학습을 의미한다. 이 학습계층모델은 기본적으로 앞에서 제시한 전통적 반응위계모델과 맥락을 같이하고 있으며, 이러한 상황이 발생하는 것은 고관여라는 한정적 상황이기 때문에 마찬가지로 그렇지 않은 상황과 관련된 비판을 받을 수 있다. 이에 대한 보충적 모델이 바로 다음에 이어지는 불일치-귀인모델과 저관여모델이다.

### (2) 불일치/귀인모델(dissonance/attribution model)

레이(Ray)는 학습계층모델에서 전통적 반응계층모델과 같은 단계를 거치는 학습과정(learn-feel-do)을 표준적 학습계층모델(standard learning hierarchy)이라 하고, 그렇지 않고 행위(do)-감정(feel)-학습(learn)처럼 행위를 먼저 하고 감정과 학습의 과정을 거치는 것을 불일치/귀인모델이라고 하였다.

이 모델에 따르면 소비자가 두 가지 제품에서 하나를 골라야 하는 상황에서 하나의 제품을 먼저 구매하고, 구매한 제품에 대해서는 우호적인 감정을, 그리고 구매하지 않은 제품에 대해서는 부정적 감정을 형성함으로써 구매로 인한 불일치(기대와 실제)의 차이를 줄이려고 노력하는 것이다. 이러한 경우 소비자는 자신의 선택과 일치하는 정보만을 취하고 나머지는 버리는 선택적 학습을 하게 된다. 이때 소비자들이 제품에 대해서 갖는 태도는 구매(행동) 후에 결정된다. 행동-감정-학습의 순서로 커뮤니케이션 효과가 나타나는 것이다. 보통의 경우 태도가 형성되고 나서 행위가 결정된다. 이를 소비자들이 겪는 불일치에 대한 감소 노력이라고 할 수 있으며, 구매결정 후의 행동에 주로 적용되었다.

귀인이론(attribution theory)은 사람들이 자신이 한 행동의 원인을 발견하려는 데서 출발한다. 귀인에는 내적 귀인과 외적 귀인이 있는데, 내적 귀인이란 개인의 행동의 원인을 개인 자신으로 돌리는 것이고, 외적 귀인이란 상황적인 데서 원인을 찾으려는 것이다. 이 책에서 부조화이론과 귀인이론이 내용이 서로 다름에도 불구하고 하나의 관점으로 본 것은 행동-감정-학습이라는 동일한 단계를 거쳐 커뮤니케이션의 과정이 발생되기 때문이다.

### (3) 저관여모델(low-involvement model)

레이(Ray)의 또 다른 모델이 학습(learn)-행위(do)-감정(feel)의 단계를 거치는 상황이다. 이 모델은 인지-행위-감정의 단계를 거치는 것으로서 저관여모델이라고 부른다. 저관여란 대상과 자신과의 관련성이 약한 상태로서, 이때는 사람들이 대상에 기울이는 주의집중의 양이 적고, 의사결정 시에도 충분한 정보를 이용하는 것이 아니라 제한된 정보만을 이용한다.

크루그만(Krugman)의 실험은 이 저관여 모델이 왜 중요한가를 설명해 준다. 크루그만(Krugman)은 텔레비전 광고가 태도 변화에 영향을 주지 않으면서도 실제로는 강한 효과를 주는가를 알아보기 위해 실험해 본 결과 소비자들이 텔레비전 광고에 관여되어 있지 않기 때문에 텔레비전 광고가 전달하는 메시지에 대해 방어하려는 의지가 약하다는 것이다. 그러나 텔레비전 광고는 직접적인 효과보다는 반복적인 과정을 통하여 태도의 변화를 가져올 수 있다는 것이다. 저관여모델은 관여의 수준이 낮고, 선택대안들 간의 차이가 적고, 정보전달매체가 대중매체이며, 상품의 수명주기가 성숙단계에 있을 때 적합한 모델이라고 할 수 있다. 저관여모델에서는 수동적인 학습을 하고, 비체계적인 정보탐색을 한다. 이러한 커뮤니케이션하에서 송신자는 문자 같은 정보보다는 음악이나 심벌과 같은 그림정보에 더 관심을 기울인다는 것을 명심하여야 한다.

〈표 2-3〉 **대안적 반응모델**

<table>
<tr><td colspan="2"></td><td colspan="2">관여수준</td></tr>
<tr><td rowspan="5">지각된<br>제품<br>차이</td><td rowspan="3">고</td><td>고</td><td>저</td></tr>
<tr><td>학습계층모델</td><td>저관여모델</td></tr>
<tr><td>인지<br>↓<br>감정<br>↓<br>행동</td><td rowspan="3">인지<br>↓<br>행동<br>↓<br>감정</td></tr>
<tr><td rowspan="2">저</td><td>불일치/귀인모델</td></tr>
<tr><td>행동<br>↓<br>감정<br>↓<br>인지</td></tr>
</table>

### (4) Zajonc의 단순노출효과

저관여 소비자의 태도형성을 설명하는 또 다른 이론은 Zajonc의 단순노출효과(mere exposure effect) 이론이다(Zajonc & Markus, 1982). 이 연구에서 개인이 어떤 대상에 반복적으로 노출되면 저절로 그 대상에 대해 보다 호의적인 태도를 형성할 것으로 제안하였다. 즉, 개인이 동일한 대상을 여러 차례 접하게 되면 따뜻한 느낌, 소유감, 혹은 친근감을 가지게 되며, 그 대상에 대한 인지(cognition)와는 무관하게 호의적인 느낌을 가지게 된다는 것이다.

단순노출효과와 관련된 실험으로서 Zajonc는 대학 일간지에 매일 커다란 한자 한 개씩을 싣고 여러 날 후 학생들에게 그 한자들을 보여주고 어떤 것이 보다 좋은 뜻을 가졌을 것으로 생각하는지 물어보았다. 미국의 학생들은 한자의 의미를 전혀 몰랐지만 보다 여러 번 게재된 한자들에 대해 좋은 뜻을 가졌을 것으로 응답하였다.

이와 같이 단순노출효과는 그 대상이 개인에게 별로 의미를 갖지 않을 때 더욱 크게 나타날 수 있다. 그러나 그 대상이 개인에게 큰 의미를 부여하는 것이라면 그 효과가 그다지 나타나지 않을 것으로 여겨진다.

### 3) 통합적 반응모델(Integrated response model)

전통적 반응계층모델과 대안적 모델을 동시에 고려하여 통합적인 반응모델을 제시할 수 있을 것이다. [그림 2-3]에 나타난 바와 같이 이 모델은 광고로부터 발생할 수 있는 다양한 반응을 모두 포괄하였다. 저관여상황에서는 인지-시용-감정-개입(commitment)[3)]과 같은 형태의 반응과정이 이용될 것이다(그림에서 상위부분), 이 과정에 따르면 광고가 저수준의 정보수용, 저수준의 신념, 저수준의 감정을 형성하고, 이 과정이 반복됨으로써 시용구매가 발생하게 된다. 사용구매의 직접적인 경험에 따라 고수준의 정보수용, 고수준의 신념과 감정이 바로 개입, 즉 상표충성을 만들어내는 것이다.

---

3) 트레일러(Traylor, 1981)는 제품관여란 개인의 가치가 어떻게 제품에 연결되는가 하는 것이며, 상표개입이란 개인이 상표의 선택에 집착하는 상태, 즉 제품 내에서 상표에 대한 심리적인 집착이며, 상표충성과 표면적으로는 구분할 수 없다고 하였다. 이러한 관점에서 상표개입은 일종의 상표충성이라고 보아야 할 것이다.

그러나 [그림 2-3]에서 고관여상황일 때에는 광고가 바로 높은 수준의 정보수용, 고수준의 신념과 감정이 발생하게 하여 제품을 구매하게 만드는 전통적인 인지-감정-행동의 단계를 거치는 것이다.

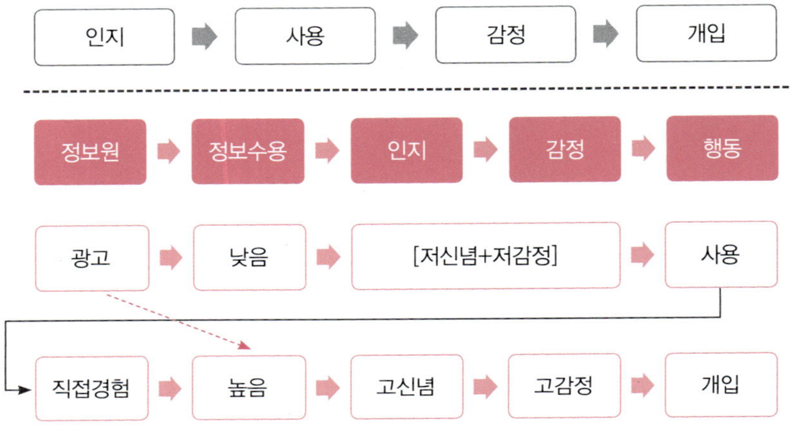


출처: Belch & Belch(2004)

[그림 2-3] **통합적 반응모델**

### (1) 관여에 관한 S-O-R 패러다임

휴스톤과 로스차일드(Houston & Rothchild, 1978)는 관여에 관한 S-O-R패러다임을 제시하였다. 이들은 관여의 차원을 크게 상황적 관여(situational involvement), 지속적 관여(enduring involvement), 반응적 관d(responsive involvement)의 세 가지로 나누고 각각의 관계가 어떠한가를 설명하였다. S-O-R 패러다임으로 이름을 붙인 것은 자극처리 반응의 전형적인 형태를 가지고 있기 때문이다.

상황적 관여란 특정상황에서 개인으로 하여금 관여를 유발하게 하는 상황의 능력이며, 이 상황에는 제품의 속성(제품의 가격, 제품의 복잡성, 대안의 유사성)이 있다고 하였다. 지속적 관여는 개인의 구매상황에 포함되는 제품에 대한 지속적인 관심이며, 제품에 대한 개인의 경험과 그 제품의 가치에 의하여 결정된다고 하였다. 일반적으로 중사용자(heavy user)는 높은 수준의 지속적 관여를 가지고 있다고 한다. 구매시점이 아닌 평상시에 동료들과 나누는 제품에 대한 화제 등은 지속적 관여의 대표적인 예이다. 반응적 관여는 소비자들이 느끼는 의사결정과정에 관계된 것으로서 정보탐색 이전, 정보획득, 의사결정단계, 의사결정단계 이후로 나누어 관찰해볼 수 있다. 즉 제품구매 시 정보탐색의 양이 얼마나 되는가, 의사결정에 얼마나 많은 시간을 소비하는가 등으로 측정해 볼 수 있다.

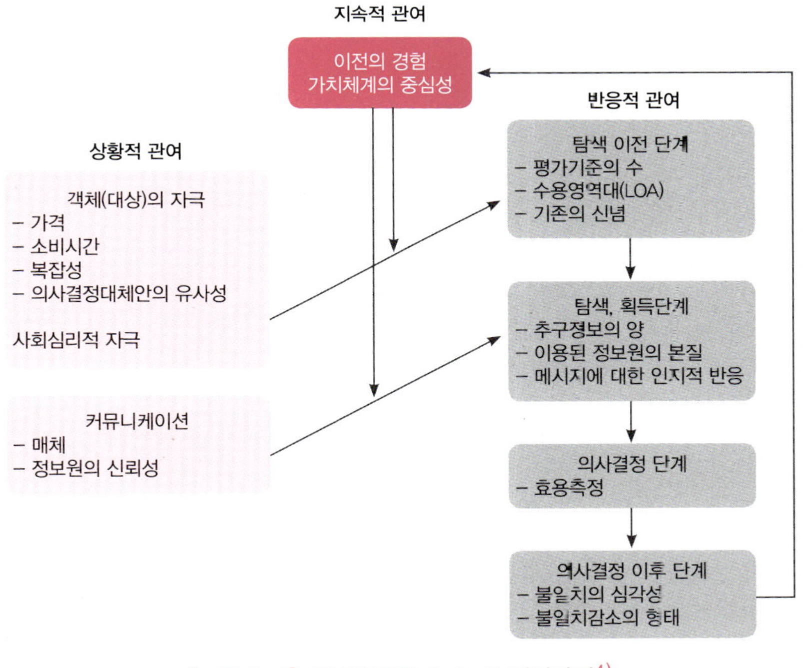


[그림 2-4] 관여에 관한 S-O-R 패러다임[4)]

4) 수용영역대(Latitude of Acceptance, LOA)는 개인이 가장 호의적인 태도를 보이는 주장의 정도와 또한 이점을 넘어 수용(관대)할 수 있는 범위의 영역대를 말한다. 기존 태도와 비슷한 설득적 메시지를 포함하는 영역대이다.

# 소비와 프로모션

제3장

# 설득커뮤니케이션

## 1. 설득의 정의

설득이란 커뮤니케이션의 기본적인 형태 중 하나로, 타인이 제공하는 정보에 노출됨으로써 발생하는 태도변화라 할 수 있다(Olson & Zanna, 1993). 우리 주변에서는 항시 설득 행위가 일어나고 있다. 따라서 설득은 오래전부터 지속적으로 학문적 관심을 받아왔다. 가스와 사이터(Gass & Seiter, 1999)에 의하면 설득은 한 명 이상의 사람들이 주어진 커뮤니케이션 상황 속에서 기존 신념이나 태도, 의도, 동기, 행동 등의 반응을 유발, 보강, 조정, 제거하는 데 참여하는 활동이자 과정이라고 보았다. 이러한 설득에 대한 정의는 설득을 결과로서가 아니라 과정으로 이해하는 것이며, 설득을 단지 기존 신념이나 태도를 변화시키는 것으로 이해하는 시각에 반대하는 것이다. 설득의 개념은 초기에서 오늘날에 이르기까지 아래에 정리한 바와 같이 상당히 변모해왔다(김영석, 2005).

전통적 의미에서 설득은 고대 그리스 시대부터 연구의 대상이었다. 즉 당시에 설득은 권력을 쟁취하고 법정에서 승리할 수 있는 주요 수단이었다. 설득의 학문인 레토릭(rhetoric)은 그리스인들의 교육에서 중심을 차지하고 있었고 그리스인들은 설득에 대한 특별한 기술을 습득해야 했다. 레토릭을 최초로 깊이 있게 연구한 학자인 그리스 철학자 아리스토텔레스(Aristotle)는 레토릭을 주어진 상황에서 가능한 설득 수단을 인지할 줄 아는 능력이라고 언급했다. 그에 따르면 설득은 공신력에 대한 평판인 에토스(ethos, 인격)에 토대를 두며, 논리적인 논증기술인 로고스(logos, 논리)와 청자의 감정을 이끌어낼 수 있는 파토스(pathos, 감정)를 사용한다고 지적하였다. 설득에 대한 이러한 초기의 입장은 메시지를 전달하는 정보원과 연설을 행하는 정보원의 기술에 초점을 두었다. 이후 매스 미디어의 시대가 도래하면서 설득의 개념이 바뀌기 시작하였다. 커뮤니케이션 학자인 브렘벡(Brembeck)과 호웰(Howell)은 설득을 사전에 계획된 목적을 향해 사람들의 동기를 조직함으로써 사람들의 생각과 행동을 바꾸려는 의식적인 시도라고 정의했다. 이 정의에서 설득은 논리의 사용에 치중하기보다는 수용자의 내적 동기를 강조함으로써 이전과는 다른 시각을 보였다. 이후 이들은 설득을 선택에 영향을 주기 위해 의도한 커뮤니케이션이라고 정의하였다.

특히 커뮤니케이션 학자들은 설득을 효과의 측면에서 정의하는데, 대표적인 학자로는 호블랜드(Hovland)를 들 수 있다. 호블랜드는 설득을 '언어적 자극을 통해 설득원이 바라는 어떤 목표를 달성하고자 수용자의 의도된 행동을 유발하는 역동적 과정'으로 정의하였다. 비슷한 맥락에서 베팅하우스와 코디(Bettinghaus & Cody)는 '어떤 메시지를 전달하여 다른 개인이나 집단의 태도, 신념, 행동을 변화시키려는 지속적인 시도'로 보았다. 이상과 같은 전통적 의미의 설득에서는 설득과정을 선형적 커뮤니케이션 과정으로 이해하고 있다는 점에서 설득의 범위를 의도적이고 효과중심적인 의미로 제한하는 경향이 많았다. 이후 설득 개념을 전통적 의미에서뿐 아니라 비의도적이고 과정 중심적인 현상까지 포괄해서 이해해야 한다는 주장들이 대두되기 시작했다.

1960년대 중반 커뮤니케이션 학자인 포더링햄(Fotheringham)은 설득을 '설득자의 메시지에 의해 수용자에게 발생한'이라고 정의하였다. 여기서 중요한 것은 설득이 발생할지 아닐지를 결정하는 대상은 수용자라는 사실이다. 이 정의에 의하면 농담과 같이 의도하지 않은 메시지라 할지라도 이것이 수용자의 태도나 신념, 행동에 영향을 준다면 설득적이라고 볼 수 있다는 것인데, 이러한 경향은 설득을 보다 넓게 보려는 시각으로 이해할 수 있다(Larson, 1989). 이러한 맥락과 같이하는 학자로는 가스와 사이터를 들 수 있다. 이들은 전통적 의미의 설득과 주변적 의미의 설득 영역을 구분하면서, 지금까지는 설득 연구 및 주 관심 대상이 순수한 의미의 설득 영역에 제한되어 있었다고 지적하였다. 이들은 지금까지 설득의 범위가 순수한 의미의 설득으로 제한되었던 이유로 의도성이나 효과, 자유 의지, 상징적 행동, 대인 지향성 등과 같은 요인이 설득을 정의하는 기준으로 사용되었기 때문이라고 지적하였다. 이상과 같이 설득은 고대 그리스 시대에서부터 오늘날에 이르기까지 보다 포괄적인 개념으로 변모해왔다고 할 수 있다.

## 2. 설득커뮤니케이션의 속성

설득커뮤니케이션은 커뮤니케이션으로서의 기본적인 속성을 지니는 동시에 여타의 커뮤니케이션과 구별되는 상대적 속성을 지닌다. 커뮤니케이션의 기본적 속성으로는, 기호 등으로 구성된 메시지라는 수단을 통해 타인의 태도나 행동을 변용시키고자 하는 것과, 수용자의 자유로운 의사를 전제로 그들을 설복시키고자 하는 자의적 선택을 들 수 있다. 특히 자의적 선택의 경우, 설득당하는 상대방의 자발적인 동의에 바탕을 둔 자유 의지에 의해서 그 메시지가 받아들여지는 것을 말하기 때문에, 설득은 강압적인 방법에 의한 태도나 행동의 변화와 구분되도록 해주는 중요한 속성이 된다[5].

한편 설득커뮤니케이션의 독특한 속성에 대하여 차배근(1989)은 의도성, 도구성 및 설득 대상의 특정성이라는 세 가지를 지적하였다.

### 1) 의도성(conscious intent)

의도성이란 어떤 목적 달성을 위한 의식적인 의도를 말한다. 다른 형태의 커뮤니케이션 유형들도 어느 정도 나름대로의 의도성을 지니고 있으나, 설득커뮤니케이션은 수용자의 태도나 의견 또는 행동을 변용시키려는 것을 궁극적 목표로 하고 있기 때문에 이 속성이 가장 강하다고 할 수 있다. 예를 들어 설득커뮤니케이션의 유형 가운데 하나인 광고의 경우, 메시지를 전달받는 사람이 광고하는 상품이나 서비스에 대해 호의적인 이미지를 갖게 하고 이를 사도록 하는 분명한 의도가 있다고 할 수 있다.

### 2) 도구성(instrumentality)

도구성이란 문자 그대로 커뮤니케이션이 어떤 목적의 달성을 위한 도

5) 이와 관련하여 펄로프(Perloff, 1993)도 선택의 자유를 설득의 특징으로 본다. 여기서 선택의 자유란 설득 당하는 측이 설득자의 주장을 수용하거나 거부할 수 있다는 것을 의미하므로 수용자의 자의적 선택과 같은 맥락이라 할 수 있다. 그러나 강압적인 상황에서 설득이 전혀 일어나지 않는 것은 아니다. 한 예로 윗사람이 부탁하는 경우, 순응하지 않는데 대한 협박이 은연중에 내포되어 있을 수 있다. 이러한 예는 누군가가 다른 사람에게 영향력을 미칠 때 순수한 의미의 설득과 강압이란 요소가 동시에 사용될 수 있음을 말해준다. 또한 어떤 상황이 설득적이냐 강압적이냐를 구분하기 보다는 그 상황이 어떻게 설득적인지 또는 강압적인지를 살피는 것이 중요하다는 점을 시사한다(김영석, 2005).

구로 사용된다는 뜻이다. 예를 들어 광고는 상품이나 서비스의 판매 촉진을 위한 마케팅의 도구로 사용되고 있다. 이처럼 설득커뮤니케이션의 도구성이라는 속성으로 인하여 자칫 정의롭지 못한 목적 달성을 위한 수단으로 사용되기도 하여 사회적으로 비난받는 경우도 있으나, 도구성이 좋은 목적이나 의도를 뒷받침하기 위한 수단으로 활용될 대 진정한 의미의 설득커뮤니케이션으로 인정받을 수 있을 것이다.

### 3) 설득 대상의 특정성

설득 대상의 특정성이란 설득커뮤니케이션이 불특정 다수를 대상으로 하는 매스 미디어와 달리 설득 대상이 보다 분명하다는 것을 말한다. 다시 말해 광고나 PR 또는 선전 등의 대표적인 설득커뮤니케이션 유형들은 뚜렷한 대상, 즉 목표 수용자를 설정하고 그에 닻춰 메시지, 소구방법, 매체 등을 각기 달리 사용하고 있다. 따라서 수용자의 나이, 성, 교육 정도, 지리적 여건, 소득 정도, 학력, 라이프스타일 등에 따라 커뮤니케이션 내용이 달라진다.

차배근은 이상과 같이 설득커뮤니케이션의 속성에 대하여 언급하였는데, 이러한 전통적 기준들에 대하여 다른 입장을 취한 경우도 있다. 예를 들어 의도성에 대하여 우리의 행동이 부지불식간이나 무의식적인 자극에 의해 영향을 받고 태도나 행동이 변화하는 것을 목격할 수 있기 때문에 직접적인 의도가 없는 글이나 행위들드 다른 사람의 태도나 행동에 영향을 줄 수 있다고 지적하였다. 예를 들어 아이들의 이솝우화 책에서 미인은 종종 '선'에 비유되고 못생긴 사람은 '악'에 비유된다. 이솝우화가 직접적으로 이런 관념을 의도한 것은 아니지만, 아이들은 부지불식간에 미인은 선으로, 못생긴 사람은 악으로 학습하게 된다는 것이다.

또한 도구성이라는 속성에 대해서도 지금까지의 관점은 설득커뮤니케이터가 의도한 특정한 결과를 얻어냈을 때 설득이 성공한 것으로 간주해왔고, 이러한 효과중심적인 설득 개념은 설득을 과정보다는 성과 측면에서 고려하는 경향이 강했다. 그러나 금연 캠페인을 생각해보았을 때 의도했던 만큼의 금연효과를 내지 못했어도 어느 정도의 효과를 보였다면 효과가 있었다고 보아야 한다는 주장이 제기되었다. 또한 설득을 성과에 국한하여 이해할 경우 설득의 효과를 측정하기가 어렵다는 것도 문제점으로 지적되었다. 이러한 문제점들로 인해 설득은 전통적인 효과 중심적 개념에서 벗어나 보다 과정 중심적인 개념으로 이해해야 한다는 주장이 설득력을 얻어가고 있다고 하겠다. 뿐만 아니라 이상과 같은 속성에 쿠퍼와 노드스타인(Cooper & Nothstine, 1992)을 비롯한 많은 학자들은 설득이 상징적 표현으로 이뤄진다고 주장하였다. 여기서 상징적 행동은 우리가 의미를 부여하는 모든 행위들, 즉 다른 사람에게 자신의 태도나 믿음, 또는 의도를 나타내는 것을 말한다. 또한 집회, 시위운동, 보이콧 등 집단적인 행동도 포함할 수 있다. 그러나 설득은 비상징적인 표현도 포함할 수 있다. 키나 몸무게, 연령, 인종 등과 같은 신체적 특징이 설득적 요소가 될 수 있으며, 미소, 눈 깜빡임, 동공팽창 등과 같은 다양한 비자발적 요소들도 설득 현상과 관련지어 생각해볼 수 있다.

또한 어떤 학자는 설득이 이뤄지기 위해서는 두 사람 이상이 있어야 한다고 주장하지만 어떤 개인은 내적인 커뮤니케이션을 통해 자신이 원하는 것을 자신에게 말함으로써 스스로를 설득시킬 수 있다. 즉, 자기설득(self-persuasion) 현상 또한 설득에 포함된다고 볼 수 있다는 것이다. 예를 들면, 다이어트 중인 사람이 음식섭취에 조심하기 위하여 자신이 생각하는 이상적인 모델사진을 냉장고 문에 붙여놓고 음식을 삼가는 행위 등은 자기 설득으로 볼 수 있다.

따라서 이상과 같이 설득커뮤니케이션의 기본적 및 상대적 속성들은 현대에 오면서 영역이 넓혀지거나 몇 가지 속성들이 추가되었으며, 설득은 정적인 상태가 아니라 동적인 과정이라 할 수 있다.

## 3. 설득커뮤니케이션의 기능

설득커뮤니케이션은 사회의 요소요소에서 중요한 기능을 수행하고 있다. 일찍이 미국의 커뮤니케이션 학자 베팅하우스(Bettinghaus)는 "인간이 동물과 다른 것은 바로 설득커뮤니케이션이라는 문제 해결 또는 의사결정의 도구를 가지고 있기 때문이다"라고 말한 바 있다. 이에 나타나 있듯이 설득커뮤니케이션은 문제를 해결하는 주요 수단이자 의사결정에 중요한 역할을 한다고 할 수 있다. 예컨대 오늘날 국내외에서 수시로 발생하는 다양한 분쟁의 해결에 대화와 타협이라는 설득커뮤니케이션이 중요한 수단으로 사용되고 있다. 뿐만 아니라 사회적인 면에서도 설득커뮤니케이션은 중요한 기능을 수행하는데, 이는 특히 국민적 합의를 이뤄내는 것이 필수적인 민주사회의 경우 건전한 의미의 설득커뮤니케이션이 요구되기 때문이다. 또 설득커뮤니케이션은 경제, 종교, 언론 등의 분야에서도 커다란 힘을 발휘하는 등 사회의 구석구석에 편재되어 모든 분야에서 중요한 구실을 하고 있다고 할 수 있다(차배근, 1989).

이렇게 설득커뮤니케이션이 분명 사회의 각 분야에서 중요한 기능을 수행하고 있음에도 불구하고 역사적으로 볼 때 설득커뮤니케이션의 수단과 그 힘을 악용하여 커다란 해악을 초래했던 사건들도 종종 있다. 즉 커뮤니케이션의 기능에 순기능적인 면과 역기능적인 면이 동시에 있는 것처럼 설득커뮤니케이션도 순기능을 수행하는 가운데 역기능이 수반되기도 한다. 설득커뮤니케이션의 역기능은 그 의도성 여부에 따라 현재적 역기능(manifest dysfunctions)과 잠재적 역기능(latent dysfunctions)으로 나눌 수 있다. 전자는 설득커뮤니케이션을 의도적으로 악용함으로써 야기되는 바람직하지 않은 결과를 말한다. 예를 들어 독재정권의 선전과 같이 여론을 조작함으로써 사회에 초래한 좋지 않은 영향이나 기만적인 광고나 PR에 의한 사회 문화적 폐해가 이에 해당한다. 후자는 설득커뮤니케이션을 의도적으로 악용하지는 않더라도 우연히 또는 자연발생적으로 일어나는 역기능을 말한다. 예를 들어 설득커뮤니케이션의 대표적 유형인 광고의 경우 본의 아니게 소비자를 현혹시킨다든지 소비주의적 성향을 갖도록 한다는 것이다.

이상과 같이 설득커뮤니케이션은 순기능뿐만 아니라 역기능도 지니고 있음을 알 수 있다. 따라서 설득커뮤니케이션이 긍정적 기능을 수행하여 사회적 및 개인적 차원에서 도움이 될 수 있도록 이를 선용해야 하는 동시에 오용 또는 악용되지 않도록 예방해야 할 것이다.

## 4. 설득커뮤니케이션 연구의 의의

1, 2차 세계대전 동안에 적극 활용된 연합국과 나치스의 선전기법을 학문적으로 연구하려는 움직임이 활발해졌다. 즉 새로운 사회과학적 연구 전통에 입각한 학자들은 이론에 기반을 둔 가설 검증방법을 설득상황에 적용하여 과학적으로 분석하고자 하였다. 또한 이 시기를 전후하여 커뮤니케이션학 분야에서 설득현상 연구에 과학적 방법론을 도입해 연구영역의 지평을 넓히고 이론 정립에 힘쓴 호블랜드, 레빈, 라스웰, 라자스펠드 등의 노력이 두드러졌는데 이들을 커뮤니케이션학의 4

비조라 한다(김영석, 2005).

설득커뮤니케이션의 연구는 4비조에 의해 확립되었다고 할 수 있는데 먼저 예일대학 심리학과의 호블랜드는 2차 대전 중 군과 동맹국 병사들의 신념과 태도에 영향을 미치는 정훈 활동을 심리학적 방법으로 분석했다. 호블랜드는 설득과정을 '정보원－메시지－매체－수용자 효과'의 커뮤니케이션 과정 요소들에 대입함으로써 철학적 사고가 주종을 이루었던 설득 과정 및 효과에 대한 관점을 체계적이고 과학적인 것으로 바꾸는 데 일조했다. 그의 업적은 연구체계를 정립시키고 커뮤니케이션 분야에 심리학적 실험연구 방법을 도입하여 객관적 지식의 확보와 연구영역의 확장에도 기여한 점이라 하겠다.

한편 레빈은 소집단 및 집단 역학, 게이트키핑 현상의 연구에서 탁월한 성과를 올림으로써 커뮤니케이션 과정에 나타난 미시적 현상 연구에 주력했다.

라스웰은 정치학자로서 특히 선전이라는 설득 현상에 대해 학문적 관심을 갖고 이를 체계적으로 연구하여 많은 논저를 발표함으로써 설득 분야뿐 아니라 커뮤니케이션 이론의 정립에도 크게 이바지하였다. 선전에 관한 체계적 연구는 라스웰에 의해 시작되었다고 해도 과언이 아닌데, 특히 그는 누가 무엇을 어떤 매체를 통해 누구에게 전달해 어떤 효과를 얻느냐 하는 식의 커뮤니케이션 과정 모형을 처음으로 제시했다.

마지막으로 라자스펠드는 컬럼비아 대학 응용사회과학연구소장으로 있으면서 선거 캠페인이라는 설득커뮤니케이션이 유권자들의 투표행위에 어떻게 영향을 미치고 있는가의 문제를 역대 대통령 선거 때마다 연구하여 이에 관한 여러 가지 이론들을 제시함으로써 정치적 설득커뮤니케이션이라는 연구분야의 개척에 커다란 공헌을 했다. 즉 대중매체를 통한 선거 캠페인이 수용자에게 어떠한 설득 효과를 얼마나 미치고 있는가를 실증적으로 연구하여 그 효과를 밝힘으로써 설득커뮤니케이션의 이론 정립에 이바지한 것이다.

이상과 같이 설득커뮤니케이션의 연구는 체계적으로 자리 잡게 되었는데, 이를 연구하는 의의는 설득커뮤니케이션의 중요성에서 찾을 수 있을 것이다. 앞서 베팅하우스의 말을 빌려 언급한 바 있듯이 설득커뮤니케이션이라는 문제 해결 및 의사 결정의 도구를 지니고 있는 것은 인간에게서 찾을 수 있는 중요한 특징 가운데 하나라고 할 수 있다. 따라서 우리 주변에서 항시 발생하고 있는 설득커뮤니케이션 현상들을 명확히 기술하고 그 원인과 처방에 대해 설명하며, 나아가 미래에도 이와 유사한 현상들이 일어날 것인가를 예측해보고, 그러한 현상들을 통제하여 가능한 긍정적 결과를 얻도록 하는 데 필요한 실증적 자료들을 얻는 것이 바로 설득커뮤니케이션을 연구하는 의의라 할 수 있을 것이다.

## 5. 설득커뮤니케이션의 요소별 특성

커뮤니케이션 과정이란 송신자가 자신이 지니고 있는 감정, 정보, 사상 등을 언어적 표현이나 비언적 표현을 사용하여 수신자에게 전달하고, 이에 대하여 수신자는 특정 반응이나 행동을 보여주는 일련의 과정을 말한다.

일반적으로 커뮤니케이션은 크게 송신자와 수신자, 메시지, 피드백의 4가지 요소로 나누어진다.

### • 송신자

커뮤니케이션은 송신자가 의사소통의 필요성을 느낄 때부터 시작된다. 이때의 필요성은 정보를 전달할 필요성일 수도 있고 상대방으로 하여금 특정 행동을 취할 것을 요구하는 필요성일 수도 있다.

- **수신자**

메시지가 수신자에게 전해지면 수신자는 메시지를 통해 송신자가 무엇을 표현하려고 했는지 이해할 수 있어야 한다.

- **메시지**

수신자는 송신자의 마음을 읽을 수 없기 때문에 송신자의 의도를 수신자가 이해할 수 있는 말을 통해 메시지로 바꾸어야 한다.

- **피드백**

수신자가 송신자로부터 받은 메시지 내용에 대한 자기 해석을 하여 다시 송신자에게 전달한다.

설득커뮤니케이션 모델은 효율성에 영향을 주는 다양한 요인들 간의 관계를 기존의 모델에서 확장한 것으로 커뮤니케이션의 공식적인 경로와 비공식적인 경로 모두를 포함한다.

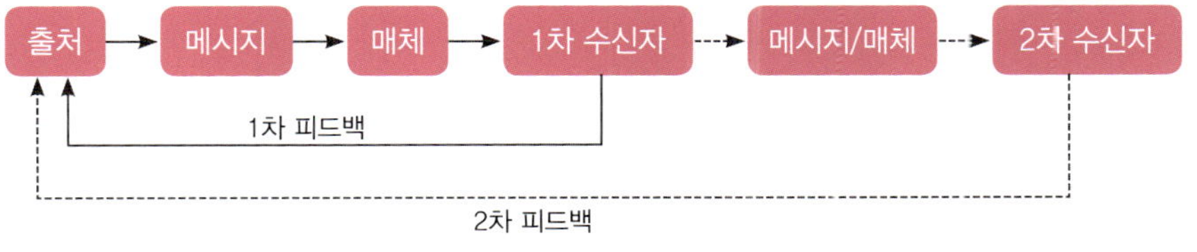


출처: 서여주(2019)

[그림 3-1] **설득커뮤니케이션 모델**

[그림 3-1]에서 보면, 출처가 설득 메시지를 매체를 통해 전달하고, 이 메시지를 1차 수신자가 받아들이며, 1차 수신자는 이 메시지에 대한 피드백을 출처에게 제공한다. 출처부터 1차 수신자까지의 흐름이 설득커뮤니케이션의 공식적인 과정에 해당하며, 이는 기존의 설득커뮤니케이션 모델에 해당한다. 즉 출처가 설득 메시지를 대중매체를 통해 내보내고 소비자가 이 메시지를 수용한 다음, 메시지 처리 결과에 대한 피드백을 출처에게 제공하는 것이다. 이러한 공식적인 과정에서는 출처가 메시지와 매체를 통제할 수 있으며, 이를 통해 수신자에게 영향을 미칠 수 있다.

한편 이 모델에서는 설득커뮤니케이션의 비공식적인 과정도 포함하고 있다. 출처의 설득 메시지를 수용한 1차 수신자는 대중매체와는 성격이 다른 매체를 통하여 1차 수신자의 주관적 경험과 견해로 각색된 메시지를 2차 수신자에게 전달하며, 2차 수신자는 이 메시지를 수용하고 처리한 결과에 대한 피드백을 출처에게 제공한다. 여기서 1차 수신자가 사용하는 매체에는 구전과 인터넷, 블로그, SNS 후기 등이 포함된다.

설득커뮤니케이션의 비공식적인 과정에서는 출처가 매체와 메시지를 직접적으로 통제하기 어렵기 때문에 2차 수신자에게 영향을 미치기 힘들다는 특징이 있다. 비공식 과정의 메시지에는 긍정적인 내용뿐만 아니라 부정적인 내용도 포함되어 있는데, 부정적 메시지가 소비자에게 미치는 영향력은 매우 크다.

일반적으로 소비자는 공식적 과정에서의 메시지를 신뢰하지 않는 경향이 있지만, 구전과 같은 비공식적 과정에서의 메시지를 신뢰하는 경향은 강하다.

## 1) 출처

출처는 커뮤니케이션 개시자로 메시지를 전달하는 개인 또는 대상이다. 출처에 주요특성들에는 신뢰성, 신체매력, 호감 등이 있다.

### (1) 출처 신뢰성

출처 신뢰성은 출처가 전문적 지식을 가지고 있으면서 진실하다고 수신자가 지각하는 정도를 의미한다. 출처의 전문성과 진실성이 증가할수록 수신자는 출처가 신뢰롭다고 지각할 가능성이 더 커진다.

#### ① 출처 전문성

출처 전문성은 출처가 전달하려는 주제에 관해 갖고 있는 지식의 정도를 말한다. 예를 들어 치약광고에서 치약의 특성을 치과의사가 설명하는 경우와 일반 유명인이 설명하는 경우 소비자는 어떤 모델의 말에 더 신뢰하겠는가?

#### ② 출처 진실성

출처 진실성은 출처가 편파적이지 않고 정직하게 정보를 제공한다고 수신자가 지각하는 정도를 의미한다. 연구자들은 전문성과 진실성이 출처효과에 대해 상호 관련되어 있음을 발견하였다. 다시 말해 출처가 전문성이 낮다고 지각되더라도 진실하다고 느껴지면, 그 출처는 수신자에게 영향을 줄 수 있다. 반대로 전문성이 높은 출처라도 진실성이 의심되면 설득효과는 떨어진다.

진실성에 영향을 주는 한 가지 매우 중요한 요인은 수신자가 출처행동의 원인을 밝히려는 귀인이다. 만일 출처가 사리사욕(예를 들어, 돈) 때문에 설득 메시지를 전달하는 것으로 지각되면, 그 출처의 진실성은 실질적으로 낮아진다. 이러한 효과는 여러 명의 모델을 사용할 때 확대된다. 만일 진실하지 못한 여러 명의 모델이 광고에 등장하면, 출처의 진실성은 극적으로 감소한다. 반대로 만일 진실한 여러 명의 모델이 등장하면 진실성은 극적으로 증가한다(Moore et al., 1994).

요약하면, 신뢰성이 높은 출처는 신뢰성이 낮은 출처보다 훨씬 효과적이다(Sternthal et al., 1978). 신뢰성이 높은 출처는 다음과 같은 방식으로 소비자에게 영향을 준다.

- 신뢰성이 높은 출처는 소비자에게 더욱 긍정적인 태도변화를 일으킨다.
- 신뢰성이 높은 출처는 소비자의 행동변화를 더 많이 일으킨다.
- 신뢰성이 높은 출처는 신체적이거나 사회적인 위협을 포함한 공포소구를 사용하려는 광고인의 능력을 증가시킨다.
- 신뢰성이 높은 출처는 메시지에 대한 반박을 억제한다.

이러한 영향은 광고인에게 커다란 혜택을 준다. 소비자는 설득 메시지에 대한 반응으로 자신의 생각을 가질 수 있는데, 이러한 인지반응은 메시지에 대해 긍정적(자기주장)일 수도 있고, 부정적(반박주장)일 수도 있으며, 또는 출처의 특성에 관한 생각(예, 출처비하)일 수도 있다(Wright, 1973). 광고에서 전문적이면서 진실한 모델이 등장하면, 소비자는 광고 메시지에 대한 방어수준을 낮추며 부정적인 인지반응(예, 반박주장 또는 출처비하)을 일으키지 않는 경향이 있다. 따라서 신뢰성이 높은 출처의 설득력은 높아진다.

### (2) 카리스마

그 밖에 정보원 관련 변인으로 카리스마(charisma)를 생각해볼 수 있다. 이는 권력적 영향력이나 의견지도력과 비슷한 것으로 일반적으로 인물이나 지도자들이 지니고 있는 권위적 영향력, 즉 무엇인가의 위엄을 가지고 다른 사람들을 쉽게 이끌어 나가거나 설복시킬 수 있는 능력을 말한다. 예컨대 영국의 윈스턴 처칠이나 프랑스의 나폴레옹, 미국의 루스벨트 전 대통령 등이 이러한 카리스마를 지니고 있었다고 할 수 있다. 본래 카리스마라는 말은 '종교적, 마력적 힘이나 특수한 인물의 비상한 능력에 의해 생겨나는 지도력'을 의미했다(차배근, 1989). 카리스마라는 말은 막스 베버에 의해 학술적인 용어로 본격적으로 사용되기 시작하였는데, 그는 카리스마적 권위를 전통적 · 법률적 권위와 구별되는 형태의 권위로 정식화하였으며, 이러한 권위가 변형되는 과정을 카리스마의 일상화(routinization of charisma)라고 표현하였다. 그러나 오늘에 와서는 종교적이거나 마력적인 것에 관련시키기보다는 보편적으로 사람들을 강하게 끌어당기는 인격적인 특성을 의미하면서, 특이한 인물이 지니는 특수한 지도력이나 영향력을 의미하는 말로 사용하고 있는데, 그래도 아직까지 이 말에는 무언가 신비성 같은 것이 포함되어 있다고 하겠다.

카리스마가 설득커뮤니케이션 효과에 미치는 영향을 다룬 실증연구들은 거의 수행되지 않아 직접적으로 그 효과에 대하여 언급하기는 어렵다. 그러나 역사적으로 위대한 인물들에 대한 사례연구를 통해 간접적으로 그 영향력을 추정해 볼 때, 출처의 카리스마를 지니고 있다면 이는 수신자의 의견이나 태도 변용에 중요한 영향을 미친다고 볼 수 있을 것이다.

### (3) 출처의 신체매력

신체매력의 영향에 관한 연구들은 신체적으로 매력적인 출처가 그렇지 않은 출처보다 신념을 변화시키는 데 일반적으로 더 성공적임을 보여주었다(Chaiken, 1979). 대부분의 남성과 여성은 신체적으로 매력적인 사람에 관한 긍정적인 고정관념을 형성한다. 예를 들어, 한 연구는 남녀 대학생들이 신체적으로 매력적인 사람이 더 감수성이 있고, 온정적이며, 겸손하고, 행복할 것으로 기대함을 보여주었다(Dion et al., 1972).

광고모델의 신체매력이 소비자에게 어떻게 영향을 주는지를 보여주는 많은 연구가 있다. 일반적으로 연구결과들은 매력적인 사람이 평범한 외양의 사람보다 광고제품이나 상표에 더 긍정적이고 호의적으로 반영됨을 보여주었다. 예를 들어 한 연구에서 응답자들은 신시내티(Cincinnati) 동물원에서 다양한 활동을 하는 매력적인 모델 또는 평범한 모델 중 하나의 슬라이드 쇼를 보았다(Debevec & Kernan, 1984; Speck, Schumann, & Thompson, 1988). 응답자들은 나중에 슬라이드 쇼와 모델 양자에 대해 자신들의 인상이 어떠했는지를 평가하였다. 아울러 그들이 동물원에서 자원봉사를 할 것인지를 평가하였다. 연구결과는 슬라이드 쇼에 대한 인상은 매력적인 모델이 나왔을 때 유의하게 더 호의적임을 밝혔다. 이 효과는 매력적인 여성을 본 남성 응답자들에게서 특히 강하게 나타났다. 사실상 이러한 남성은 평범한 모델을 보았던 남성 응답자들보다 동물원을 재정적으로 돕기 위한 모임에 참석하거나 모금안을 통과시키는 데 유의하게 더 많은 관심을 보였다. 신체매력은 다른 변수들과 상호작용을 한다. 한 연구에서 매우 매력적인 모델과 덜 매력적인 모델이 커피와 향수광고에 등장하였다(Baker & Churchill, 1977), 연구결과는 성적 소구를 사용하는 향수광고에서는 섹시한 매력적인 모델이 응답자의 구매의도를 증가시켰지만, 성적 소구와는 관련이 없는 커피광고에서는 덜 매력적인 모델이 더 효과적이었다. 따라서 어떤 제품유형에서는 신체적으로 매력적이고 섹시한 광고모델을 활용하는 것이 부적절수도 있다.

출처의 신체매력에 관해 저자의 생각을 전한다. 출처의 매력은 일반적으로 외양을 말하는데, 이러한 외양은 몇몇 유형으로 분류할 수 있다. 예를 들어 신체매력은 섹시함, 고전미, 건강미, 우아한 미 등으로 분류할 수 있을 것이다. 위에서 언급한 연구에서 성적 소구를 활용하지 않는 커피 광고에 섹시한 모델을 등장시키는 것은 의미가 없었을 것이다. 만일 섹시한 매력이 아니라 고전미 또는 우아한 미의 매력이었다면, 어떠한 결과가 나타났을까? 아직까지 신체매력을 분류하여 그 효과를 살펴본 연구는 거의 없다. 따라서 추후에 이 점을 고려하면 좀 더 유익한 결과를 산출할 수 있을 것이다.

오늘날 문화권에 상관없이 대부분의 광고에는 신체적으로 매력적인 모델들이 등장한다. 우리의 경우는 더욱 그렇다. 매력적이 유명연예인이라면 너도나도 광고에 모델로 등장한다. 그러나 매우 매력적인 모델을 활용하는 것이 소비자에게 부정적인 영향을 줄 수 있다는 연구들이 있다. 이 연구들은 매우 매력적인 모델을 활용하는 것에 대한 잠재적인 부정적 효과로 여성의 자기 이미지 손상을 지적하고 있다. 이러한 연구들은 성인 여성, 10대 여성, 심지어 어린 소녀들이 자신의 신체매력을 모델의 신체매력과 비교하여, 그 결과 사회적 이상형과의 비교에서 열등감을 느낀다고 지적하였다(Martin & Kennedy, 1993). 연구자들은 매우 매력적인 모델과의 자기비교가 자존감을 실제로 낮출 수 있음을 발견하였다(Richins, 1991).

### ① 조화가설

바로 앞에서 언급한 연구는 모델의 특징이 제품의 특징과 일치해야 함을 시사해준다. 이와 관련하여 조화(matchup)가설은 제품의 두드러진 특성이 출처의 두드러진 특성과 일치해야 한다는 것이다. 예를 들어 향수는 이성을 유혹하기 위해 사용되기에 신체적으로 매력적인 모델이 향수에 적합하다. 그러나 커피는 사람들을 각성시키는 특성을 가지기에 신체적으로 섹시한 매력적인 모델과는 연합하지 않을 것이다. 즉 커피는 아침에 사람들을 잠에서 깨어나게 해서 활동을 위한 준비를 하게 하는 각성 제품이다. 따라서 신체적으로 섹시한 매력적인 모델은 커피와 연합되지 않을 것이다.

### ② 성적 소구

성적 광고는 소비자의 주의를 끌며, 광고회상을 증가시키고, 소비자의 광고 태도를 개선한다. 그러나 매우 노골적인 광고는 역효과를 가져올 수 있다. 예를 들어, 한 연구는 자동차 광고에서 신체적으로 매력적이면서 부분적으로 옷을 입은 모델은 자동차의 이미지에 긍정적인 영향을 주지만, 모델이 지나치게 관능적이면, 광고노출 후 일주일이 지나서 측정된 광고회상은 상당히 나빠짐을 발견하였다(Steadman, 1969; Chestnet, LaChance, & Lubitz, 1977).

전통적으로 성적 소구를 사용하는 대부분의 광고는 여성의 몸에 초점을 두었고, 이에 관련된 대부분의 연구들도 광고에서 여성의 누드 또는 세미누드의 효과를 다루었다. 그러나 미국의 경우 1990년대부터 남성 몸의 관능미를 표현하는 광고가 증가하였고, 이에 따라 남성 누드에 대한 소비자의 반응을 분석하는 연구들이 수행되었다(Simpson, Horton, & Brown, 1996) 한 연구에서 남성과 여성 응답자들이 바디 오일 또는 공구 세트 광고에서 유형의 옷(정장으로부터 누드를 암시하는 옷까지)을 입은 남성 모델을 보았다. 연구 결과는 여성 누드의 결과와 유사하였다. 모델과 동성의 응답자는 모델에 대해 부정적인 평가를 하였다. 남성 소비자는 남성 모델이 옷을 제대로 입고 나온 광고를 선호하였지만, 여성 소비자는, 바디 오일의 경우, 누드를 암시하는 광고와 누드 광고를 선호하였다. 그러나 공구 세트의 경우, 여성들도 누드에 대해 부정적이었다. 이는 누드와 공구 세트라는 제품 간에 아무런 관련이 없기 때문이다.

따라서 성적 소구를 활용하는 광고에 대한 일반적인 결과들을 다음과 같이 정리할 수 있다. 첫째, 성적 소구가 적절한 제품이 있다. 둘째, 성적 소구는 광고에 대한 주의를 유도하고 관찰자의 흥분수준을 증가시킨다. 셋째, 성적 소구는 주의분산으로 인해 상표와 광고 메시지에 대한 소비자의 인지 과정을 약화시킨다. 넷째, 성적 암시 누드모델은 이성에게 더 잘 소구된다(Smith, Haugtvedt, Jadrich, & Anton, 1995).

### (4) 출처호감

출처호감은 소비자가 정보출처에 대해 갖는 긍정적이거나 부정적인 감정을 말한다. 일반적으로 출처호감에 영향을 줄 수 있는 요인으로는 첫째, 출처를 관찰하는 청중의 욕구를 출처가 충족시켜준다고 인식되는 정도 둘째, 출처가 청중을 유쾌하게 만드는 정도 셋째, 출처가 청중의 신념과 유사한 신념을 가지고 있거나 유사하게 행동하는 정도 등이 있다(Chebat, Gelinas-Chebat, & Filiatrault, 1993).

### (5) 수면자 효과

신뢰성이 높은 출처의 설득효과는 시간이 경과하면서 없어질 수 있다. 비록 신뢰성이 높은 출처가 신뢰성이 낮은 출처보다 초기에는 더 영향력이 있다 하더라도 연구는 출처의 신뢰성의 효과가 대략 3주 후에는 사라지는 경향이 있다고 보고하였다(Kelman & Hovland, 1953). 다시 말해 신뢰성이 낮은 출처도 높은 출처와 마찬가지로 설득효과를 갖는다. 이러한 현상이 수면자 효과이다. 소비자는 메시지 자체를 잊기보다는 메시지 출처를 더 빨리 잊는다. 그러나 메시지 출처를 다시 부각시키면 이 효과는 나타나지 않는다. 다시 말해 신뢰성이 높은 출처가 낮은 출처보다 훨씬 더 설득적인 것으로 다시 나타난다(Hannah & Sternthal, 1984).

연구들은 수면자 효과의 원인을 시간경과에 따른 분리로 보고 있다. 즉 소비자는 메시지와 메시지 출처를 분리하여 메시지 내용만을 기억에 남겨둔다는 것이다. 이러한 차별적 쇠퇴 이론은 부정적 단서(예, 신뢰성이 낮은 출처)에 대한 기억이 메시지 자체보다 더 빨리 쇠퇴하고, 메시지의 주요 내용만이 남는다고 제안한다(Alba, Marmorstein, & Chattopadhyay, 1992).

한편, 수면자 효과는 메시지 자체의 처리가 중요함을 시사한다. 신뢰성이 높은 출처의 경우, 일시적으로 메시지의 영향력을 높일 수는 있지만 메시지가 처리되지 않으면 신뢰성이 높은 출처의 설득력은 지속되지 못하며, 반면에 메시지가 처리되면 그 설득력은 지속성을 가질 수 있다. 신뢰성이 낮은 출처라서 메시지를 들었을 때 거부하였더라도 메시지가 체계적으로 처리되면 수면자 효과가 나타나는 것이다.

이러한 수면자 효과는 신뢰성이 높은 출처를 사용하는 기업에게 의미있는 시사점을 제공한다. 기업은 모델이 갖는 설득력을 유지하기 위해 광고를 정기적으로 반복해서 모델과 메시지가 분리되는 것을 막아야 한다. 아울러 기업은 광고 메시지가 소비자에 의해 처리될 수 있도록 메시지를 체계적이고 효율적으로 만들어야 한다.

## 2) 메시지 특성

설득 분야에서 수신자에게 영향을 주는 메시지 내용과 구성에 대한 연구는 대단히 많이 이루어졌다. 메시지 내용은 청중에게 아이디어를 전달하기 위해 사용되는 전략을 말한다. 예를 들어 감정소구를 사용할 것인지 아니면 이성소구를 사용할 것인지를 결정하는 것이 메시지의 내용이다. 메시지의 구성은 메시지의 물리적 구조를 말한다. 예를 들어, 메시지에서 정보를 어느 위치에 제시할 것인지 또는 메시지에서 정보를 얼마나 반복할 것인지 등이다.

### (1) 메시지 내용

메시지를 개발하기 위한 첫 번째 단계는 메시지 내용을 결정하는 것이다. 전달자가 의미를 전달하기 위해 사용할 수 있는 도구들은 매우 다양하다. 이러한 도구에는 어떠한 것들이 있는지 살펴보자.

#### ① 메시지 틀

메시지 틀이란 메시지의 긍정적 또는 부정적 구성형식을 의미하는 것으로 조망 이론(prospect theory)에서 비롯된 개념이다(Tversky & Kahneman, 1979, 1981). 조망 이론에 따르면, 메시지는 '득' 또는 '실'의 틀로 위치할 수 있다. '득' 틀의 메시지는 어떤 대안을 채택할 경우에 얻게 되는 편익이나 긍정적인 결과를 강조하고(예, "어디서나 당당한 아름다움으로 다른 사람에게 호감을 느끼게 합니다"), 반면에 '실' 틀의 메시지는 대안을 채택하지 않을 경우 얻게 되는 부정적인 결과나 놓치는 편익을 강조한다(예,

“타 브랜드와 비교하여 이런 가격에 가을유행의 정장을 구매하실 수 없습니다”). 동일한 메시지가 득 또는 실 중 어떤 형태로 표현되는가에 따라 소비자의 판단이나 결정이 영향을 받을 수 있다는 점에서 메시지 틀은 설득커뮤니케이션에서 중요한 요소이다.

메시지 틀의 효과에 대한 연구결과는 일관적이지 않다. 결과들 간의 차이를 해소하기 위해 연구자들은 수용자의 교육수준, 성별, 관여, 메시지 주제의 위험성 지각(Cox, Cox, & Zimet, 2006), 소비자의 기분상태(양윤, 구혜리, 2006) 등과 함께 메시지 틀의 효과를 연구하였다. 교육수준에 관한 연구에서는 수용자의 교육수준이 높을수록 긍정적인 메시지가 더 효과적이고 교육수준이 낮을수록 부정적인 메시지가 설득에 더 효과적이라는 결과를 보고하였다(Smith, 1996), 성별에 관한 연구에서는 남성에게서 긍정적 틀의 광고가 효과적이고 여성에게서는 부정적 틀의 광고가 효과적인 것으로 나타났다(Rothman & Salovey, 1997). 관여와의 관련성을 살펴본 연구에서는 부정적 틀은 소비자의 관여수준이 낮을 때(저관여에서는 정보처리가 활성화되지 않음) 효과적이지만, 소비자의 관여수준이 높을 때(고관여에서는 정교화된 인지적 처리가 일어남) 덜 효과적이었다(Shiv, Edell, & Payne, 1997, 2004).

한편 메시지 틀의 효과를 광고주제의 위험성 지각과 관련하여 살펴본 연구에서, 권고안을 따르지 않을 때 발생하는 위험이 상대적으로 높은 피부암 진단의 경우에는 부정적 틀이 더 효과적이었고, 권고안을 따르지 않아서 발생하는 위험이 상대적으로 낮은 피부 암 예방의 경우에는 긍정적 틀이 더 효과적이었다(Rothman, Salovey, Antone, Keough, & Martin, 1993). 이러한 결과는 기능–위험 이론과 관련된 것이다. 기능–위험 이론은 조망 이론에서 파생된 것으로, 실로 틀화된 부정적 메시지는 높은 위험의 제품을 사용하려는 소비자의 의지를 증가시키는 반면, 득으로 틀화된 긍정적 메시지는 낮은 위험 제품의 매력을 증가시킨다고 제안한다.

### ② 수사학적 표현

한 연구에서 수사학의 중심은 주어진 상황에서 생각을 가장 효과적으로 부연하는 방식을 발견하는 것이라고 하였다(McQuarrie & Mick, 1996). 수사학적 표현은 운, 결말, 과장, 은유, 풍자, 인상적인 문구 등을 포함한다. 수사학은 광고물, 포장 또는 홍보 등과 관련된 모든 마케팅 메시지와 관련이 있다. 광고에서 자주 사용하는 수사학적 표현들 중에는 역설과 은유가 있다. 역설은 반박적인, 잘못된 또는 불가능한 것으로 보이지만, 어느 면에서는 사실인 진술을 말한다(McQuarrie & Mick, 1996). 은유는 부수적인 의미를 제공하려는 목적을 위해 하나의 대상을 또 다른 것으로 대체한다. 예를 들어 존슨앤존슨의 일회용 반창고 광고에서 "당신 아이의 새로운 보디가드에게 안부 전하세요"라는 카피를 보면, 보디가드는 일회용 반창고에 대한 은유이다. 여기서의 부수적인 의미는 상처에 대한 강력한 보호이다.

### ③ 메시지 복잡성

정보처리 관점에서 보면 메시지가 영향력을 발휘하기 위해서는 수신자가 노출, 주의, 이해단계를 거쳐야만 한다. 소비자의 이해에 강력하게 영향을 미치는 요인이 메시지 복잡성이다. 만일 메시지가 너무 복잡하다면 수신자는 그 메시지를 이해할 수 없을 것이고, 따라서 그 메시지에 의해 설득되지 않을 것이다(Eagly, 1974). 메시지 복잡성은 메시지에 너무나 많은 정보가 있을 때 나타난다. 소비자의 정보처리 용량은 제한적이어서 너무 많은 정보가 소비자에게 주어지면, 소비자는 과부하되고 부정적으로 반응할 수도 있다. 따라서 메시지는 가급적 단순명료해야 효과적이다.

#### ④ 결론 제시하기

메시지 개발과 관련된 또 다른 문제는 전달자가 청중에게 결론을 제시해주느냐이다. '결론 제시하기'의 효과를 살펴본 연구에 의하면, 이 문제는 메시지의 복잡성과 청중의 관여에 의존한다(Raven & Rubin, 1983). 만일 메시지가 비교적 복잡하거나 청중이 메시지 주제에 관여되지 않는다면, 결론을 제시하는 것이 좋을 것이다. 그러나 청중의 관여가 높고 메시지 내용이 강력하며 메시지가 복잡하지 않다면, 메시지에서 결론을 생략하여 청중이 그 결론을 추론하게 하는 것이 좋을 것이다(Sawyer & Howard, 1991).

한편, 결론 제시하기에 관해 메시지의 복잡성과 청중의 관여에 상관없이 일반적으로 결론을 제시하는 것이 좋다고 저자는 생각한다. 소비자는 정보를 있는 그대로 수용하는 것이 아니라 정보를 새롭게 구성한다. 따라서 결론을 생략할 경우, 소비자가 새롭게 구성한 정보를 가지고 내린 결론은 원래 의도했던 결론과 다를 수도 있기에 이러한 왜곡 가능성을 막기 위해서는 메시지에 결론을 제시하는 것이 좋을 것이다.

#### ⑤ 비교 메시지

비교 메시지는 전달자가 자신의 장단점을 경쟁자의 장단점과 비교하는 메시지이다. 이 접근은 경쟁사 제품에 비해 자사제품의 우월성을 주장하기 위해 하나 이상의 경쟁사를 명백하게 드러내어 비교하려는 광고에서 빈번히 사용된다(Prasad, 1976).

미국의 경우 1970년대 초반 이래, 연방거래위원회(Federal Trade

Commision: FTC)는 광고에서 경쟁사의 이름을 드러내는 것이 제품우월성의 주장을 소비자가 평가하는 데 도움을 줄 것이라고 생각하여 비교광고의 사용을 장려하였다(Gorn & Weinberg, 1984). 비교광고는 시장에 진입하려고 노력하는 후발 중소기업에게 유용한데, 특히 만일 이러한 기업의 주장이 독립적인 제3의 기관에 의해 행해진 조사에 근거한다면, 더욱 그렇다(Wilkie & Farris, 1975).

유럽의 경우, 비교광고는 꽤 부정적으로 여겨진다. 독일, 이태리, 벨기에에서는 1990년대에 비교광고가 금지되었다. 프랑스에서는 한 담배광고캠페인이 흡연과 과자 먹는 것을 비교하였다. 그 광고의 표제는 "인생은 위험으로 가득하다. 그러나 위험은 모두 동일하지 않다"였다. 표제 아래에 세 가지 과자가 제시되었으며, 그 광고는 과자의 높은 지방성분 때문에, 과자가 담배보다 건강에 더 위험하다는 것을 암시하였다(Bois & Parker-Pope, 1996). 이 광고는 프랑스 공무원들을 놀라게 했으며 결국 이들은 그 광고를 금지시켰다.

국내의 경우, 비교광고의 효시는 1980년대 초반의 파스퇴르 유업이었다. 그 당시 파스퇴르는 우유시장에서 후발업체로 시장에 진입하기 위해 우유 살균방법에서의 차이를 비교 강조하였다. 파스퇴르는 기존 업체의 고온 살균방법과 다르게 저온에서 살균하기에 우유의 영양분이 파괴되지 않고 맛이 살아 있다고 주장하였다. 그러나 파스퇴르의 이러한 광고가 지나친 경쟁을 유발시켜 이후 비교광고는 금지되었다. 20년의 세월이 흐른 2000년대에 들어서 국내 광고시장에는 가끔 간접적인 비교광고가 다시 등장하고 있다.

이러한 비교광고는 상표의 위치화와 차별화를 위해 사용될 수 있다. 시장점유율이 낮은 상표를 선두상표와 직접적으로 비교함으로써, 기업은 소비자의 마음속에 자사상표가 선두상표에 근접하는 것으로 위치화할 수 있다(Dröge, & Darmon, 1987). 치약의 제품범주를 살펴본 연구자들은 비교광고가 비비교광고보다 새로운 상표를 선두상표에 가깝게 위치화하고, 깨끗한 상표 이미지를 창출하는 데 더 우세할 수 있음을 발견하였다. 친숙하지 않은 상표와 선두상표 간의 직접적인 비교는 소비자가 비친숙한 상표를 선두상표와 유사한 것으로 지각하도록 비친숙한 상표를 재위치화한다(Pechmann & Ratneshwar, 1991).

비교광고에는 두 가지 유형이 있다. 직접비교광고에서는 비교상표가 구체적으로 제시되지만, 간접비교광고에서는 비교상표가 명백하게 제시되지 않는다. 두 유형 중 어느 것이 더 효과적일까? 해답은 상표의 시장점유율에 달려 있다. 한 연구는 시장점유율이 낮은 상표는 선두상표와의 직접비교가, 시장점유율이 중간 정도인 상표는 소비자의 혼란을 피하기 위해 경쟁상표를 언급하지 않는 간접비교가, 선두상표는 일반적으로 비교광고를 피하는 것이 좋다고 결론을 내렸다(Pechmann & Stewart, 1990). 선두상표가 비교광고를 피해야 하는 이유로는 비교로 인한 자사 소비자의 혼란스러움을 막아 그들을 보호하기 위해서이다. 그러나 선두상표도 비교광고를 하는 것이 효과적일 수 있음을 보여주는 연구도 있다(Miniard, Barone, Rose, & Manning, 1994).

한편 비교광고의 효과는 소비자가 광고를 처리하는 유형에 따라 달라진다. 한 연구에 따르면, 비교광고는 소비자가 광고를 제품속성에 근거하여 분석적으로 처리하려 할 때가 제품을 사용하는 자신의 모습을 상상하는 심상처리를 할 때보다 더 효과적임을 보여주었다. 아울러 이 연구는 소비자의 개인차인 인지욕구에 따라서도 비교광고의 효과가 달라짐을 보여주었는데, 인지욕구가 낮은 소비자는 비비교광고를 선호하였고, 인지욕구가 높은 소비자는 비교광고와 비비교광고 간에 선호도에서 통계적으로 유의한 차이가 없었다(양윤, 허진아, 2008). 따라서 비교광고에 관한 연구로부터 얻어진 몇 가지 결론은 다음과 같다.

- 비교광고는 시장점유율이 낮거나 새로운 상표가 선두상표와의 지각된 차이를 줄이는 데 있어서 효과적일 수 있다(Gorn & Weinberg, 1984).
- 시장점유율이 중간수준인 상표는 유사한 수준의 다른 상표와 비교해야 할 때 간접비교광고를 사용해야 한다.
- 상표 간의 차별화를 위해서는 중요한 속성들에서 비교가 이루어져야 한다.
- 일반적으로 선두상표는 비교광고를 피하는 것이 좋을 것이다.
- 비교광고의 효과는 소비자의 광고처리 유형과 인지욕구에 따라 달라진다.

### ⑥ 일방 메시지 대 양방 메시지

비교 메시지와 관련하여 제기되는 한 가지 의문은 메시지가 장·단점을 모두 제공해야 하느냐이다. 이 의문에 대한 답은 몇 가지 요인을 고려해야 한다. 장점만을 제공하는 메시지를 일방메시지라 하고, 장점과 단점을 모두 제공하는 메시지를 양방 메시지라 한다.

양방 메시지에 대한 유명한 고전적인 예로 미국 자동차 렌트회사인 에이비스(Avis)의 광고카피를 들 수 있다. 에이비스는 업계 1위인 허츠(Hertz)에 대항하기 위해 "We are No. 2, but we try harder"라는 카피를 내보냈다. 이 카피는 소비자에게 강하게 어필되어 어비스의 시장점유율을 높이는 데 크게 기여하였다. 이 카피에서 보면 "...... try harder" 다음에 "than Hertz"가 생략되었음을 알 수 있다. "우리는 2등"이라는 말은 사소한 단점으로 작용하지만, "우리는 (허츠보다) 더 열심히 노력한다"는 커다란 장점으로 작용한다.

양방 메시지에 관한 연구는 이 메시지가 설득에서 효과적일 수 있음을 보여주었다. 메시지에 장 · 단점을 모두 제시하는 것이 소비자에게 공정한 것으로 보일 수 있으며, 메시지와 출처에 대해 반박할 가능성을 낮출 수 있다. 특히 청중이 비우호적일 때, 반대주장이 있음을 알 때 또는 경쟁자가 반박할 이성이 있을 때, 양방 메시지는 효과적이다(Jones & Brehm, 1970; Kamins & Assael, 1987; Sawyer, 1973).

양방 메시지와 관련하여 살펴볼 것이 있다. 위에서 양방 메시지가 메시지와 출처에 대한 반박 가능성을 낮출 수 있다고 했는데, 이는 면역효과에 근거한 것이다. 면역효과는 예방접종과 동일한 것으로, 즉 경쟁사의 공격이 있기 전에 미리 자사의 사소한 단점을 소비자에게 제시하여 경쟁에 대한 저항력을 높이는 것을 말한다.

한 연구에서 연구자들은 실험참가자들을 세 집단으로 구분하여 첫째 집단은 자신들의 견해를 지지하는 메시지를 듣게 하고, 둘째 집단은 자기 견해를 약하게나마 공격하는 내용과 그 공격에 대처하는 메시지를 듣게 하였으며, 셋째 집단은 아무런 메시지도 듣지 않게 하였다. 이러한 실험처치 후에 모든 조건에서 참가자들은 자신들의 견해를 공격하고 반대하는 메시지를 들었다. 세 조건들 중에서 가장 저항을 잘한 조건은 둘째 조건(면역조건)이었고, 그 다음이 첫째 조건이었다(McGuire & Papageorgis, 1961), 추후연구에서는 견해를 지지하는 방법이 관점을 보충한다는 측면에서는 효과적이지만, 사람들이 전혀 새로운 반대주장에 접했을 때는 지지 메시지의 효과는 없었으며, 면역방법이 여전히 효과적임을 보여주었다(McGuire, 1964).

한편 경우에 따라서는 장점만을 제공하는 일방 메시지가 태도변화를 더 크게 초래할 수도 있다. 일방 메시지는 청중이 우호적일 때, 청중이 경쟁자의 반박주장을 들으려 하지 않을 때, 청중이 특정한 논점에 관여하지 않을 때, 또는 청중의 교육수준이 높지 않을 때 효과적일 수 있다. 이러한 경우에 단점을 제시하는 것은 청중을 단지 혼란스럽게 만들 수 있으며 지지 논점의 효과를 약화시킬 수 있다(Chu, 1967; Pechmann, 1990). 결론적으로 많은 구매가 소비자의 저관여 상태에서 이루어짐을 고려한다면, 양방 메시지를 사용할 때 주의가 필요하다.

일반적으로 소비자를 현재 고객, 잠재 고객, 부정적 고객의 세 부류로 구분할 수 있다. 현재 고객은 현재 특정 제품을 구매 또는 사용하는 집단이고, 잠재 고객은 특정 제품에 대해 긍정적이어서 현재는 아니지만 그 제품을 구매 또는 사용할 가능성이 있는 집단이며, 부정적 고객은 특정 제품에 대해 부정적이어서 현재도 미래에도 그 제품을 구매 또는 사용할 가능성이 적은 집단이다. 이 경우에 일방 메시지는 현재 고객과 잠재 고객에게 효과적일 수 있고, 양방 메시지는 부정적 고객에게서 효과적일 수 있다.

#### ⑦ 공포소구

공포소구는 소비자가 특정한 제품을 사용하지 않거나 어떤 행동을 변화시키지 않으면 불행한 상황에 놓일 것임을 지적하는 메시지이다. 공포소구는 사람의 위험지각을 작동시킨다. 신체손상의 위험은 충돌검사 결과를 광고하는 자동차회사에서, 재정적 위험은 보험회사에서, 사회적 위험은 방향제, 구강청정제 또는 비듬치료 샴푸회사에서 공포를 유발시키기 위해 주로 사용된다. 예를 들어 보험회사의 광고는 자사의 보험제품에 가입하지 않으면, 훗날 큰일을 당할 것임을 암시함으로써 소비자에게 겁을 주는 내용들이 대부분이다. 또한 음주운전 방지, 금연 등의 공익광고도 주로 신체적 위험에 관한 것이다.

공포소구에는 흔히 긍정적 공포와 부정적 공포 그리고 이들 양자의 복합적 소구형태가 사용된다. 긍정적 소구는 권고안을 채택할 경우 얻게 될 물리적, 심리적 혜택이나 긍정적 결과를 강조하는 형식이고, 부정적 소구는 권고안을 채택하지 않을 경우 입게 될 물리적, 심리적 손실 및 부정적 결과를 강조하는 것이다. 이와 같이 공포소구는 특정한 행동을 하지 않음으로 해서 발생하는 부정적인 결과를 메시지 속에 제시하여 공포를 야기한다.

공포는 부정적인 감정이기 때문에 공포가 발생하게 되면 이것을 제거하기 위한 동기가 부여되는 것이 보통이다. 대체로 사람들은 부정적인 결과가 발생하는 것을 원하지 않을 뿐만 아니라, 그것을 경험하는 것 자체를 두려워하기 때문에 메시지에서 권고된 방향으로 행동할 가능성이 높다(Witte, Meyer, & Martell, 2001). 따라서 공포의 감정반응이 문제해결에 필요한 정보 처리를 방해하지 않는 한, 공포소구는 효과적일 것이다(Keller & Block, 1996).

지금까지 공포소구에 관한 연구주제는 크게 세 가지였는데, 이는 공포수준, 공포유형, 공포소구와 설득 간의 매개변수 등이다. 세 가지 중에서 공포수준에 관한 연구가 대부분을 차지하였다. 공포수준의 연구는 불일치하는 결과를 산출하였다. 공포의 감정반응과 설득효과 간에 부정적 관계가 존재한다는 연구(Janis & Feshbach, 1953; DeWolfe & Govennale, 1964)와 너무 심한 공포는 역기능적인 감정과 불안을 불러일으키고 긴장을 강화시킨다는 연구도 있다(Henthorne, Latour, & Nataraajan, 1993). 그러나 많은 연구는 공포의 감정반응과 설득 사이에 긍정적인 관계가 있음을 제시하고 있으며(Bennett, 1996; LaTour & Rotfeld, 1997), 또 다른 연구에서는 타인들을 돕도록 동기화하는 공포소구와 설득 간에도 긍정적인 관계가 있음을 발견하였다(Boozzi & Moore, 1994). 결과적으로 많은 연구는 공포수준과 설득 간의 관계가 선형적이고 긍정적임을 보여주었다(LaTour, Snipes, & Bliss, 1996).

공포소구에 관한 이전의 연구에서 공포유형에 따라 설득효과가 달라지는지에 대한 연구는 많지 않았다. 공포유형은 크게 두 가지, 즉 신체적 위협과 사회적 위협으로 나눌 수 있다. 신체적 공포소구는 설득 메시지 권고에 응하지 않을 경우에 발생할 수 있는 신체적 위험을 강조하는 반면, 사회적 공포소구는 자신에게 중요한 타인이나 집단에 의한 사회적 부인(외면, 무시, 소외 등)의 위험을 강조한다(Unger & Stearns, 1983). 전자의 예로는 흡연, 안전 벨트와 관련된 연구를 들 수 있으며, 후자의 예로는 샴푸나 화장품, 방취제의 광고에서 광고제품을 사용하지 않으면 다른 사람들로부터 외면당하게 될 것이라는 것을 강조하는 연구를 들 수 있다. 일부 연구만이 광고에서 사회적 위협의 설득효과를 조사하였다(Evans, Rozelle, Lasater, Dembroski, & Allen, 1970). 구강위생을 다룬 한 연구에서, 연구자들은 사회적 승인소구의 효과가 신체적 위협소구의 효과보다 실제 행동에서의 변화가 더 컸다는 것을 발견하였다(Evans et al., 1970). 결론적으로 이 연구는 어떤 경우에는 사회적 승인이 신체적 위협보다 설득에서 더 효과적일 수 있음을 제안하고 있다.

한편, 몇몇 연구자는 공포소구와 설득효과 간의 긍정적 관계와 부정적 관계를 나타내는 원인을 밝히려는 연구를 시도하였다. 그 결과 공포소구와 설득효과 사이에는 개인차 변수가 매개변수로 작용하여 조절역할을 한다는 사실을 밝혀냈다(Arthur & Quester, 2004). 이러한 연구들에서 밝혀졌던 매개변수로는 자존감, 불안의 수준, 대응 스타일 등이 있다.

공포소구가 효과적이기 위해서는 다음과 같은 조건들을 고려해야 한다(Tanner, Jr., Hunt, & Eppright, 1991).

- 공포를 일으키는 문제에 대처하고 해결하기 위한 구체적인 방법을 제공하라.
- 방법을 따르면 문제가 해결될 것이라는 지침을 제공하라.
- 이미 상당한 위협을 느꼈거나 위협에 노출된 청중에게는 높은 수준의 공포를 피하라.
- 자존감이 낮은 청중에게는 높은 수준의 공포 메시지를 피하라.
- 공포의 유형과 소비자의 개인차를 고려하라.

### ⑧ 유머소구

유머는 기대와의 불일치 또는 기대로부터의 이탈에 의해 생긴다(Alde Hoyer, & Lee, 1993).

광고에서의 유머는 긍정적인 효과뿐만 아니라 부정적인 효과도 가질 수 있다. 마케터는 유머 사용의 세 가지 잠재적인 부정적 결과를 고려해야 한다. 먼저, 유머는 메시지 이해도를 낮출 수 있다. 예를 들어 유머 광고의 내용회상과 진지한 광고의 내용회상을 비교했던 한 연구는 진지한 광고의 내용회상이 유의하게 좋음을 보였다(Cantor & Venus, 1980). 즉 유머는 메시지에 대한 주의를 분산시킨다(Murphy, Cunningham, & Wilcox, 1979). 둘째, 유머광고는 일반적으로 생명이 짧다. 유머는 처음에는 재미있지만, 반복되면 싫증이 난다. 특히 유머가 개그유형이라면, 유머는 빨리 사라진다. 셋째, 유머광고는 청중에 따라 기대치 않았던 부정적 효과를 가질 수 있다.

유머광고에서 가장 위험스러운 점은 청중에 따라 동일한 유머 메시지에 대한 반응이 다를 수 있다는 것이다. 한 연구는 여성이 남성보다 유머광고에 더 부정적으로 반응한다고 하였다(Lammers, 1983). 또 다른 연구는 성별을 제외한 청중의 많은 특성(예, 인종, 국적, 성격, 사회적 태도 등)

이 유머효과를 조절함을 발견하였다(Sternthal & Craig, 1982).

그러나 유머는 설득커뮤니케이션에 매우 긍정적인 영향을 주기도 한다. 예를 들어 한 현장연구는 재미있는 전단이 이웃 피크닉 같은 사회적 친목모임을 알려주기 위해 배포됐을 때, 평범한 전단이 배포됐을 때보다 20% 더 많은 사람들이 참석하였음을 보여주었다(Scott, Klein, & Bryant, 1990). 다른 연구는 유머광고가 특정 상표에 대한 소비자의 태도를 개선하였으며 광고 정보의 회상을 향상시켰다고 주장하였다(Zhang & Zinkhan, 1991).

유머소구의 세 가지 장점은 첫째, 유머는 소비자의 기분을 좋게 하여, 설득 메시지에 대한 반박주장을 떠올리지 못하게 할 수 있다. 둘째, 유머는 소비자의 주의를 유도하여 광고에 대한 회상과 이해를 높인다. 셋째, 유머는 소비자의 광고에 대한 호감을 증가시킨다.

그러나 유머는 메시지의 이해도를 낮추고, 메시지에 대한 주의를 분산시키며, 기대치 않았던 소비자의 부정적 반응을 이끌어낼 수 있다.

한편, 유머소구의 효과와 관련된 두 가지 부수적인 요소가 있다. 첫째, 유머는 어떤 식으로든 제품 또는 서비스와 관련되어야 한다. 둘째, 유머의 효과는 특정 상표에 대한 소비자의 사전평가에 의해 조절된다(Chattopadhyay & Basu, 1990; Smith, 1993). 두 번째 요소는 유머와 사전평가 사이에 상호작용이 있음을 의미한다. 한 연구에서 광고가 해학적이고 특정 상표에 대한 사전평가가 긍정적일 때, 소비자의 구매의도는 증가하였다. 그러나 광고가 해학적이고 사전평가가 부정적일 때, 구매의도는 감소하였다. 비유머 광고일 때는 반대 결과가 나타났다. 즉 사전평가가 부정적일 때, 구매의도는 비유머광고 조건에서 증가하였지만, 유머광고 조건에서 감소하였다.

### ⑨ 생생한 정보 대 추상적 정보

생생하고 구체적인 정보를 갖고 있는 메시지가 추상적인 정보를 갖고 있는 메시지보다 수신자에게 더 큰 영향을 준다(Nisbett & Ross, 1980). 생생한 메시지는 주의를 끌 뿐만 아니라 유지시켜, 수신자에게 상상하도록 자극한다. 따라서 생생한 메시지는 장기기억에 더 잘 저장되며 훗날 더 잘 인출된다.

메시지를 생생하게 만드는 요인은 첫째, 개인적 관련성이다. 개인적 관련성을 갖는 메시지는 수신자의 관여수준을 높이며 관여수준이 증가할 때 메시지의 영향력 또한 증가한다. 둘째, 구체성이다. 구체적인 메시지는 사람, 행위, 상황에 관해 상세하고 세부적인 정보를 제공한다. 셋째, 수신자와의 근접성이다. 수신자와 시간적 · 공간적 · 감각적으로 가능한 메시지는 생생하다. 시간근접성은 가능한 한 참신하며 새로운 정보의 사용과 관련이 있다. 공간근접성은 수신자가 처한 상황과 정보를 가능한 한 가깝게 연결되는 맥락에 배치하는 것과 관련된다. 감각근접성은 자신이 경험한 것을 청중에게 말할 수 있는 누군가(예, 모델)가 직접 경험하는 내용과 관련이 있다. 예를 들어, 판매원이 고객에게 자동차를 시승해볼 것을 권하는 한 가지 이유는 고객으로 하여금 자동차 시승에 대한 감각경험을 직접 획득하게 하려는 것이다.

그러나 구체성과 추상성을 연구할 때 한 가지 주의해야 할 점은 다음과 같다. 이 구체성과 추상성을 조작할 때 제공되는 정보의 양에서 차이가 생길 수 있는데, 이러한 정보 양에서의 차이를 통제해야만 한다. 일반적으로 생생하고 구체적인 메시지는 추상적 메시지에 비해 문장이 긴 편이어서 정보를 보다 많이 갖는다. 이러한 문장의 길이(정보량)를 유사하게 통제하지 못하면, 결과가 구체성과 추상성 간의 차이에서 기인한 것인지 아니면 정보량에서의 차이에 기인한 것인지를 알 수 없다.

### ⑩ 강의 대 드라마

강의는 출처가 정보를 알려주고 설득하려는 시도에서 청중에게 직접 말하는 것이다. TV광고는 출처가 청중에게 직접 얘기하고 청중에게 제품정보를 제공한다는 면에서 강의형식을 빈번히 사용한다. 드라마는 간접적인 연설형식을 취한다. 광고에서의 등장인물들은 청중이 아니라 자기들끼리 얘기를 한다. 이러한 유형의 광고는 영화 또는 연극과 유사하다. TV광고는 둘 이상의 인물들이 제품에 관해 서로 얘기를 주고받는 만화 또는 미니드라마 형태를 종종 사용한다.

광고가 강의형식을 취할 때 사실이 제공되며, 소비자는 광고의 설득시도를 분명하게 인식한다. 이러한 경우에는 앞에서 살펴본 출처의 특성들이 매우 중요하며, 광고인은 청중의 인지반응에 관심을 두어야 한다.

드라마 기법은 전혀 다른 기제로 작동한다. 드라마는 세상에 관한 이야기이고, 광고인의 목적은 관찰학습이다. 다시 말해 시청자가 광고에서 모델들 간의 상호작용에 의해 나타나는 내용을 학습할 것으로 본다. 광고드라마가 사실일 때, 소비자는 그것에 주의를 하고 일상에 적용할 수 있는 결론을 도출한다. 그 결과로서 소비자가 반박주장을 제기할 가능성은 매우 낮아진다.

강의기법은 매우 압축된 형태로 정보를 제시하는 장점을 지닌다. 그러나 강의는 딱딱하고 지루하며 반박주장을 빈번히 불러일으킨다. 반대로 드라마는 감정이 내포된 이야기를 만들어냄으로써 그리고 제품사용의 의미를 변형함으로써 청중의 흥미를 자극할 수 있다.

변형광고(transformational advertising)는 소비자로 하여금 제품사용의 경험을 제품이 아니라 심리적 특성들과 연합하게 하려는 광고이다(Puto & Wells, 1984) 성공적인 변형광고는 소비자가 감정적으로 관여하게 하고, 광고제품이나 서비스에 관한 소비자의 생각과 느낌을 변화시킨다. 예를 들어, 향수 광고는 이러한 제품의 사용을 로맨틱하고 관능적인 경험으로 변형시키려 한다. 사실상 대부분의 향수광고의 목적은 여성(남성)을 이성에게 매우 매력적인 화려한 인물로 변형시키려는 것이다(Swaminathan, Zinkhan, & Reddy, 1996). 한편 일상생활의 한 단면을 광고에 가져옴으로써 감정을 전이시키려는 삶의 단면(slice of life) 광고도 변형광고에 해당한다.

여러 연구자들이 강의와 드라마 기법이 소비자 반응에 미치는 효과를 연구하였다. 한 연구에서 응답자들은 강의나 드라마 중 하나를 이용한 자동차 광고를 보았다. 강의 형태의 광고를 본 응답자들이 드라마 형태의 광고를 본 응답자들보다 반박주장을 더 많이 제기하였고, 광고에 훨씬 덜 감정적이 되었으며, 광고에서 묘사한 사건들에 관한 지지주장을 더 적게 하였다(Bolla, 1990).

전반적으로 드라마 기법이 응답자에게서 더 큰 감정과 더 적은 반박주장을 불러일으킨다. 또한 드라마 기법은 광고에 대한 응답자의 감정이입뿐만 아니라 응답자로 하여금 광고가 더 진실하다고 느끼게 만든다. 일반적으로 강의광고는 평가적으로 처리되고 드라마 광고는 감정적으로 처리되기 때문에, 효과적인 강의광고는 소비자의 반박주장을 극복할 수 있는 높은 품질의 주장을 사용해야 하지만, 효과적인 드라마 광고는 소비자를 감정적으로 관여시키고, 광고를 진실적으로 보이게 해야 하며, 감정이입을 유발해야 한다(Deighton, Romer, & McQueen, 1989).

드라마 광고의 한 가지 문제는 이 광고가 시간을 필요로 한다는 것이다. 한 연구는 특정 제품에 대한 변형광고가 15초가 아니라 30초로 방영될 때, 그 광고에 대한 소비자의 태도가 더 호의적이고 구매의도가 더 높음을 발견하였다. 그러나 정보광고의 경우 결과는 정반대였다. 즉 광고시간이 길수록 소비자의 태도와 구매의도는 덜 호의적이었다(Singh & Cole, 1993).

### (2) 메시지 구성

메시지 개발에서 메시지 내용뿐만 아니라 메시지 구성 또한 중요하다. 메시지 구성은 메시지 내용을 어떻게 조직하느냐에 관한 것으로, 중요한 정보를 메시지 어디에 위치시키느냐와 정보를 메시지에서 얼마나 반복 제시하느냐 하는 점을 다룬다.

#### ① 초두효과와 최신효과

초두효과와 최신효과는 메시지의 처음과 마지막에 제시된 정보의 상대적 영향력을 말한다. 초두효과는 메시지에서 처음 제시된 정보의 영향력이 클 때 일어나며, 최신효과는 메시지에서 마지막에 제시된 정보의 영향력이 클 때 일어난다. 초두효과와 최신효과는 단일 메시지뿐만 아니라 일련의 메시지에서도 일어난다. 예를 들어, TV나 잡지에서 보면 많은 광고가 연속적으로 나오는데 제시 순서에서 처음, 중간, 마지막 어디에 위치해야 효과가 가장 좋겠는가? 일반적으로 일관된 결과는 초두효과를 지지한다.

이에 관해 좀 더 살펴보면, 우선 시간의 경과에 따라서는 초두효과가 더 효과적이다. 둘째, 메시지를 정교하게 처리(예, 고관여 처리)할 때 초두효과가 발생하는 경향이 있고, 초두효과는 인쇄광고와 같은 시각적 자료보다 라디오 광고와 같은 언어적 자료에서 더 강하게 나타난다(Unnava, Burnkrant, & Erevelles, 1994).

한 가지 분명한 연구결과는 메시지의 중간에 제시되는 정보의 회상이 상대적으로 가장 나쁘다는 것이다. 즉 메시지의 중간에 제시되는 정보는 처음 또는 마지막에 제시되는 정보보다 기억하기 어렵다. 따라서 의사전달자는 중요한 내용을 메시지의 중간에 제시해서는 안 된다.

### ② 반복효과

반복효과와 관련하여 한 가지 중요한 의문은 정보를 얼마나 반복해야 하느냐이다. 한 연구자는 세 번 노출하면 충분할 것이라고 제안하였다(Krugman, 1972). 이러한 세 번의 노출은 실험실 연구에서 나온 결과이다. 실험실 상황에서는 실험참가자들이 광고를 강제적으로 봐야 하지만, 현실에서는 소비자가 광고를 강제적으로 볼 필요가 없다. 따라서 현실상황을 고려하면, 반복횟수는 세 번 이상일 수 있을 것이다. 그러나 아직까지 현실에서의 적정한 반복횟수를 제시한 연구는 없다. 더욱이 연구결과들에 의하면, 오히려 지나친 반복이 소비자로 하여금 메시지에 대해 부정적이게 만들 수 있다고 제안하였는데, 이러한 효과가 광고싫증이다.

한 연구에서 응답자들이 한 시간짜리 TV쇼를 시청하는 동안 가상적인 치약광고에 1회, 3회, 또는 5회 반복조건들 중 한 조건에 노출되었다. 연구결과 노출횟수가 증가할 때, 광고에 대한 반박주장의 수 역시 증가하였다(Belch, 1982). 이와 유사하게 다른 연구들은 지나친 반복이 광고에 대한 소비자의 태도를 부정적으로 만들 수 있음을 발견하였다(Burke & Edell, 1986).

이러한 이유로 인해, 광고인은 동일한 광고를 계속해서 반복제시하지 않는다. 대신에 광고인은 동일한 메시지를 전달하는 일련의 다른 광고물을 만든다. 한 연구에서 연구자들은 연속물로 나가는 각각의 광고 내용을 약간 달리하여 이를 검증하였다. 연구결과, 변경된 광고를 통해 메시지가 반복될 때 긍정적인 인지반응의 수는 증가하였고 부정적인 인지반응의 수는 감소하였다(Cox & Cox, 1988; Rethans, Swasy, & Marks, 1986).

메시지 반복의 효과를 설명하기 위해, 이 요인 이론(two-factor theory)은 사람들이 반복 메시지를 받을 때 두 가지 다른 심리적 과정이 작동한다고 제안한다. 하나는 메시지 반복이 수신자의 불확실성을 감소시키고 메시지에 대한 학습을 증가시켜 긍정적인 반응을 유발한다는 것이다(McCullough & Ostrom, 1974). 그러나 다른 과정에서는 메시지 반복과 더불어 수신자의 지루함은 증가한다. 어느 순간에 지루함이 긍정적 효과를 넘어서서 수신자는 광고에 부정적으로 반응하기 시작한다(Rethans, Swasy, & Marks, 1986). 이 요인 이론은 소비자의 지루함을 피하기 위해 전달자는 광고반복 시 광고를 약간 변경해야 한다고 제안한다.

광고싫증이 기업에게는 잠재적인 위험이지만, 메시지 반복은 학습에서 중요하다. 이러한 딜레마에 대한 한 가지 해결책은, 이미 앞에서 언급했듯이, 동일한 기본 메시지를 사용하지만 흥미를 유지하기 위해 내용을 약간씩 변경하는 것이다. 연구자는 광고에서의 이러한 변화가 싫증을 유발하지 않은 채 광고의 회상을 실질적으로 개선함을 보여주었다(Burnkrant & Unnava, 1987; Unnava & Burnkrant, 1991). 아울러 이러한 변화의 또 다른 장점은 소비자로 하여금 경쟁사의 광고에 더 저항하게 만든다(Haugtvedt, Schumann, Schneier, & Warren, 1994). 마지막으로 반복광고에 노출되는 것이 자발적이고, 반복이 시간경과에 따라 분산되며, 반복이 경쟁사의 광고가 나갈 때도 이루어지고, 반복이 실세계의 혼잡한 환경에서도 나타난다면, 반복광고는 '소비자의 마음속에 가장 먼저 떠오르는 의식(top-of-the-mind-awareness)'과 상표선택을 실질적으로 개선한다(D'Souza & Rao, 1995).

### 3) 매체

매체는 커뮤니케이션에 있어서 필수적인 요소로 메시지를 전달하려는 도구이다. 매체는 크게 방송매체(TV, 라디오)와 인쇄매체(신문, 잡지)로 나눌 수 있고, 최근에는 인터넷과 SNS의 활용이 증가하고 있다. 매체에 근거한 전략은 선정된 표적시장의 소비자가 읽고, 보며, 듣는 특정한 매체에 광고를 배치하는 것이다. 이를 위해 마케터는 소비자조사를 통해 특정한 매체를 포함하는 표적고객들의 소비자 프로필을 구성한다.

특정한 매체를 선정하기 전에, 마케터는 메시지의 전달력을 높일 수 있는 일반적인 매체범주를 선정해야 한다. 어떤 매체범주를 선정하느냐는 광고 제품 또는 서비스, 도달하고자 하는 표적시장 그리고 마케터의 광고목적 등에 달려 있다. 광고인은 하나의 매체범주를 선정하기보다는 다중매체 캠페인 전략을 활용한다. 다중매체는 광고캠페인의 대부분을 수행하는 한 가지 주요한 매체범주와 보충지원을 제공하는 다른 매체범주로 구성된다.

많은 연구는 다양한 제품, 청중, 광고목적 등에서 각 매체의 효과를 비교하였다. 일반적으로 연구결과들은 확정적이지 않다. 한 가지 보편적인 결과는 각각의 매체범주가 광고내용에 대해 각자의 특정한 효과를 가진다는 것이다. 예를 들어 인쇄매체는 무제한의 메시지 길이를 허용하며, 인쇄매체의 한 유형인 신문은 메시지의 시기적절성이 두드러지고, 방송매체는 상대적으로 고정된 노출시간을 가지고 있다(Philport & Arbitier, 1997). 몇몇 매체범주는 다른 범주보다 어떤 제품 또는 메시지에 더 적절하다. 예를 들어 속도가 매우 빠른 컴퓨터 신제품에 대한 메시지를 소비자에게 전달하려는 마케터는 컴퓨터용 전문잡지 또는 온라인에서 그 제품에 대한 메시지를 전달할 수 있을 것이다. 일단 마케터가 적절한 매체범주를 확인하면, 그 다음에 그들은 표적청중에 도달할 수 있는 특정한 매체를 그 범주에서 선정할 수 있다.

### ① 인터넷

인터넷은 뉴스레터 또는 사이버잡지와 같은 많은 온라인 대안매체를 가져왔다. 오늘날 거의 모든 인쇄 및 방송매체는 자신의 웹사이트를 가지고 있고 온라인 출판을 하고 있다. 많은 소비자가 제품정보를 찾고 제품을 비교하기 위해 인터넷을 사용하고 있으며, 아울러 온라인 쇼핑도 증가하고 있다. 또한 마케터는 웹사이트에 배너광고를 내보내고 있다.

현재 많은 기업은 자신의 웹사이트를 가지고 있고 이를 통해 자사제품의 정보를 제공하고 있다. 더욱이 웹을 통해 개별 소비자의 구매습관, 제품 선호, 지출패턴 등을 추적할 수 있고, 더 나아가 웹사이트, 촉진캠페인, 개별 소비자에게 맞춰진 광고물 등을 디자인할 수 있드록 이러한 정보를 데이터베이스화하고 있다(Bush, Bush, & Harris, 1998).

### ② 정밀 표적화

많은 마케터는 '정밀 표적화'라고 부르는 매체전략을 사용하고 있다. 이 전략은 매우 세부적으로 세분화된 표적시장의 욕구와 관심을 충족시켜줌으로써 시장에서 자신만의 특정한 틈새를 찾으려는 매체전략을 말한다.

직접우송(direct mail) 및 직접마케팅(direct marketing)은 정밀 표적화의 좋은 예이다. 직접우송은 표적고객의 우편주소로 직접 보내지는 광고이다. 직접마케팅은 매체가 아니라, 소비자로부터 직접적인 반응을 얻으려는 목적으로 다양한 매체(예, 우편, 인쇄, 방송, 전화 또는 인터넷)를 사용하는 상호작용적 마케팅 기법이다. 직접마케팅의 주요 장점은 그것이 측정 가능한 반응을 산출한다는 것이다. 즉 마케터는 조사당 비용, 판매당 비용, 광고당 수입 등과 같은 변수를 통해 직접마케팅의 수익성을 수정할 수 있고, 캠페인의 시기 및 빈도를 평가할 수 있다. 직접마케팅의 주요 목적은 적합한 구매자의 데이터베이스를 구축하고 꾸준히 정교화하는 것으로, 이는 조사와 직접요청으로 이루어진다. 이러한 데이터베이스의 분석은 매우 선별적으로 세분화된 고객층을 만들어낼 수 있다. 그런데 한 가지 문제는 고객의 쇼핑내력을 데이터베이스화하는 것이 소비자의 사생활 침해일 수 있다는 점이다.

인터넷쇼핑과 케이블TV의 홈쇼핑은 구매자의 정보를 데이터베이스화한다는 점에서 직접마케팅 기법을 사용한다고 볼 수 있다. 온라인마케터는 자사 사이트의 방문자와 고객으로부터 개인정보를 수집하며 매우 세분화된 데이터베이스를 개발한다. 또 다른 마케터는 상세한 개인정보를 제공하는 그리고 온라인 또는 전화광고를 보거나 듣는 데 동의한 소비자에게 무료서비스 또는 제품을 제공한다.

최근에는 빅데이터 분석방법 기술의 발달로 고객 데이터와 구매 패턴을 수집하고 분석해, 고객 맞춤형 제품을 추천한다. 고객의 수요를 파악하고 필요한 물건을 제시하는 역할은 물론이고, 고객의 구매 목록을 데이터화해서 분석하고 고객이 필요한 물건을 전단지로 복사하여 집으로 배송할 수 있다. 더욱이 소비자 반응이 좋은 상품을 실시간으로 분석해 출시 초기에도 이상 징후를 미리 파악할 수 있다.

### 4) 수신자

수신자는 자신의 경험과 특성에 근거하여 자신이 수신한 메시지를 해석한다.

### ① 제 특성

메시지로부터 정확하게 이끌어낼 수 있는 의미의 양은 메시지 특성, 메시지를 처리하는 수신자의 기회와 능력, 그리고 수신자의 동기 등과 관련이 있다(Mick, 1992). 사실상 개인의 모든 개별 특성(예, 성격)은 메시지 해석의 정확성에 영향을 준다. 개인의 인구통계학적 특성(예, 연령, 성별, 결혼유무, 소득, 학력 등), 사회문화적 특성(예, 사회계층, 인종 등) 그리고 라이프스타일은 메시지 해석에서 주요한 요소들이다. 태도, 사전학습 또는 경험, 기대, 동기 등도 메시지 해석에 영향을 준다. 어떤 누구도 전달자가 의도했던 방향으로 마케팅 메시지를 읽고 이해하지 않는다. 예를 들어 중학교 2학년의 읽기 수준에서 작성된 직접우편 광고의 이해에 대한 한 연구에서는 직접우편 수용자의 1/3이 메시지를 의도한 대로 이해하지 못했다(Harrison-Walker, 1995).

개인의 관여수준이 메시지에 얼마나 주의를 기울일지 그리고 메시지를 이마나 조심스럽게 해석해야 할지를 결정할 수 있는 요소이다. 예를 들어 운동에 관심이 없는 사람은(저관여수준) 운동용품에 관한 광고에 주의하지 않을 것이지만, 관심이 많은 사람은(고관여수준) 그 광고에 주의를 기울여 철저하게 읽거나 볼 것이다. 따라서 표적청중의 관여수준이 설득커뮤니케이션의 설계와 내용에서 중요한 요소이다.

### ② 감정

소비자의 감정은 광고물을 지각하고, 회상하며, 광고물에 근거해 행동하려는 소비자에게 영향을 준다(Swinyard, 1993). 한 연구는 소비자의 기분이 광고 메시지가 제시되는 맥락(예, 인접 TV프로그램 또는 인접 신문기사)과 광고 자체의 내용에 의해 종종 영향을 받으며, 이러한 기분이 그 다음에는 광고 메시지에 대한 소비자의 평가와 회상에 영향을 준다고 하였다(Mathur & Chattopadhyay, 1991). 또 다른 연구는 소비자의 각성(또는 흥분)상태가 광고의 인지적 처리(즉 중심단서 처리)를 제한하고 주변단서 처리를 증가시킨다고 하였다(Pham, 1996). 긍정적 결과를 묘사하는 광고에 의해 유발되는 긍정적 감정은 소비자가 광고제품을 구매할 가능성을 증가시킬 수도 있으며, 반면에 부정적인 결과를 묘사하는 광고는 부정적인 감정을 유발할 수도 있을 것이다. 물론 이러한 결과는 마케터의 목적과 일치할 수도 있다. 소비자는 만일 자신이 광고제품을 구매하지 않는다면 부정적인 결과가 발생할 수 있다고 설득당할 수 있다.

#### ③ 선별지각

소비자는 광고 메시지를 선별적으로 지각한다. 소비자는 자신에게 특별한 흥미 또는 관련성을 주지 못하는 광고를 무시하는 경향이 있다. 특히 리모컨은 소비자가 TV채널을 변경함으로써 광고를 건너뛰게(zapping) 하거나 음소거 장치를 사용하여 광고내용을 듣지 않게 할 수 있다. 이러한 선별 지각은 소비자가 메시지를 해석하는 데 영향을 줌으로써 커뮤니케이션을 방해할 수 있다.

### 5) 피드백

마케팅 커뮤니케이션은 일반적으로 바람직한 방식(예, 광고제품의 구매 등)으로 행동하도록 표적청중을 설득하기 위해 설계되기 때문에, 설득 커뮤니케이션에 대한 궁극적인 검증은 수용자의 반응에 의해 이루어진다. 이러한 이유로 전달자는 즉각적으로 가능한 한 정확하게 피드백을 획득해야 한다. 피드백을 통해서만이 전달자는 메시지가 얼마나 잘 전달됐는지를 평가할 수 있다.

대인 간 커뮤니케이션의 중요한 장점은 언어적 단서뿐만 아니라 비언어적 단서를 통해 즉각적인 피드백을 획득할 수 있다는 점이다. 경험이 많은 전달자는 피드백에 상당히 주의를 기울이며 자신이 청중으로부터 보거나 들은 것에 근거해 자신의 메시지를 수정한다. 즉각적인 피드백은 대인판매를 효과적으로 만드는 요인이다. 이는 즉각적인 피드백이 고객 응대담당자로 하여금 각 소비자의 표현된 욕구와 관찰된 반응에 맞추어서 판매방식을 조율할 수 있게 하기 때문이다.

피드백을 획득하는 것은 매스 커뮤니케이션과 대인 간 커뮤니케이션 모두에서 중요하다. 대중매체에서 차지하는 광고의 높은 비용 때문에, 많은 마케터는 대중 커뮤니케이션 피드백을 우선적으로 다룬다. 메시지를 다루는 담당부서는 표적청중이 매스 커뮤니케이션을 수용하는지, 의도한 대로 이해하는지, 그리고 의도한 목적달성에 효과적인지를 사전에 결정할 어떤 방법을 개발해야만 한다.

대인 간 커뮤니케이션과 달리, 매스 커뮤니케이션 피드백은 거의 직접적이지 않다. 대신에 그것은 보통 추론된다. 수신자가 광고제품을 구매한다(구매하지 않는다), 수신자가 잡지구독을 갱신한다(갱신하지 않는다)와 같이, 전달자는 표적청중의 결과적 행동(또는 무행동)으로부터 자신의 메시지가 얼마나 설득적인지를 추론한다. 기업이 청중으로부터 찾으려 하는 또 다른 유형의 피드백은 제품구매에 따른 고객의 만족 또는 불만족의 정도이다. 기업은 자사상표의 신뢰할 만한 이미지를 유지하기 위해 가능한 한 빨리 문제점을 찾아서 해결하려 한다.

### (1) 광고효과의 측정

광고인은 어떤 메시지가 전달됐는지, 어떤 TV프로그램이 시청됐는지, 그리고 표적청중이 어떤 광고를 기억하는지 등을 알아보기 위해 소비자조사를 실시함으로써 메시지의 효과를 측정하려 한다. 표적청중이 특정 광고에 주목하지 않거나 잘못 이해하고 있다고 피드백될 때, 광고인은 커뮤니케이션이 원래 의도한 대로 일어나도록 메시지를 수정한다.

광고효과 측정은 광고가 매체를 통해 나가기 전(사전검사) 또는 나간 후(사후검사)에 행해질 수 있다. 사전검사는 광고 메시지의 어떤 요소가 손실을 초래하기 전에 수정돼야 하는지를 결정하기 위해 실시된다. 사후검사는 이미 나간 광고의 효과를 평가하기 위해 그리고 미래 광고의 효과를 높이기 위해 어떤 요소를 변경해야 하는지를 알아보기 위해 실시된다.

제4장

# 커뮤니케이션 지향적인 명시적 프로모션

## 1. 광고

### 1) 광고의 정의

우선 광고(advertising, advertisement)의 어원은 라틴어의 adverter에서 유래된 것으로, '돌아보게 하다', '주의를 돌리다'라는 뜻을 가지고 있다. 독일어와 불어에서는 광고를 각각 'Die Reklame'와 'Reclame'이라고 하는데 이는 모두 '부르짖다'라는 뜻을 지닌 라틴어 'Clamo'에서 파생되었다. Re–는 다시를 의미하므로 '반복하여 부르짖다'라는 뜻이 된다. 우리나라에서도 초기에 광고인을 광호인(廣呼人)이라고 불렀는데, 이는 널리 부르짖는 사람이라는 뜻이다. 따라서 광고를 어원적으로 풀이하면 반복적으로 부르짖음으로써 주의를 끌게 하는 것이라 할 수 있다.

한편 광고에 대한 정의를 내려보면 기본적으로 광고는 상품 또는 서비스의 판매나 거래를 위해 설득 전략을 이용하는 것을 말한다. 미국광고대행사협회(American Association of Advertising Agencies)는 광고를 '소비자 대중에게 자기 제품의 판매나 용역의 이용을 궁극적 목표로 하여 매스 미디어를 통해 그에 필요한 정보를 유료로 전달하는 일체의 행위'라고 정의하고 있다. 광고는 자본주의적 시장 상황에서 소비자가 제품을 구매하도록 유도하는 커뮤니케이션 행위라는 점에서 선전(propaganda) 및 기타의 설득 행위와 다르다. 광고의 목적은 기본적으로 상품, 서비스 등에 관한 정보를 소비자에게 제공하고 그것을 구매하도록 설득하는 것이다. 일반적인 광고는 광고주 또는 그의 대리자인 광고 전문가들에 의해 계획적으로 통제된 메시지가 대중매체를 통해 소비자 대중에게 전달되는 형태를 띤다.

보다 구체적으로 광고의 정의를 살펴보면 크게 두 가지 관점에서 접근해볼 수 있다. 그중 하나는 마케팅의 한 부분으로 보는 관점이며 다른 하나는 커뮤니케이션의 한 형태로 보는 관점이다(김광수, 1999). 대체로 전자의 경우 광고를 상품이나 용역의 판매촉진 방법의 하나로 보며, 마케팅 관점에서 보는 광고의 기본적 특성은 네 가지로 요약된다. 첫째, 광고는 유료형태의 판매촉진 방법이라는 것이다. 즉 광고주가 각종 미디어의 지면이나 시간을 돈을 내고 사서 이를 통해 자신의 상품, 용역 등에 관한 메시지를 소비자에게 전달하고 판매를 촉진하는 것이 그 특성의 하나이다. 둘째, 광고는 소비자에게 상품이나 용역에 관한 메시지를 비대인적 방법을 통해 제시한다는 것이다. 다시 말해 광고는 매스미디어 등의 대중매체를 사용, 불특정 다수의 소비자를 대상으로 상품이나 용역 등에 관한 정보를 제시 또는 전달하는 것이다. 셋째, 광고는 상품은 물론 용역, 아이디어, 이미지 등도 그 대상으로 삼는다. 즉 광고는 구체적인 상품만이 아니라 은행이나 항공회사 등의 용역도 포함되며, 기업PR 광고나 정치 광고처럼 이미지나 아이디어 등의 제시나 형성도 목적으로 한다.

한편 커뮤니케이션 관점에서는 광고를 단순히 상품이나 용역의 판매촉진방법의 하나로만 보는 것이 아니라 광고와 소비자 사이의 커뮤니케이션 현상으로 본 광고의 네 가지 특성은 다음과 같다. 첫째, 광고는 상품과 용역 등에 관한 정보를 소비자에게 제공하고 이를 구매하도록 설득하는 것이 그 기본적 목적이다. 즉 광고는 소비자에게 시장에 관한 정보를 전달하거나 어떤 상품이나 용역을 사도록 설득하기 위해 행하는 커뮤니케이션으로 그 기본요소는 정보와 설득이다. 둘째, 광고의 또 하나의 특성으로 통제성을 들 수 있다. 이는 광고에서 제시되는 메시지의 내용과 크기, 제시 방법과 시간 등은 모두 광고주나 광고인들이 사전에 계획한다. 셋째, 광고 메시지에 광고주가 명시되어 있다는 특성을 들 수 있다. 마지막 특징으로는 대인판매나 기타의 판매촉진과 달리 광고는 미디어를 사용하여 소비자에게 전달된다는 점을 들 수 있다. 이상에서 살펴본 두 관점을 종합하여 광고에 대한 정의를 내려보면 광고란 ① 광고주나 그 대행사와 광고인들이 상품이나 용역 또는 아이디어에 대한 정보를 제공하고, 나아가 그에 대한 소비자의 태도를 변용시키거나 구매 행동을 유발하기 위하여, ② 상품, 용역, 아이디어 등에 대한 광고 메시지를 고안 제작하여 이를 광고주의 이름과 함께, ③ 유료의 비대인적 매스 미디어를 통해 ④ 불특정 다수의 소비자 대중에게 전달하여, ⑤ 광고상품이나 용역 등에 대한 소비자의 태도를 변용시키고 나아가 구매행동을 유발하는 설득커뮤니케이션의 한 형태이지 마케팅 커뮤니케이션의 일종이라고 할 수 있다.

### 2) 광고의 기능

오늘날 광고는 사회시스템 내에서 하나의 제도로서 여러 가지 기능을 수행하고 있다. 광고의 기능에는 경제적 기능, 마케팅적 기능, 문화적 기능, 매체지원 기능이 있으며 순기능 외에 의도하지 않은 역기능이 수반되기도 한다.

먼저 경제적 관점에서 광고는 시장의 완전경쟁을 유도할 뿐 아니라 광고에 의한 제품의 유효수요에 따라 소비성향이 높아짐으로써 경제성장에 기여하고, 유통효율을 향상시키며 유통기구의 개혁을 도모한다. 또 광고는 사회 구성원들의 생활수준을 높여주는 동시에 평준화를 도모하기도 한다. 뿐만 아니라 마케팅적 측면에서 볼 때 광고는 제품의 대량생산을 가능케 하여 규모의 경제를 이루고 그 결과 제품의 가격을 낮추는 역할을 할 수 있다. 문화적 측면에서 광고의 순기능으로는 먼저 광고가 만들어질 당시의 사회 문화적 상황을 반영하고 때로 유행을 창조하기도 한다는 것을 생각해볼 수 있다. 흔히 광고를 사회의 거울이라고도 하는데 이는 광고가 그만큼 당시의 사회상황을 빠르고 정확하게 반영한다는 의미이다. 또한 광고는 매체사의 건전한 경영을 위한 재정에 도움을 준다. 다시 말해 광고는 다수의 불특정 다수에게 정보를 전달해야 하므로 주로 매스 미디어를 유료로 이용해야 하고, 매체사는 이러한 광고비로 재정의 대부분을 충당한다.

그러나 광고는 이러한 순기능만 수행하는 것이 아니라 몇 가지 점에서 사회적 비판의 대상이 되는 역기능을 수행하기도 한다. 예를 들어 경제적 측면에서 볼 때 광고는 물질주의를 조장하고 소비심리를 지나치게 자극함으로써 충동구매와 낭비를 부추길 수 있다. 또 광고비용이 제품 가격에 반영되어 가격인상 요인으로 작용할 수 있다는 지적도 있다. 마케팅 측면에서는 예컨대 비교광고의 경우 경쟁기업을 비방하게 되고 자칫 불공정경쟁으로 이어질 수도 있다는 점이 역기능으로 지적된다.

또한 문화적 측면에서도 광고의 외설적 내용이 사회적 품위와 취향을 저하시키고 외래어의 남용이 문화적 정체성을 약화시키는 역기능이 있을 수 있다. 특히 과거 광고에 묘사되는 그릇된 성 역할이 성에 대한 잘못된 고정관념을 형성시키는 데 적지 않은 역할을 했다는 지적도 있다.

한편 사회적 측면에서 볼 때 허위기만 광고는 소비자에게 잘못된 정보를 전달하여 소비자를 기만하고 특정 브랜드에 대한 불신감을 조장할 우려가 있다는 역기능을 지닌다. 뿐만 아니라 광고는 안정적으로 매체의 재정을 지원한다는 측면도 있으나 이로 인해 광고주가 광고를 통해 매체를 통제하는 역기능도 무시할 수 없다는 비판이 제기되었다.

### 3) 광고 매체

광고 매체란 광고주와 소비자 사이에서 광고 메시지의 중개 역할을 하는 것을 의미한다. 예를 들어 광고는 대부분 매스 미디어를 통해 소비자에게 전달되는데 그중에서도 특히 4대 매체(텔레비전, 라디오, 신문, 잡지) 등을 광고 매체라고 한다. 광고 매체는 매체 유형(media type)과 매체 비히클(vehicle)로 구분할 수 있다. 전자는 4대 매체를 비롯한 DM, 인터넷, 옥외 매체 등 광고 메시지 전달을 가능하게 해주는 채널을 의미한다. 후자는 매체 유형 내에서 구체적인 광고 전달 수단(각종 일간지, 각종 잡지, 각종 TV 프로그램 등)을 의미한다.

광고 매체는 광고 메시지를 소비자에게 노출시키는 역할을 한다. 아무리 뛰어난 광고 메시지를 제작한다고 할지라도 소비자에게 적시에 전달되지 못한다면 아무런 효과를 발생시킬 수 없다. 또 일반적으로 전체 광고비의 85% 이상이 매체비에 사용되고 있다는 점은 광고 매체 선택의 중요성을 말해준다. 따라서 효과적인 매체 기획(media planning)을 통해 광고 효과 및 광고 예산의 효율성을 극대화시키고 제품과 매체, 메시지의 조화를 도모해야 할 것이다. 매체 기획이란 마케팅 목표 및 광고 목표를 달성하기 위하여 매체의 지면과 시간을 어떻게 구매할 것인가를 계획하는 과정이다. 즉 매체 기획은 광고주가 통제할 수 없는 여러 가지 제약 요인들을 전제로 하여 효율적으로 소비자에게 메시지를 전달할 매체를 선택하고 광고 집행 시기를 결정하는 것이다. 효과적인 광고 매체 기획을 위해서는 무엇보다도 각 매체의 특성을 정확히 파악해야 한다.

### (1) 소셜 웹과 소셜미디어

#### ① 소셜 웹

과거의 웹은 하이퍼링크에 의한 단순 정보 교류에 그쳤으나 점차 웹이 역동적으로 변화하면서 양방향의 커뮤니케이션이 가능해지고 다양한 유무선인터넷 기반의 미디어가 탄생하게 되었다. 특히, 인터넷은 이용자가 적극적으로 참여하여 정보 지식을 만들고 공유하며 사회관계를 확장하는 '소셜 웹'으로 확장되고 있다. 이로 인해 미디어 측면에서는 과거 소수의 신문, 방송, 라디오, 잡지 등 전통적인 매스 미디어에 의한 일방향 정보전달에서 벗어나 퍼스널 미디어와 사용자 생산 콘텐츠(User Created Contents, 이하 UCC)가 부상하며 양방향성이 극대화되고 집단 지성의 활성화가 진행되는 등 혁신이 일어났다. 또한 개인 미디어 혹은 1인 미디어로 불리는 '미니홈피'나 '블로그'는 자신의 관심사를 타인과 공유할 수 있는 장으로서의 역할과 함께 사이버 공간에서의 관계 확장과 유지의 중요한 도구로 이용되어왔다.

특히, 이용자의 참여가 중요시되는 새로운 플랫폼으로서 소셜 플랫폼이 열리게 되고 개방형 커뮤니케이션 공간으로서의 소셜미디어가 등장하게 되었다. 사실 소셜미디어를 이전의 인터넷 기반 개인미디어와 뚜렷하게 구별짓기는 쉽지 않다. 하지만 소셜미디어는 게시글을 쓰고 그 글에 대한 덧글과 댓글을 다는 게시판 중심의 커뮤니티와는 분명히 구분된다. 1990년대 중반 게시판을 활용한 PC통신 기반의 커뮤니티는 기본적으로 덧글창이 존재하지 않고 게시글에 댓글을 다는 방식의 BBS(Bulletin Board System)를 갖고 있었다. BBS는 오프라인에서 사람들이 자주 다니는 곳에 공지나 포스터를 붙이는 전형적인 알림판 형태를 기초로 한다. 이러한 BBS 방식의 커뮤니티는 이후 html 포맷의 덧글 기능이 강화된 형태의 포털사이트 기반 '카페' 혹은 '클럽'의 형태로 널리 퍼져나갔다. 이어 퍼스널미디어의 형태로 시작된 블로그(2000년), 싸이월드 미니홈피(2001년), 페이스북(2004년) 등은 소셜네트워킹 기능이 강화되었지만 이를 소셜미디어라고 부르기는 어렵다. 소셜미디어는 보도 기능, 정보 확산을 목적으로 하는 게시 기능, 공적 커뮤니케이션의 성격이 좀 더 강화된 것을 의미한다.

소셜 웹은 사회기술적 배치(agencements sociotechniques) 중에서도 가장 발전된 형태라고 할 수 있는데 다음과 같이 다섯 가지 특징으로 정의된다(Latour, 1994).

첫째, 이용자들이 콘텐츠를 창조하고 리믹스하고 공유하는 능력 둘째, 해당 플랫폼의 개방성과 이용 편의성 셋째, 약한 협업의 힘 넷째, 이 약한 협업에 근거한 이용자의 콘텐츠가 창출하는 경제적 가치 다섯째, 실천과 기술 이용의 다양성이 그것이다(Aguiton and Cardon, 2007). 이러한 소셜 웹은 다음 〈표 4-1〉과 같이 여섯 가지 종류의 사이트로 구별될 수 있다.

〈표 4-1〉 소셜 웹의 여섯 가지 범주

| 비고 | 사례 | 비고 |
|---|---|---|
| 블로그 | 개인 홈페이지, 블로그, 온라인저널 | 웹블로그 |
| 소셜미디어 | Twitter | 매스미디어와 달리 특정 네트워크 안에서 소식을 전하고 공유하는 사이트 |
| 사회연결망사이트 | LinkedIn Viadeo, Myspace, Match | 인맥 구축을 위한 사회연결망사이트 |
| 파일공유사이트 | Flikr, KaZaA, Picassa | 음악파일, 비디오, 사진 공유사이트 |
| 협업사이트 | Wikipedia | 협업 기반 글쓰기 사이트 |
| 쇼핑사이트 | eBay, Amazon | 추천과 코멘트 등을 달 수 있는 온라인 쇼핑몰 |

요컨대 '소셜'한 기능을 가진 많은 서비스를 총칭하여 SNS라고 부를 수 있지만 모든 SNS가 소셜미디어는 아니다. SNS는 온라인 사회연결망 구축 서비스 일반을 의미하는 반면 소셜미디어는 사람들이 자신의 생각과 의견, 경험, 관점 등을 서로 공유하고 참여하기 위해 사용하는 개방화된 온라인 툴과 미디어 플랫폼을 의미한다.

### ② 소셜미디어

소셜미디어(social media)에 대한 개념 및 정의는 아직까지도 다양하게 논의되고 있다. Safko와 Brake(2009)는 소셜미디어란 문자나 그림, 동영상, 음원 등을 전송하거나 제작할 수 있게 해주는 웹 기반의 응용 소프트웨어를 이용해 참여자들이 정보와 지식, 의견을 공유할 수 있게 해주는 대화형 미디어라고 정의하였다. 즉, 소셜미디어를 통하여 사용자들은 콘텐츠를 생산하고, 서로 간에 정보를 자유롭게 공유하고 참여한다는 것이다. 그러나 소셜미디어의 개념은 이전의 인터넷 기반의 게시판이나 커뮤니티와는 분명히 구분되는데, 소셜미디어에 대한 개념적 정의로 광범위하게 받아들여지는 Kaplan과 Haenlein(2010)의 연구를 살펴보면 소셜미디어란 Web 2.0과 사용자 주도의 콘텐츠 생산(User Generated Content: UGC)의 인터넷 기반 미디어나 서비스들로, 이는 이전의 인터넷 기반의 관계지향적인 미디어들과 확연히 다른 차이를 나타낸다고 강조한다. 소셜미디어는 기존의 Web 2.0과 UGC를 기반으로 하지만, 새로운 환경적 요인에 의하여 이전과는 근본적으로 다른 특성을 가지고 있다는 것이다. 즉, 기존의 Web 2.0과 UGC 기반의 미디어들이 기술적인 요인(브로드밴드의 확대와 새로운 하드웨어 기술의 등장), 비용적인 요인(UGC 제작비용의 감소), 사회적인 요인(디지털 세대, 네트워크 세대의 등장)에 의하여 새로운 인터넷 기반의 애플리케이션으로 재탄생되었으며, 이러한 소셜미디어는 Web 2.0이 표방하였던 사용자 중심의 이념을 기술적으로 구현하고, UGC의 생산과 교환에 혁명적인 새로운 트렌드를 구축하고 있다. 소셜미디어에 관한 개념적 정의에 있어서 두드러지는 특징은 소셜미디어는 관계지향적인 태생을 지닌다는 것이다. 정유진과 배국진(2007)은 소셜미디어란 인터넷상에서 공통의 관심을 지닌 사용자들 간의 관계형성을 가능하게 하고, 이러한 관계를 바탕으로 인맥관리, 정보 및 콘텐츠 공유 등 다양한 활동을 하도록 지원하는 서비스라고 정의하였으며, 권상희(2011)는 소셜미디어란 사람들이 의견, 생각, 경험, 관점 등을 서로 공유하기 위해 사용하는 온라인 툴과 플랫폼이라고 정의하였다. 또한 이와 같이 사용자와 사용자 간의 관계 및 정보 공유, 생산에 주목하여 Muntinga et al.(2011)는 소셜미디어는 유튜브나 페이스북, 트위터 등과 같이 웹 2.0 기술에 기반하여 사용자와 사용자 간의 관계를 구축하고, 자유롭게 정보를 공유하며 콘텐츠를 생산하는 플랫폼으로 정의하였다. 그러나 소셜미디어는 이와 같이 사용자 간의 정보공유와 생산을 위한 미디엄이기도 하지만 사회학적 관점에서 개인과 집단 또는 조직 간의 사회적 관계를 형성한다는 면에서 접근해야 한다는 주장도 제시되었다. 소셜미디어는 새로운 미디엄이라는 관점에서뿐만 아니라 사회적 관계를 형성하는 커뮤니케이션 시스템으로 개념화될 수 있다는 것이다(Peters et al., 2013).

정리해보면, 소셜미디어의 개념 및 정의는 각 연구자에 따라 미디어나 서비스(Safko & Brake, 2009; Kaplan & Haelein, 2010), 플랫폼(Muntinga et al., 2011; 이호영 외, 2011), 커뮤니케이션 시스템(Peters et al., 2013) 등으로 규정되나 연구자들의 일관된 견해에 따르면, 소셜미디어는 소비자 또는 집단이나 조직 간에 정보나 의견을 자유롭게 공유하고 생산함으로써 사회적 관계를 연결하고 확장한다. 또한, 소셜미디어의 초기 단계에서 논의되던 미디어나 서비스의 개념은 최근에 이르러 더 광범위하게 다루어지고 있다는 점은 주목할 만한다. 즉, 단순히 온라인 툴이나 플랫폼의 개념이 아닌 커뮤니케이션 시스템(Peters et al., 2013), 소셜미디어 패러다임(이정권, 최영, 2015)과 같은 접근은 우리 사회 전반에 걸쳐 나타나는 소셜미디어의 영향력을 입증한다 할 것이다.

### (2) 소셜미디어의 특성

소셜미디어의 특성을 살펴보면, 첫째, 소셜미디어는 기존의 전통적 커뮤니케이션 패러다임과는 다른 구조를 지닌다는 점이다. 소셜미디어는 기존의 전통적 미디어 환경과는 다른 평등성을 지니고 있는데, 이는 더 이상 상업적 메시지가 전달되는 커뮤니케이션 환경 내에서 기업이 보유하였던 권위와 수직적 구조의 커뮤니케이션 패러다임은 유효하지 못하다는 것이다(Peter et al., 2013). 전통적인 커뮤니케이션 환경에서 기업이나 특정 전문가에 의해 제공되던 정보는 소비자들이 직접 콘텐츠를 생산하고 유통함으로써 커뮤니케이션 주체의 변화를 이끌고 있다. 소셜미디어로 인하여 소비자들은 정보를 적극적으로 검색하고, 선택하고 발신과 수신할 수 있는 커뮤니케이션의 중심에 서게 된 것이다(최민재, 2009).

이로 인하여 소셜미디어 내에서 모든 소비자들은 잠재적 미디어의 공중의 역할을 담당할 뿐 아니라, 이전에 기업이나 특정집단이 주도하던 정보의 생산과 배포의 역할도 동시에 수행하게 된 것이다(박노일, 한정호, 정지연, 2012). 전통적 미디어, 즉 TV나 라디오, 인쇄광고는 소비자를 절대적이고 맹목적인 수용자로 인식했는데, 그르 인하여 소비자와 기업 간의 접촉은 매우 단순했다(Taylor et al., 2011). 그러나 새로운 기술은 마케터와 소비자 간의 관계를 동료 대 동료로 변화시켰을 뿐 아니라, 기업과 소비자 간의 새로운 관계의 수립을 위한 기회를 제공하였다(Miller & Lammsa, 2010). 소비자들은 제품이나 브랜드에 관한 정보를 찾기 위해 온라인에 접속하지만 이제 마케터들이 제공하는 정보가 아니라 그들은 제품후기나 의견, 코멘터리를 다른 소비자로부터 얻는다. 전통적 미디어 환경하에서는 전문가나 기업이 제품에 대한 피드백이나 코멘트를 주도하였다면, 소셜미디어 환경하에서는 소비자들이 코멘터이자(commentator), 리뷰어(reviewer), 발행자(publisher)가 되었다(Smith, 2010).

또한, 소셜미디어는 사회적 네트워킹을 포함하는 것뿐 아니라 상호작용을 통한 정보의 생산에 그 특징이 있다(Aula, 2010). 소셜미디어 환경 내에서 소비자들은 정보를 수집하고 서로 정브를 공유하며 또 다른 새로운 정보를 생산해낸다. 전통적인 커뮤니케이션 환경 내에서 하나의 콘텐츠가 단발적인 노출로 사라지는 것이 아니라 자동적으로 기록, 보관되고 전달받은 개인들에 의해 끊임없이 복제되고 확산될 수 있다. 이러한 정보는 매우 생동감을 가지고 감각적이며 즉각적으로 전달된다(이

희정, 2013). 즉, 소셜미디어를 통하여 전달되는 정보는 오프라인이나 기존의 온라인 커뮤니티에서 제공되는 정보보다 생동감이 더 중시되며, 이는 소비자와 기업 간의 상호작용에 긍정적인 영향을 미친다는 것이다. 이외에도 소셜미디어는 커뮤니케이션의 방향성이 일방향이 아닌 멀티성을 지향하며, 커뮤니케이션의 차원에서도 다차원적인 특징을 지닌다(Petters et al., 2013; 권상희, 2011). 즉, 소셜미디어 내에서의 커뮤니케이션은 다양한 네트워크와 상호작용에 의해서 커뮤니케이션의 방향성에 있어 일방향이 아닌 다양한 형태의 커뮤니케이션이 가능하게 하는 멀티미디어성 특징을 띤다. 이와 함께 소셜미디어는 1인 미디어로써의 특징을 나타냄과 동시에 다른 사람들과 함께 폭넓게 네트워킹하는 환경을 조성함으로써 개인에게 자아의 정체성이나 자아를 표현하는 유리한 공간이 되고 있다(Kietzmann et al., 2011; 한혜주, 이경미, 2014).

## 2. PR

### 1) PR의 정의

PR은 기본적으로 공중관계(public relations)라는 말 자체가 의미하듯이 '조직이 사회적 환경이 되는 공중과의 원활한 관계를 유지하고자 하는 제반 노력'을 말한다. 다시 말해 PR은 공기업체나 정부, 기관 또는 개인이 일반 공중으로 하여금 긍정적이고 호의적인 태도를 형성하도록 도모하는 활동으로 정의할 수 있다. 사기업체가 PR활동을 한다고 할 때, 이는 특정 산물, 즉 상품의 판매촉진에 국한된 것이 아니라 기업 이미지를 제고하도록 호의적인 태도를 형성하는 다각적인 매체, 메시지를 이용한다는 점에서 광고와는 다르다.

최윤희(1992)는 PR에 대한 여러 정의를 정리하여 다음과 같이 6가지 공통 요소를 지적하였다. 첫째, PR활동은 의도적이다. 둘째, PR은 일정 기간 동안 이뤄지는 조직화된 활동이다. 셋째, 조직의 실질적인 정책과 행동에 기초해서 공중들의 호의와 지지를 얻어내야 한다. 넷째, PR활동은 조직과 공중 모두에게 이익을 제공해야 한다. 다섯째, PR은 일방적인 정보 제공을 뜻하는 것이 아니라 공중들로부터 피드백을 받아야 하는 쌍방 커뮤니케이션에 기초를 둔다. 여섯째, PR은 어떤 결정이 이뤄진 후 그 정보를 전달하는 데 그치지 않고 최고 경영자와 관련된 경영적 관리기능으로 이어질 때 효과적이다. 이러한 PR의 특성은 분명히 공중을 대상으로 한 설득에 기초하며 쌍방향 커뮤니케이션을 강조한다고 볼 수 있다.

한편 PR의 중요한 구성요소이자 커뮤니케이션 대상이 되는 공중(public)이란 기업과 직·간접적으로 관련이 있는 이해관계자들(stakeholders)을 말한다. 다시 말해 공중은 기업이나 조직의 활동과 정책에 영향을 받는 공통적인 이해관계를 가진 집단 혹은 그들의 활동과 의견이 기업이나 조직에 영향을 미치는 집단을 의미한다. 공중은 내부·외부 이해관계자로 나누어 생각할 수 있다. 내부 이해관계자인 종업원을 내부공중(internal public)이라 하며, 외부 이해관계자인 언론, 고객, 공급업자, 투자자, 금융기관, 정부, 지역사회 등을 외부공중(external public)이라 한다(김주환(2004), [그림 4-1] 참조).

오늘날 PR이 특히 경영 측면에서 중요시되는 이유는 경영관리의 중요성으로 인해 합리적인 언론관계 활동의 필요성이 증대되었고, 조직의 사활에 결정적 영향을 미칠 수 있는 위기 사건들의 발생 빈도가 증가하였으며, 여느 때보다도 조직 이미지 관리의 중요성과 내부 커뮤니케이션이 중요하게 부각되었고, 다양한 이익단체들이 표면에 나타나게 되었으며, 새로운 미디어 기술이 보편적으로 사용됨에 따라 조직과 공중 간에 시공을 초월하여 커뮤니케이션이 활발하게 진행되게 된 것 등을 들 수 있다.

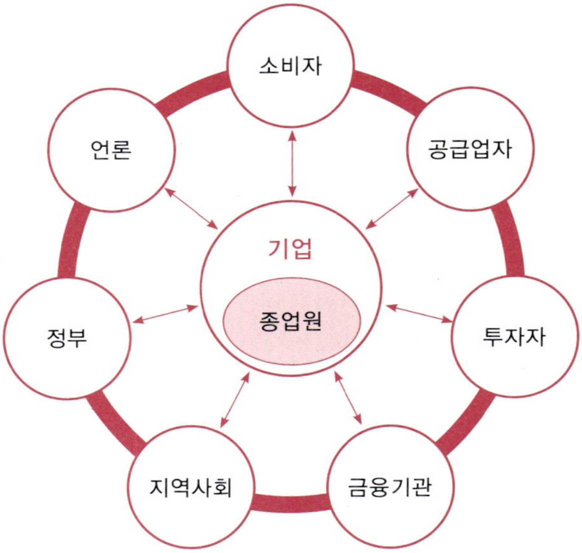


[그림 4-1] 기업을 둘러싸고 있는 공중들

## 2) PR의 전략

다양한 PR 전략들과 구체적인 프로그램의 예는 〈표 4-2〉에 명시되어 있다.

〈표 4-2〉 PR전략과 PR 프로그램 사례

| PR 전략들 | | PR 프로그램 사례 |
|---|---|---|
| 공중별 관리 전략 | 언론관계 | 보도자료 배포, 대변인 성명, 기자회견, 기자간담회, 언론인 회동 |
| | 소비자관계 | 소비자(민원인) 불만처리, 마케팅 PR, 소비자 대상 이벤트 |
| | 지역주민 관계 | 지역사회에의 기여, 주민과의 갈등 해결, 공장이나 처리장 신설 시 지역주민의 동의 획득을 위한 제반 활동 |
| | 사원관계 | 사보발행, 사내방송, 사내교육, 각종 의견수렴 제도 |
| | 정부관계 | 로비, 여론관리, 공공업무 |
| | 주주관계 | 회사설명회, 연례보고서 작성 |
| | 그 외 공중관계 | 사회단체, 환경단체, 은행, 회원, 교사 및 학생, 원료공급업자, 대리점 등과의 효과적인 커뮤니케이션을 위한 프로그램 |
| 상황별 전략 | 문제관리 | 성차별 예방, 문제진단, 종업원 불만처리 |
| | 위기관리 | 언론센터 설치, 피해대책센터 운영 |
| | 명성관리 | 이미지 제고, PI, CI |
| | 협의의 홍보 | 팸플릿 제작 배포, 뉴스자료 배포 |
| | 캠페인 | 각종 이벤트, 기금모금, 캠페인 |
| | 국제 PR | 국가이미지 제고, 현지화 작업 |

출처: 윤희중 · 신호창(2000)

아래에서는 자주 사용되는 주요 PR 전략들(언론관계, 사원관계, 주주관계, 마케팅 PR, 지역사회관계, 공공업무 및 쟁점관리)에 대하여 살펴보았다.

### (1) 언론관계(media relations)

PR 실무자와 언론과의 관계는 주로 PR 주체의 활동에 관한 적절한 퍼블리시티나 보도자료를 확보하는 것으로 구성된다. 기업의 입장에서 마케팅 커뮤니케이션의 주요 수신자는 여러 공중들이다. 이때 언론은 기업과 내 · 외부공중들의 중간에서 정보를 전달하는 게이트키퍼(gatekeeper)라 할 수 있다. 즉 기업의 의도와 다르게 언론이 보도한다면 소비자를 포함한 여러 공중들은 잘못된 정보를 접하게 될 수 있다. 따라서 기업이 언론과 상호의존적이며 호혜적인 관계를 구축하는 것은 매우 중요한 일이다.

#### (2) 사원관계(member relations)

사원관계 PR은 조직 내 주요 내부공중이며 피고용인인 사원을 대상으로 한 PR 활동을 말한다. 기업을 포함한 조직은 이러한 PR 활동을 통해 사원들이 조직에 대해 잘 이해하도록 해야 하며, 조직의 경영에 사원들의 이해가 반영될 수 있도록 해야 한다. 조직이 사원들과 효과적인 커뮤니케이션을 실시하고 있다면 사원들 대부분 만족감을 느끼게 되어 더욱 생산적으로 활동하는 등 여러 가지 중요한 이점을 얻을 수 있다.

#### (3) 주주관계(investor relations)

주주 또는 투자자 역시 기업에 큰 영향을 주는 공중이므로, 이들과의 상호 신뢰 구축 역시 매우 중요한 PR 활동이다. 주주관계 PR의 주요 임무는 기업에 관한 정확한 정보를 전달함으로써 주주들과 긍정적인 관계를 수립하고, 나아가 신뢰를 창출하고 유지하는 것이다. 특히 기업의 주가, 채권 평가, 손익계산서나 재무비율 같은 재무자료가 기업의 신뢰도에 대한 직접적인 평가도구가 되기 때문에 주주관계 PR에선 이러한 정보를 제공해야 한다.

#### (4) 마케팅 PR(marketing public relations : MPR)

MPR은 '소비자'라는 특정 공중에 초점을 맞추고 기업과 소비자 간의 상호작용을 다루는 PR의 마케팅 지향적 측면을 다루는 것이다(Kitchen &

Moss, 1995). 즉 MPR이란 마케팅 목표 달성을 위한 PR 전략과 테크닉을 사용하는 것으로, MPR의 목적은 제품과 서비스의 인지도를 높이고, 판매를 자극하고, 커뮤니케이션을 촉진하며, 소비자와 기업과 브랜드 사이의 관계를 지속하기 위한 것이다(정인태, 2005). 따라서 일반적인 광의의 개념으로서의 PR을 '기업 PR(corporate public relations : CPR)'이라 하고, 소비자에 초점을 맞춰 마케팅 활동을 지원할 목적으르 수행되는 PR 활동을 MPR이라 한다.

〈표 4-3〉 마케팅과 MPR, 그리고 CPR의 기능적 특성

| 마케팅 | MPR | CPR |
|---|---|---|
| 시장평가 | 제품 퍼블리시티 | |
| 고객 세분화 | PPL | 언론관계 |
| 제품개발 | 스폰서십 | 투자자관계 |
| 가격정책 | 특별 이벤트 | 정부관계 |
| 유통 | 공공 서비스 | 지역사회 관계 |
| 서비스 | 간행물 | 종업원 커뮤니케이션 |
| 소비자 광고 | 미디어 이벤트 | 공공업무 |
| 판매촉진 | 미디어 투어 | 기업광고 |
| 세일즈 | 스포츠 마케팅 | |

출처: 박기순 외(2001)

### (5) 지역사회 관계(community relations)

기업들은 자신이 사업을 펼치거나 제조설비가 있는 지역 내에서 훌륭한 지역사회 시민으로서의 역할을 유지해야 한다. 궁극적으로 기업은 이윤의 지역사회 환원을 통하여 사회적 책임을 수행하며, 지역사회로부터 다양한 시설공급과 성원을 얻는다. 따라서 이러한 지역사회의 협조

를 얻기 위해 많은 기업들은 능동적으로 자신의 사원들을 지역사회 일부에 참여하도록 독려하고 있고, 지역 기업들은 종종 예술 공연, 헌혈 캠페인, 또는 교육 활동과 같은 지역사회 이벤트나 활동의 중요한 후원자 역할을 하기도 한다(Schultz & Barnes, 1999).

#### (6) 공공업무(public affairs) · 쟁점관리(issue management)

기업은 때로 공무원과 규제 및 법적 단체, 그리고 다양한 지역사회 집단들을 다루어야 하는데, 이를 공공업무 또는 공공문제 관리라 한다. 공공문제 관리는 조직의 활동 혹은 환경에 영향을 미치는 쟁점들을 예측하고 대응하는 것을 돕는 쟁점관리와 관련이 있다. 구체적으로 존스와 체이스(Jones & Chase, 1979)는 쟁점이란 결정단계에 있는 해결되지 않은 일로 규정했다. 또한 무어와 칼루파(Moore & Kalupa, 1985)는 쟁점을 '기업 경영에 심각하게 영향을 미칠 내 · 외부의 상황 또는 조건'으로 정의했다. 따라서 쟁점관리란 조직에 영향을 미치는 법적 · 정치적 또는 사회적 쟁점들의 정체를 밝힌 다음, 이러한 쟁점들의 발전 향방에 영향을 주기 위하여 조직의 자원을 동원하고 조정하는 행동 지향적인 관리 기능이라 할 수 있다.

### 3) PR 프로그램 유형

PR도 다른 커뮤니케이션 유형처럼 대체로 메시지를 통하여 의미를 전달하지만 최근의 PR은 행위를 통하여 의미를 전달하게 되는 경우가 많다. 예컨대 판촉행위나 이벤트의 연출을 통하여 의미가 전달되는 경우가 이에 해당한다. 전반적으로 PR 프로그램의 형태는 다양하다. 대표적으로는 퍼블리시티, PPL, 구두 커뮤니케이션, 광고, 정기간행물, 영화, 스페셜 이벤트 등 여러 가지가 있다(이명천 · 김요한, 2005).

### (1) 홍보(publicity)

홍보란 말 자체는 광범위한 뜻을 갖고 있어 뉴스나 광고, 잡지기사뿐만 아니라 전시, 포스터, 회합이나 이벤트까지도 이에 속한다고 할 수 있다. 하지만 좁은 의미로는 '신문에 기사가 실릴 자리를 얻는 것'이라고 할 수 있으며, 특히 이런 일에만 전문적으로 종사하는 퍼블리시티의 분야를 언론 대행(press agents)이라 한다(Mayer, 1933). 따라서 퍼블리시티란 '외부 정보원으로부터의 정보가 그 뉴스가치로 말미암아 뉴스매체에 실리는 것'을 말한다. 이것을 기업홍보의 입장에서 보면, 기업의 판매 목표달성에 일조할 목적으로 (예상) 고객이 읽고, 보고, 듣는 모든 매체에 일정한 요금을 지불하지 않고서도 기사 공간을 획득하는 일이라 할 수 있다. 퍼블리시티의 본질을 매체와 기업 양측에서 살펴보면, 매체로서는 기업과 제품에 관한 뉴스가치가 있는 정보의 취재라 할 수 있고, 기업 측에서 보면 자사의 기업 활동과 제품의 데리트에 관한 홍보의 일종이라 할 수 있다.

### (2) PPL

PPL(product placement)은 원래 영화를 제작할 때 사용할 소품을 각 장면에 맞추어 적절한 장소에 배치하는 것을 일컫는 말이다. PPL은 영화에 등장했던 제품이나 특정 브랜드에 대해 소비자가 반응을 나타내고, 그에 따라 시장에서 각 제품의 매출도 영향을 받게 되면서 효과적인 마케팅 수단으로서 이용되기 시작하였다.

### (3) 스페셜 이벤트

이벤트(event)는 라틴어 'e-out(밖으로)'와 'venire(to come, 오다)'의 의미를 가진 'evenire'의 파생어 'eventus'에 그 어원을 두고 있어, 사전적 의미로 본다면 이벤트는 사건, 소동, 시합, 큰 경기 등을 의미한다. 한편 마케팅 용어로서 이벤트는 판매촉진을 위한 특별 행사라는 개념으로 사용되어왔다. 기업들은 그들의 표적 소비자에게 이벤트를 제공함으로써, 다양한 효과(즉각적인 판매촉진이나 PR 효과 등)를 얻을 수 있고, 소비자들은 기업의 이벤트에 참여함으로써 기업에 대해 호감을 얻거나, 그 기업의 제품에 대한 정보를 얻을 수 있다.

### (4) 구두 PR

인쇄매체를 통한 자료의 배포뿐 아니라 구두(verbal)로 직접 메시지를 전달 또는 전파시키는 것도 중요한 PR의 영역에 속한다. 기관이나 기업체 내에서는 특정 대변인을 두고 구두 PR을 실시하고 있다. 구두 PR에는 공식연설, 원탁회의, 패널토론, 구두증언, 비공식대화 등이 있다. 구두 PR은 다음과 같은 장점이 있다(Grunig & Hunt, 1984). 첫째, 구두 커뮤니케이션은 화자에 대한 신뢰를 바탕으로 하는 인간적 매체로 화자의 열정과 관심, 관용과 이해, 감정이입 등이 직접적으로 잘 노출된다. 둘째, 말하는 내용을 융통성 있게 조정할 수 있으며 수용자의 반응에 따라 표현 등을 수시로 고칠 수 있다.

### (5) 스폰서십

스폰서십(sponsorship)이란 기업이 스포츠 이벤트나 자선 행사, 문화예술 활동, 사회공헌 활동과 같은 비영리 목적의 활동 등을 후원함으로써 다양한 효과를 기대하는 마케팅 방법이라 할 수 있다. 대부분의 전통적인 스폰서십은 순간의 구매를 유발하기 위한 목적보다는 장기적인 안목에서 기업 및 브랜드 인지도를 강화하기 위해 실시된다. 이렇게 다양한 스폰서십 중 문화예술 활동을 지원하는 것을 메세나(mecenat) 활동이라고 한다. 기업은 이를 통해 사회적으로 바람직한 기업이라는 기업 이미지 및 인지도 제고, 그리고 종업원들의 자긍심 및 간족도를 올릴 수 있다(김소영, 2002).

### (6) 사보

사보는 보통 하우스 오르간(house organ)으로 불리면서 기업 커뮤니케이션의 가장 오래된 매체로 여겨져 왔다. 미국 광고사전에는 사보를 '기업체나 공공 단체가 경영자와 구성원과의 관계를 강화하고 고객이나 의견선도자에게 정보를 전할 목적으로 발간하는 인쇄물'로 정의하고 있다. 마스톤(Marston, 1979)에 의하면, 사보는 회사의 방침과 운영목표에 관한 정보의 제공과 설득, 구성원에 대한 인정을 통하여 조업 독려, 부서 간 마찰 예방, 근로자의 이직률 감소, 기업 PR의 지원, 판매지원, 사원의 수익분배에 대한 이해 증진, 사기업 제도 옹호 등의 기능을 갖는다.

### (7) 견학

기업들은 제품을 생산하는 생산현장을 일반인들이 견학할 수 있도록 공장을 공개하기도 한다. 공장을 견학하기 전에는 그 공장에서 생산하는 제품이 자신과 관계가 없었으나, 견학 경험은 그 제품과 자신을 관련시키는 중요한 계기가 된다. 기업은 일반 소비자 외에도 투자자, 애

널리스트, 해외 딜러나 바이어, 또는 기자들을 대상으로 견학 프로그램을 운영하기도 하고, 사이버 공간에서 기업을 둘러보는 '사이버 견학실'을 운영하는 기업도 있다.

### 4) 광고와 PR의 차이점

광고와 PR은 모두 설득커뮤니케이션의 대표적 유형이라 할 수 있다. 따라서 앞서 살펴본 광고 관련 논의들이 PR에 그대로 적용되는 경우가 많다. 예컨대 PR의 메시지는 광고와 같은 설득적 메시지이며, 대부분 미디어를 통해 대상 공중에게 전달된다. 그러나 광고와 PR을 구분해주는 중요한 차이점은 광고가 이용하는 매스 미디어는 유료로 구매하는 것이고, PR은 미디어 비용을 직접적으로 지불하지 않는다는 것이다. 즉 PR은 미디어에게 뉴스가치가 높은 자료를 제공하여 기사 또는 프로그램 내용으로 반영되도록 유도하는 커뮤니케이션 활동이라고 할 수 있다.

광고와 PR의 차이점에 대하여 알 리스(Al Ries)와 로라 리스(Laura Ries)는 『마케팅 반란(The Fall of Advertising and the Rise of PR)』이라는 책에서 14가지로 언급하고 있다. 아래에는 이를 인용하였는데, 이 책은 책 제목이 말해주듯이 PR의 시각에서 두 커뮤니케이션의 차이를 극대화시켜 설명하고 있다.

- 광고는 바람이고, PR은 해이다(Advertising is the Wind, PR is the Sun).
- 광고는 공간적이고, PR은 선형적이다(Advertising is Spatial, PR is Linear).
- 광고는 커다란 폭발이고, PR은 점진적 증대이다(Advertising Uses the

Big Bang, PR Uses the Slow Build Up).

- 광고는 시각적이고, PR은 언어적이다(Advertising is Visual, PR is Verbal).
- 광고의 대상은 만인이고, PR의 대상은 특정인이다(Advertising Reaches Everybody, PR Reaches Somebody).
- 광고는 자기 지향적이고, PR은 타인 지향적이다(Advertising is Self-Directed, PR is Other-Directed).
- 광고는 단명하고 PR은 오래간다(Advertising Dies, PR Lives).
- 광고는 비용이 많이 들고, PR은 비용이 적게 든다(Advertising is Expensive, PR is Inexpensive).
- 광고는 라인확장에 사용하고, PR은 신규 브랜드에 활용된다(Advertising Favors Line Extensions, PR Favors New Brands).
- 광고는 기존 브랜드명을, PR은 신규 브랜드명을 좋아한다(Advertising Likes Old Names, PR Likes New Names).
- 광고는 재미있고, PR은 진지하다(Advertising is Funny, PR is Serious).
- 광고는 비창조적이고, PR은 창조적이다(Advertising is Uncreative, PR is Creative).
- 광고는 신뢰성이 적고, PR은 신뢰성이 있다(Advertising is Incredible, PR is Credible).
- 광고는 브랜드를 유지하고, PR은 브랜드를 구축한다(Advertising is Brand Maintenance, PR is Brand Building).

• **읽을거리 : 메타버스 가상세계 속 광고·쇼핑 성큼 다가왔다**

가상과 현실이 혼합된 '메타버스[1] 시대'가 펼쳐지면서 경제적 가치를 창출하기 위한 광고와 상거래 서비스 구현도 가시화되고 있다. 이미 해외에서는 메타버스 세계를 타깃으로 다양한 마케팅과 광고, 거래가 활발히 진행되고 있다. 최근 한국광기술원에서 메타버스 환경 내 광고와 상거래 서비스를 가능하게 하는 실시간 객체 인식 솔루션이 개발됐다. 앞으로 메타버스 속에서 여러 가지 형태의 광고가 구현돼 우리의 삶과 상호작용하며 가상현실을 통해 경제적 가치를 창출할 전망이다.

메타버스 시대 광고는 2차원적인 화면에서 보던 평면적인 광고들이 3차원 가상공간 자체에서 구현된다는 이야기다. 이를 위해서는 공간 자체와 사용자를 인식하는 기술이 필요한데 최근 국내에서 세계 최고 수준에 근접한 객체인식 솔루션이 개발돼 주목을 끌고 있다.

한국광기술원은 문화체육관광부와 한국콘텐츠진흥원이 추진하는 문화기술연구개발사업의 예산지원을 받아 공간광정보연구센터와 (주)카이 등이 공동으로 메타버스(Metaverse) 환경에서 광고 및 실시간 상거래 서비스가 가능한 실시간 객체 인식 솔루션을 개발했다고 6월 29일 밝혔다. 가상공간에서 물체에 다가가면 그 공간과 사람의 정보를 인식해 자동으로 광고를 보여주거나 물품을 보여줄 수 있게 된 것이다. 별다른 표식 없이 가상공간과 현실공간의 사용자 위치와 대상 정보를 인식하고, 사용자가 선택한 대상에 대한 정보를 인공지능(AI)으로 분석, 능동적으로 최적화된 광고 콘텐츠를 생성해 실시간 상거래 서비스를 제공한다.

또한 메타버스 공간에서 큰 활약을 펼칠 인공지능(AI) 가상 인플루언서·유튜버·아이돌·아나운서 등 버추얼 휴먼(가상인간) 등장이 해외는 물론 국내에서도 붐을 이루고 있다.

대표적인 사례가 미국의 릴 미켈라로, '말괄량이 삐삐'를 연상케 하는 캐릭터로 인스타그램 팔로워 300만 명을 보유하고 있다. 지난해 미켈라가 벌어들인 수입 만도 130억 원이 넘는다.

로봇 AI기업인 브러드가 2016년 개발한 미켈라는 2017년 싱글 앨범 '낫 마인(Not Mine)'을 발표한 후 영국 음원 차트인 스포티파이에서 8위에 오르고 150만 회 이상 재생됐을 정도로 뜨거운 반응을 얻었다. 또 미켈라는 '하드 필링즈(Hard Feelings)', '스피크 업(Speak Up)' 등의 노래를 발표해 뮤지션으로 활약 중이며, 샤넬·프라다·겐조·파미휠피거 등 명품 브랜드 모델로도 발탁돼 관심을 모았다. 가상 인플루언서 시장은 메타버스 열풍과 맞물리며 5년 내 14조 원 규모의 시장을 형성할 것으로 전망된다.

국내에서도 가상 인플루언서로 루이와 로지 등이 크게 활약하고 있다. 디오비스튜디오가 선보인 '루이'는 싱어송라이터이면서 유튜버로 맹활약 중이며, 온라인 가구 브랜드인 '생활지음' 모델은 물론 한국 관광을 SNS를 통해 세계에 홍보하는 기자단에 발탁됐으며, 한국새생명복지재단의 디지털 홍보대사 등으로 활동하고 있다. 또 싸이더스스튜디오엑스(X)가 국내 최초로 선보인 가상 인플루언서 '로지'는 버추얼 모델 '슈듀'와 콜라보레이션 화보를 촬영하고, 사람 인플루언서 아이린과 '더블유코리아' 5월호 화보를 촬영하는 등 활동반경을 넓히고 있다.

출처 : AI타임스(2021.06.29.)

1) 메타버스(Metaverse)란 '초월, 그 이상'을 뜻하는 그리스어 메타(Meta)와 '세상 또는 우주'를 뜻하는 유니버스(Universe)의 합성어이다. 가상과 현실이 공존 및 상호작용하면서 사회, 경제, 문화의 분야에서 새로운 가치를 창출하는 확장된 가상세계를 의미한다.

제5장

# 판매 지향적인 명시적 프로모션

## 1. 인적판매

### 1) 인적판매의 개념과 특징

인적판매란 대인 커뮤니케이션의 특수한 형태이다. 다른 말로는 판매원 판매, 또는 한정적 의미이기는 하지만 영업사원을 통한 판매라고도 한다. 인적판매의 목적은 구매를 유도해 내기 위하여 잠재고객에게 필요한 정보를 제공하는 것이다. 즉, 사람이라는 매체를 통하여 적절한 정보를 제공함으로써 판매를 창출하는 것이 인적판매이다. 인적판매는 프로모션 수단 중의 하나이지만 다른 프로모션 방법과는 달리 일방적 커뮤니케이션(one way communication)이 아닌 쌍방적 커뮤니케이션(two way communication)이다. 즉, 광고, PR, 판매촉진 등과 같은 프로모션 방법이 모두 발신자가 메시지를 수신자에게 보내는 형태의 커뮤니케이션인 반면, 인적판매는 메시지의 발신자와 수신자가 서로 커뮤니케이션 활동을 하는 것이다.

### 2) 판매원의 역할

인적판매에서 판매를 담당하는 사람들을 판매원(salesperson or sales force)이라고 하는데, 이들은 잠재고객을 발견하고, 그들의 욕구와 태도를 발견할 뿐만 아니라 소비자들이 그들의 욕구를 충족시킬 수 있는 최선의 제품을 구매할 수 있도록 도와준다. 특히 소비자들의 구매를 도와주는 경우, 판매원들은 풍부한 정보를 제공할 수 있도록 준비하여, 소비자들이 불확실성을 극복할 수 있도록 설득하고 최종적인 의사결정을 할 수 있도록 최선을 다하여야 한다.

구매 후의 후속관리는 더 중요하다. 구매 후에는 소비자들이 의사결정에 대하여 확신을 가질 수 있도록 도와주어야 하며, 사용상의 효용가치를 극대화할 수 있도록 정보를 제공하여야 한다. 이러한 판매원의 역할을 다음과 같이 요약해볼 수 있을 것이다.

- 고객의 욕구와 태도 발견
- 욕구를 충족시킬 수 있는 제품에 대한 조언
- 고객에게 제품의 속성에 대한 정보를 줄 수 있는 판매설명방법의 개발
- 판매의 마감
- 만족극대화를 위한 후속관리

### 3) 인적판매원의 종류

사람을 통한 인적판매의 형태도 여러 가지로 나누어서 생각해볼 수 있다. 물론 이 분류도 판매원의 활동을 포괄하는 것이라고 볼 수는 없겠지만 판매원의 대상, 그리고 역할에 따라 판매원 판매의 특성에 따라

다음과 같은 몇 가지로 나눌 수 있다.

### (1) 대응적 판매원(responsive selling)

단순히 구매자의 주문에 대응하는 형태이다. 적극적인 판매활동이 아니라 주문이 들어오면 그 주문에 맞게 적절히 대응하는 소극적 판매를 의미한다. 이 대응적 판매는 이미 시장이나 판매가 안정기에 접어든 환경하에서 판매원들이 주로 이러한 형태의 판매를 한다.

### (2) 대유통기관 판매원(trade selling)

대응적 판매에서 판매자는 단순히 주문수주자이며, 서비스가 강조된다. 그러나 대유통기관 판매에서는 딜러(dealer)를 방문하고, 주문을 받고, 배달을 하며, 진열을 직접 하고, 재고를 직접 관리해 주는 보다 공격적인 판매활동이 필요하다. 시장의 경쟁이 치열하거나 제품수명주기상 초기(도입기)의 제품에서 이러한 형태의 판매가 많다.

### (3) 미션 판매원(missionary selling)

특별한 상황이 아니면 미션판매원들은 보통 주문을 받지 않는다. 이들은 주로 신제품에 대한 소개와 그에 대한 지원임무를 갖는다. 전형적으로 제약회사의 판매원들이 이러한 형태를 가지고 있지만 우리나라에서는 실제로 주문을 받고 이를 관리하는 경우가 많다. 이들은 종종 무료견본품(free sample product)을 나누어주고 그 사용 결과를 취합, 보고하는 일도 병행한다.

#### (4) 기술지원 판매원(technical selling)

주로 기술지식이 필요한 기계, 장비, 시설업체들이 이용하는 판매방식이다. 이들은 고객의 문제점이 무엇인가를 분석하고, 이를 해결해주는 것이 주된 임무이다. 보통 문제점이 있는 예상고객을 방문하고, 그 해결책으로, 자사의 제품을 그 해결방법으로 판매한다.

#### (5) 개척 판매원(creative selling)

이들은 판매개척자들이다. 제품에 대한 수요를 창출하고 이를 자극한다. 주로 신제품의 시장소개와 출시된 기존제품의 수요를 창출하는 임무를 띠고 있다.

### 4) 세일즈맨십(salesmanship)

세일즈맨십은 구매결정에 필요한 사실을 전달하는 직접적인 영향력 행사방법이다. 구매의사결정을 유도하기 위해서는 설득심리를 이용할 수 있다. 판매원들이 효과적인 판매를 하기 위해서는 상업적인 정보만을 이용하는 것은 아니며, 비상업적인 내용의 정보를 동시에 이용하기도 한다. 즉, 사람을 설득한다는 것은 단순히 한 가지 방법에만 의존할 수 없기 때문이다.

#### (1) 구매자-판매자 간의 관계(dyad)

판매자들이 보낸 메시지를 구매자들이 어떻게 받아들이고 해석하는가에는 여러 가지 방법으로 영향을 줄 수 있다. 판매자의 외모, 성격, 제품에 대한 지식수준 등 다양한 요소들이 영향을 주는 것이다. 반대로 구매자들이 판매자의 회사나 판매원에 대해서 갖는 개인적인 지식도 판매자들의 메시지를 해석하는 데 영향을 준다. 심지어 가끔은 구매자의 건강, 기분 등이 영향을 주기도 한다.

보험상품에 관한 한 연구에 의하면 보험상품의 구매자들은 비구매자들보다 보험상품이나 보험사에 대한 지식이 훨씬 많았는데, 이것은 보험상품에 대한 지식이 많으면 많을수록 보험상품을 구매할 가능성이 높다는 것을 의미한다.

이러한 방법은 고객의 수가 작을 때, 판매가격이 높을 때, 판매원과 잠재 고객을 대응시킬 수 있는 가능성이 있을 때 유용하게 사용될 수 있다. 그러나 반대의 경우, 즉 잠재고객의 수가 많을 때, 판매단위가격이 낮을 때, 판매자와 구매자를 대응시키는 것이 제한적일 때에는 전략의 유용성이 의심된다.

### (2) 판매과정

하나의 판매전략이 다른 상황에서도 효과적일 수는 없다. 예를 들어, 판매원의 목표를 주문확보(order getting), 수주(order taking), 판매지원(supporting) 등으로 구분해볼 수 있는데, 각 목표에 따라 판매전략은 상이할 수밖에 없다.

주문확보는 판매를 새로이 만들어가는 것이며, 잠재고객을 발견하고 판매하기 위하여 공격적인 캠페인을 실시한다. 반면 수주는 보다 편안한 분위기에서 판매업무가 진행되는데, 지속적인 관계를 유지하기 위하여 고객을 정기적으로 방문하는 형태로서 압력이 비교적 낮다. 비록 두 판매업의 성격이 달라 직접적인 비교가 불가능하지만 수주 시의 전략을 주문확보 시의 전략으로 사용할 수는 없는 것이다.

판매지원은 주문의 확보나 수주와는 본질적으로 그 성격이 다르다.

이것은 일종의 기술지원, 경영 및 프로모션에 대한 지원이 그 주요 업무인데, 궁극적인 목표는 판매원들이 판매를 완성할 수 있도록 우호적인 관계를 유지하기 위한 것이다.

판매원의 판매상황을 판매대상에 따라 구분해볼 수도 있다. 즉, 판매대상이 도매기관인가, 소매기관인가, 아니면 최종사용자인가에 따라 이들의 업무는 사뭇 달라진다.

분명 판매상황에 따라 판매전략이나 기법에 차이가 있지만, 그중에서도 주문을 확보하는 판매원의 업무가 가장 질적으로 어렵고, 난이도가 높다. 어쨌든 판매원의 판매활동단계는 다음과 같은 몇 단계로 나누어볼 수 있을 것이다. 이 책에서는 인위적으로 이러한 단계를 구분했지만 독자들은 이 단계가 연속적이고 상호 의존적임을 이해하여야 한다.

#### ① 예상고객의 확인

이 단계는 판매원들이 우리 제품에 대하여 관심을 가지고 있고 우호적인 태도를 가지고 있는 예상고객들의 위치를 확인하는 단계이다. 추가적으로 이 단계에서는 구매자들이 구매계약의 권한이 있으며, 물건값을 지불할 수 있는 가격적인 측면도 분석하여야 한다.

예상고객을 확인하는 방법에는 여러 가지가 있다. 첫 번째로 사용하는 방법은 '눈덩이 방법(snowball technique)'이다. 어떤 소비자들이던 자신이 구매한 제품에 대해 다른 사람에게 권유하는 것이 보통이다. 눈덩이 방법이란 한 사람부터 시작해서 점차로 여러 사람으로 늘려나가는 눈덩이적인 특성을 일컫는 말이다. 이 방법을 프리미엄 방법 중 소개형 프리미엄 방법(referral premium)과 연결하여 사용하면 효과적이다.

② **접근 전 준비**(preapproach)

예상고객이 발견되면 그 다음에 판매원이 해야 할 일은 예상고객에 효과적으로 접근하는 것이다. 예상고객이 과거에 제품을 어떻게 구매했는가, 현재의 욕구는 어떤 것이며, 경쟁자는 어떠한 대안을 제시할 수 있는가를 분석하여야 한다. 이 과정을 접근 전 준비라고 한다.

③ **접근**

판매자가 처음으로 구매자를 만나는 작업이다. 그러나 불행히도 많은 판매원들이 이전의 두 단계를 거치지 않고 이 단계로 진입하는 경우가 많다. 특히 판매원이 처음으로 예상고객을 만날 때는 사전에 계획을 치밀하게 수립해야 한다. 이 단계의 목표는 예상고객의 관심과 주의를 끄는 것이다.

④ **프레젠테이션**(presentation)

이 단계는 고객의 욕구를 창출하기 위한 단계이다. 목적을 달성하기 위해서는 제품속성과 혜택에 대한 모든 이야기를 전달하여야 한다. 판매자가 고객의 행동에 영향을 주기 위해서는 우선적으로 고객에게 확신을 심어주어야 하며, 고객과의 관계를 일방적 관계가 아닌 이원적이거나 쌍방적인 관계로 인식하여야 한다. 고객들은 즉각적인 의사결정을 피하기 위하여 프레젠테이션이 진행되는 동안 이의를 제기하거나 판매자들이 본질에서 벗어나도록 유도하기도 한다. 그러나 숙달된 판매원이라면 이러한 이의제기가 발생할 것임을 예측하고 논쟁을 핵심으로 돌릴 수 있어야 한다. 때로 판매원들은 사전에 잘 준비된 정형화된 프레젠테이션을 하는 경우가 있다. 이 방법은 사전에 이미 잘 검증되어 매우 완성도가 높은 정보를 제공해주기는 하지만 초보 판매원이나 표준화된 상황하에서만 제한적으로 효과적이다.

### ⑤ 이의제기에 대한 대응

프레젠테이션과 밀접한 관계를 가지고 있는 것이 바로 이의제기를 극복하는 방법이다. 이의제기는 대부분 프레젠테이션 도중에 발생되기 때문이다. 이의제기를 잘 극복해야만 판매자는 효과적으로 판매할 수 있다는 것을 명심해야 한다.

이의제기에 대응하는 가장 좋은 방법은 이의의 본질과 목적을 정확히 파악하는 것이다. 예를 들어, 예상고객은 디자인을 트집 잡아 구매를 거절할 수 있는데, 이러한 경우 판매원이 제기된 이의를 극복한다고 하더라도 판매는 현실화되지 않을 수 있다. 즉, 지속적으로 이의에 대한 반증을 제시하는 것이 문제를 해결하는 것이 아니라는 것이다. 즉, 구매자의 문제는 진짜 디자인의 문제가 아니라 경제적인 제약일 수 있다는 것이다. 구매자는 자신의 경제적 제약을 쉽게 드러내려고 하지 않는다. 다만 완곡한 방법으로 이를 거절할 수 있는데, 판매원은 구매자의 의도를 상황에 의하여 정확히 파악하는 기술을 길러야 한다.

### ⑥ 판매

이 단계는 구체적인 판매행동을 얻어내는 것이 궁극적인 목표이다. 고객의 입장이 되는 것이 가장 중요하다. 판매를 완성시키는 기술 중의 하나는 예상고객이 구매할 준비가 되어 있는가를 아는 것이다. 예를 들어, 고객이 배달시간, 신용기간, 업무의 마감시간 등에 대하여 물어본다면 그것은 분명 판매가 임박했다는 신호이다. 구매자들은 구체적인 언어 대신 신체적인 신호를 보내는 경우도 있는데, 〈표 5-1〉은 구매자들의 행동이 어떠한 의미를 가지고 있는가를 알 수 있는 사례들이다.

〈표 5-1〉 구매자들의 행동적 의미

| 해석 | 경로로부터의 단서 | | | |
|---|---|---|---|---|
| | 몸의 모양 | 얼굴 | 팔 | 손 |
| 힘, 지배, 우위 | 지나치게 상체를 구부림 | 꿰뚫어보는 눈맞춤(eye contact) | 힙 위에 손 | 목이나 등 뒤의 손, 손가락 끝 만지기 |
| 신경과민, 복종, 우려 | 안절부절 못함 좌우로 움직임 | 고개를 숙임. 최소한의 눈 마주침. 계속적인 눈 깜박거림 | 얼굴, 머리에 손목 뒤를 문지름 | 손을 비빔, 손가락을 꼭 쥠 |
| 불일치, 노여움, 회의감 | 몸을 딴 데로 돌림 | 부정적으로 머리를 흔듦. 눈살을 찌푸림. 입술을 오무림. 곁눈질. 턱을 내밈 | 팔장 낌. 믁둘레 아래 손가락 | 주먹, 손가락질을 함. 전시물의 끝을 잡고 있는 손 |
| 싫증, 무관심 | 전시물에 대해 몸을 구부리고 단정치 못함 | 눈 마주침을 피함. 곁눈질을 함. 히죽히죽 웃음 | | 전시물 케이스 위에 있는 물건을 가지고 장난함. 전시물 케이스 우를 둥둥 소리를 내서 침 |
| 의심, 비밀, 부정적 | 몸을 멀리 이동시킴. 옆을 흘끗 봄 | 머리를 아래로 혹은 비스듬하게 기울임. 입술을 깨묾. 눈을 좌우로 이동함 | 말하는 동안 코를 만짐. 말하는 동안 귀를 잡아당김 | 손깍지를 낌 |
| 불확실성, 우유부단 | 앞으로 걸었다 뒤로 걸었다 함 | 가볍게 곁눈질하면서 눈을 깜박거림. 올라간 눈썹. 고개를 끄덕거림 | 콧등을 꼬집음. 옷을 잡아당김. 머리를 긁음 | 목을 끌어당김 |
| 평가 | 머리를 가볍게 기울임. 말하는 사람 쪽으로 귀를 돌림 | 좋은 눈 마주침. 가볍게 눈을 깜박거림. 미소 | 턱을 잡고 있는 손. 입안에 잔을 넣음 | 입술에 검지손가락을 얹어 놓기 |
| 협동, 신뢰, 정직 | 몸의 전후 운동 | | 가슴에 두 손을 올려놓음. 팔과 손의 자유스러운 움직임 | 맨손 |

출처: Pederson, Wright, Weitz(1987)

⑦ **후속작업**(follow up)

많은 판매자들이 제품의 인도와 더불어 판매가 끝났다고 생각한다. 그러나 그것은 큰 오산이다. 좀 더 심각하게 말하면 제품의 인도 그 자체가 판매의 시작인 것이다.[6] 만약 구매자가 실제 제품의 사용과정에서 제품에 대한 불만을 느낄 수 있고, 이러한 문제를 판매원이 해결해주지 않는다면 구매자는 종종 불이익을 감수하고 제품을 반환한다. 고가의 제품일수록 이 현상은 더 심각하다. 우리나라의 소비자보호법, 방문판매법도 소비자를 중심으로 한 법규가 만들어져 있으므로 소비자와 분쟁을 일으키는 것은 자칫 더 심각한 문제를 야기할 수 있다.

그러므로 판매자들은 구매자들이 제품에 대한 확신을 갖고, 사용상의 효용을 높일 수 있도록 최대한 정보를 제공하고 도와주어야 한다. 사용 후 제품 사용에 대한 정기적인 쌍방향 커뮤니케이션은 구매자의 판단을 확고하게 하고, 새로운 추가구매나 소개를 통한 추가기회를 약속한다.

## 2. 판매촉진

### 1) 판매촉진의 개념

기업들이 제품의 판매를 활성화시키기 위해 자주 사용하는 또 다른 방법이 바로 판매촉진이다. 프로모션활동 중에서 기업들이 광고활동만큼이나 판매촉진에 많은 비용을 사용한다. 그러나 직관적으로 판매촉

6) 품질보장(warranty)은 상품에 문제가 발생하였을 경우 제조업자가 제공하는 서비스 및 기대되는 기능을 기술한 보증서라 칭하고, 보증(guarantee)은 상품성능이 소비자의 기대에 미치지 못한 경우 환불이나 교환 같은 보상을 약속한 보험과 같다.

진이 광고와 차이가 있는 점은 판매촉진이 그 응용방법에 있어서 매우 다양하다는 것이다. 예를 들어, 소비자에 대한 단순한 가격할인도 판매촉진의 한 방법이며, 쿠폰을 제공하는 것도 판매촉진의 또 다른 방법인 것처럼, 그 사용방법은 실로 무궁무진하다고 할 수 있다.

판매촉진은 일반적으로 사용하는 촉진이라 하는 것과는 개념적으로 차이가 있다. 판매촉진이 단기적인 판매를 자극하기 위한 유인방법이라는 작은 개념인 데 반해 촉진이라는 개념은 제품의 판매와 관련하여 소비자와 커뮤니케이션하는 광고, PR, 판매촉진, 판매원 등 다양한 방법을 총칭하는 것이다. 그러므로 촉진이라는 것과 판매촉진 또는 판촉과는 구분하여야 한다. 앞에서도 설명했지만, 이 책에서는 그러한 의미의 혼동을 막기 위하여 프로모션이라는 말을 사용하였다.

〈표 5-2〉 **판매촉진의 개념 정리**

| 출처 | 정의 |
|---|---|
| Kotler, 2003 | 소비자 또는 거래를 통하여 특정제품의 신속한 또는 모든 구매를 자극하기 위하여 계획된 단기적이고 자극적 수단의 집합 |
| Shultz & Robinson, 1982 | 즉각적인 판매를 만들어낼 목적으로 판매원, 유통업자, 소비자를 대상으로 하는 직접적인 유인이나 인센티브 |
| Webster, 1992 | 고객의 구매행동을 유인하기 위한 단기적 방법 |
| Davis et al., 1992 | 제한된 시간에 구매를 유도하기 위해 행해지는 보조적 마케팅 노력 |

판매촉진은 "고객들의 행위에 직접적인 영향을 주기 위한 기업 행동 중심적인 마케팅 이벤트"라고 정의할 수 있다. 그러나 이러한 간단한 개념에도 다음과 같은 몇 가지 중요한 의미가 담겨 있다.

첫째, 판매촉진은 행동중심적이다. 이것은 판대촉진이 즉각적인 행동을 유발하기 위해서 계획된다는 것이다. 판매촉진이 행동을 유발하기 위한 활동이라는 것은 바로 시간적 제약 때문이다. 즉, 많은 판매촉진이 기간을 명시하고 있는데, 예를 들어 8월 한 달 동안 제품의 가격을 50% 할인한다는 식의 자극은 결국 소비자들의 즉각적인 참여를 유도하는 것이다. 물론 모든 판매촉진에 시간적인 제약이 있는 것도, 참여를 필요로 하는 것도 아니지만 대부분 시간적인 제약하에서 행동의 유발을 촉구한다.

둘째, 판매촉진은 관계적 이벤트이다. 관계적 이벤트라 함은 잘 계획된 특정의 인센티브를 통하여 판매촉진의 주체와 고객 간에 관계(relationship)를 갖게 만든다는 것이다. 관계성을 강조하는 것은 판매촉진의 범위가 과거에는 단순히 가격의 할인이나 프리미엄 등과 같은 인센티브에 그쳤으나 요즈음에 와서는 회원제를 통한 가격할인이나 프리미엄(회원에게는 구매 시 특별한 인센티브를 제공)의 영역까지 확대되고 있기 때문이다.

셋째, 판매촉진은 인지적 자극이다. 판매촉진은 광고나 PR처럼 감정적 태도를 형성하게 하는 것이 아니라 구매의 이유를 이성적으로 제공한다. 이성적인 이유를 제공한다는 말은 제품에 대한 가격과 효용 등을 면밀히 따져 제품을 구매하도록 한다는 것이다. 제품을 구매하는 이유가 단순히 내 친구가 가지고 있으니까, 또는 광고에서 나왔으니까 등과 같은 이유가 아닌 다른 제품과 비교하여 동일한 품질이라면 싼 가격의 제품을 구매하는, 이른바 가격대비 효용을 따진다는 것이다. 즉 이것은 소비자의 제품구매를 가장 직접적으로 자극하는 것이다.

넷째, 판매촉진의 대상이 소비자만이 아닌 중간상도 포함된다. 흔히 다른 프로모션 활동들이 풀(pull) 전략 중심인 반면에 판매촉진은 소비한 풀전략과 중간상을 통한 푸쉬(push) 전략의 특성을 동시에 가지고 있다.

결국 중간상에 대한 푸쉬(push) 전략은 궁극적으로 소비자들의 행동을 유발하는 중간적인 단계가 되기 때문이다.

## 2) 판매촉진의 유형

판매촉진은 판매촉진의 대상과 주체에 따라서, 소비자의 직접적인 구매를 유발하는 대소비자 판매촉진(consumer sales promotion)과 유통업체로 하여금 제품의 구매를 촉진하는 대유통업체 판매촉진(trade sales promotion), 그리고 소매기관들이 소비자를 상대로 하는 소매기관의 판매촉진(retailer sales promotion) 등으로 나눌 수 있다. 구체적인 내용은 다음에 설명할 것이며, 여기서는 개괄적인 특징만을 설명한다.

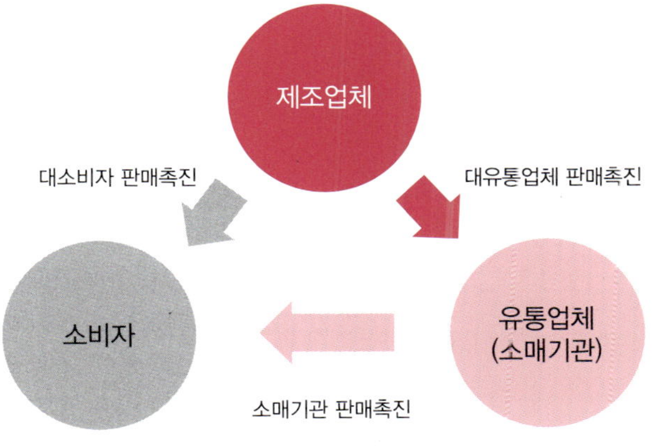


[그림 5-1] 판매촉진 유형

[그림 5-1]에 제시된 바와 같이 대소비자 판매촉진(consumer sales promotion)은 제조업체가 그들의 소비자를 대상으로 직접 행하는 판매촉진을, 대유통업체 판매촉진(trade sales promotion)은 말그대로 유통업체 즉 도매기관이나 소매기관 등과 같은 제조업체의 제품을 취급하는 중

간상을 대상으로 하는 판매촉진활동이며, 그리고 소매기관의 판매촉진(retailer sales promotion)은 소매기관이 직접 소비자를 대상으로 행하는 판매촉진 활동이다. 소매기관의 판매촉진은 대부분 제조업체와 소매기관이 공동으로 수행하는 경우가 많으며, 제조업체는 소매기관의 판매촉진에 대한 비용의 일부를(대개는 약 50%) 지원해준다. 광고에 있어서 협동광고가 제조업체와 유통기관의 공동광고인 것처럼, 판매촉진도 제조업체와 중간상의 협력에 의하여 이루어지는 경우가 많다. 결국 제조업체로 보면 자사제품의 판매이기 때문이다.

대유통업체 판매촉진은 대부분 푸쉬전략(push)의 형태를 가지며, 대소비자 판매촉진은 풀전략의 형태를 띤다. 대소비자 판매촉진은 결국 광고(이를 SP광고라고 부름)라는 수단이 없으면 이루어질 수 없으며, 대유통기관 판매촉진은 이 책에서 앞으로 설명할 인적판매활동과 결합되어 사용되는 것이 보통이다.

### 3) 대소비자 판매촉진의 특징

소비자들을 직접적으로 구매로 유도하는 좋은 방법은 무엇일까? 특히 경쟁상황에서 구매가 예견되는 소비자들이게 구매를 당기거나 활성화시키는 방법은 더 주기와 깎아주기이다. 더 주기 방법이란 기존의 가격체계를 손상시키지 않으면서 소비자들에게 효용이 있는 무엇인가를 제공하는 것이며, 깎아주기란 기존의 가격보다 낮은 가격으로 소비자들에게 제품을 제공하는 것이다. 깎아주기에는 간접적인 깎아주기와 직접적인 깎아주기가 있다. 간접적인 깎아주기도 기존의 가격체계를 유지하면서 소비자들에게 가격적인 혜택을 주는 방법이며, 직접적인 깎아주기는 가격의 일부를 아예 공제한 상태에서 판매하는 것이다. 판매촉진은 이러한 개념에서 이해하면 좋을 것이다. 자세한 대소비자 판매촉진 유형방법은 1장에서 자세히 설명하였으니, 참조하기 바란다.

판매촉진은 기업에게 다양한 프로모션 목표를 충족시키는 동시에 표적시장에 도달하기 위한 융통성을 제공한다는 점에서 다른 프로모션 믹스와의 차별적인 특성을 갖는다. 〈표 5-3〉은 이러한 프로모션의 특성을 간략하게 다른 프로모션 믹스 도구와 비교해 놓은 것이다.

〈표 5-3〉 **판매촉진과 다른 프로모션 도구와의 비교**

| | 판매촉진 | 광고 | 홍보 | 인적판매 |
|---|---|---|---|---|
| 기본목적 | 매출증대 | 이미지/선호도/태도개선/포지셔닝 | 신뢰형성 | 판매 및 관계형성 |
| 소구방법 | 이성적 | 감성적 | 감정적 | 이성적 |
| 기간 | 단기 | 장기 | 장기 | 단/장기 |
| 이익 기여도 | 높음 | 보통 | 낮음 | 높음 |

광고는 브랜드 인지도를 향상시키기도 하고 브랜드선호도를 개선하거나 나아가 태도를 긍정적으로 변화시키는 등 브랜드에 대한 전반적인 포지셔닝을 구축하는 역할을 담당한다. 즉 광고는 소비자가 구매하기 이전의 모든 인지적 단계에 영향을 미친다. 즉 신제품을 인지하게 하고 필요한 제품 지식을 광고를 통해 알려주기도 하며 특정브랜드를 선호하게 하고 그 브랜드에 대한 확신을 갖도록 해주는 것이다. 뿐만 아니라 구매 이후에 갖게 되는 인지부조화를 감소시켜 주는 역할도 담당한다. 이에 반해 판매촉진은 광고나 홍보 등으로 형성된 호의적 감정을 실질적인 구매로 연결시키는 데 직접적인 기여를 한다. 즉 미사용자에게는 사용을 유도하기도 하고 이미 구매한 사람에게는 재구매를 하도록 인센티브를 주기도 하고 구매자가 좀 더 자주 그리고 좀 더 많이 구

매할 수 있는 환경을 만들어준다. 다시 말해 판매촉진은 즉각적인 행동을 촉구함으로써 판매증대에의 직접적인 기여를 목표로 하는 것이다. 이와는 달리 대중적인 매체를 통한 홍보는 표적고객에게 좀 더 신뢰성을 부가하여 수용자가 거부감 없이 제품 정보를 받아들이도록 하는 것이 목표이다. 마지막으로 프로모션 믹스 중 하나인 인적판매는 판매촉진의 역할을 담당하면서 판매량의 증대에 직접적인 기여를 하지만 동시에 개개인의 소비자와 특별한 관계를 형성하고 유지 · 발전시키는 것이 중요한 목표가 된다. 따라서 표적소비자에게 촉진하는 소구방법도 프로모션 믹스에 따라 달라지는데 광고는 1차적인 목표가 광고 자체에 대한 태도를 호의적으로 개선하여 그것이 제품이나 브랜드 태도에까지 이어지도록 설득하는 것이므로 기본적으로 감성에 소구한다. 그러나 판매촉진은 다양한 판촉행사와 수단을 전개함으로써 즐거운 분위기를 조성하고 호의적인 태도와 관심을 유도할 뿐만 아니라, 나아가 표적고객에게 부가적인 가치를 제공함으로써 판매량 증대를 꾀하게 된다. 따라서 판매촉진의 경우 감성적 소구는 물론이며, 합리적이고 이성적인 소구를 활용하여 표적고객의 구매동기를 자극하게 되는 것이다.

각각의 촉진수단들이 기업의 수익성에 기여하는바 또한 다르다. 판매촉진과 인적판매는 매출액에 직접적인 영향을 미치기 때문에 기업에게 높은 수익성을 보장할 수 있다. 반면, 광고는 이월효과 때문에 수익성 면에서 판매촉진보다 낮은 효과를 가지지만 커뮤니케이션 효과에 있어서는 결정적인 역할을 한다. 공중관계의 경우 브랜드나 제품에 대한 신뢰를 형성하는 데는 효과적이지만 기업의 수익성 향상에는 직접적으로 기여하는 바가 없다고 할 수 있다.

그렇다면 판매촉진의 장점과 단점은 무엇인가? 〈표 5-4〉를 통해 알 수 있듯이 판매촉진의 가장 큰 장점은 단기적으로 판매량에 직접적인 영향을 줄 수 있다는 점이다. 판매촉진은 동일한 가격의 제품에 대하여 부가적인 가치를 제공하거나 동질의 제품에 대하여 가격을 할인하거나 쿠폰을 제공함으로써 소비자가 기존에 가지고 있던 가격과 가치 간의 관계를 변화시키고 궁극적으로 판매량을 증가시킬 수 있는 것이다. 뿐만 아니라 대부분의 판매촉진은 유효기간이 정해진 일시적인 행사이기 때문에 부가적인 가치를 얻고자 하는 고객은 일정기간 안으로 구매를 앞당기게 된다. 뿐만 아니라 아직 구매하지 않은 고객에게는 샘플을 제공함으로써 시용을 유도할 수도 있으며 결과적으로 프리미엄 등을 이용하여 반복구매를 이끌어내기도 한다. 이외에도 판촉행사는 다양한 흥미와 재미 요소 때문에 일단 소비자의 관심을 끌기 쉽다는 장점이 있으며 판촉행사를 통해 표적고객들의 데이터베이스를 구축할 수 있다는 중요한 이점을 가지고 있다. 또한 비용 면에서도 광고에 비해 판촉의 비용이 더 저렴하며, 그 결과를 더 쉽게 확인할 수 있다는 장점을 가지고 있다.

이에 반해 판매촉진의 단점으로 지적할 수 있는 점은 첫째, 무모한 판매촉진 경쟁을 불러들일 수 있다는 점이다. 만약 특정산업에서 한 기업이 판매촉진을 지나치게 사용하면 다른 경쟁자들도 경쟁수단으로서 판매촉진을 이용할 가능성이 높아진다. 그렇게 된다면, 기업들은 서로 경쟁에서 뒤처지지 않기 위해서 더 많은 쿠폰을 발행해야 하며 더 큰 리베이트를 주어야 하고 더 비싼 경품을 준비함으로써 경쟁기업으로부터 자신의 고객을 지키려고 할 것이다. 이러한 효과를 스노우블 효과(snowball effect)라고 한다. 또 다른 단점은 판촉이 브랜드이미지에 부정적인 영향을 미침으로써 판촉이 철회되었을 때 그 상표에 대한 재구매 확률을 현저히 감소시킨다는 점이다. 소비자는 비록 판매촉진을 이용하여 구매하였다고 하더라도 판매촉진으로 인하여 그 상표에 대한 인식이나 태도가 비우호적으로 변하였을 가능성이 크다. 뿐만 아니라 매번 판매촉진을 이용하여 구매하던 고객은 판매촉진이 철회되더라도 그 이전 구매에 이용한 판매촉진을 기억해 내고 판매촉진이 행해질 때 그 상표를 구매해야 한다고 생각하기 때문에 구매를 연기하거나 재구매할 확률을 저하시키게 된다. 이러한 효과를 촉진사용효과(promotion usage effect)라고 한다. 이러한 단점들을 막기 위해 기업은 판매촉진 방법들을 통제해야 한다. 판매촉진은 기업의 목표를 달성하기 위한 마케팅계획의 일부이며, 따라서 제품이미지와 광고를 지원하거나 강화하도록 조심스럽게 활용되어야 할 것이다.

〈표 5-4〉 **판매촉진의 장 · 단점**

| 장점 | 단점 |
|---|---|
| • 행동하도록 별도의 유인책을 제공한다.<br>• 가격/가치 관계를 변화시킨다.<br>• 제공하는 제품의 유형적 가치를 증가시킨다.<br>• 즉시적인 구매를 촉진한다.<br>• 흥미와 구경거리를 제공한다.<br>• 사용을 유도한다.<br>• 반복구매를 자극한다.<br>• 구매빈도를 증가시킨다.<br>• 데이터베이스를 구축할 수 있다. | • 산만성이 증가된다.<br>• 준거가격이 변화될 수 있다.<br>• 판매촉진이 있을 때까지 구매를 연기하는 소비자가 생길 수 있다.<br>• 거래상의 협력을 확보하기 어렵다.<br>• 상표이미지를 손상시킬 수 있다. |

## 4) 대유통업체 판매촉진의 특징

기업이 단기적인 마케팅목표를 달성하기 위하여 소비자 판매촉진을 활용하듯이 제조업자는 유통판매촉진을 계획함으로써 그러한 마케팅 목표를 보완하려고 한다. 제조업자가 유통업자를 대상으로 하는 판매촉진은 그 유형만큼이나 목적도 다양하지만 그 근본원인에 근거하여 크게 세 가지로 나누어 생각할 수 있다. 첫째, 제조업체는 자사제품에 대한 매입의욕을 고취시키기 위하여 유통업체를 대상으로 촉진활동을 계획한다. 제조업체는 유통업체가 더 많은 물량을 매입하고 취급하는 것이 유통업자의 이윤향상에 도움이 된다는 것을 설득시키고 권유하기 위하여 가격할인이나 물량할인 등의 유통판촉수단을 이용한다. 둘째, 제조업체는 자사의 제품을 우선 판매할 목적으로 영업사원에게 인센티브를 주어 동기를 부여하거나 유통업체를 대상으로 각종 공제혜택을 지원해주기도 한다. 이러한 직접적인 유통판촉수단 이외에도 셋째, 제조업체와 유통업체가 공생하는 관계임을 상기시킬 목적으로 유통판촉을 활용하기도 한다. 즉 제조업체는 유통업체를 대상으로 각종 행사에 초대하거나 매장관리를 지원해줌으로써 제조업자와 유통업체 간의 유대를 강화하고 신뢰를 구축한다.

제조업체는 유통판매촉진을 통하여 소매업체들에게 다양한 이득을 제공하고 유통업체는 다시 그 이득을 소비자에게 이전함으로써 소비자들이 할인된 가격으로 제품을 구입할 수 있도록 한다. 또한 제조업체는 유통판매촉진을 통해 유통업체가 재고를 충분히 가지고 있도록 하여 제품을 보관하는 창고비용을 이전시킬 수 있고 재고가 소진되어 중단되는 상황도 방지할 수 있다. 이를 통해 제조업체는 소매업체들이 자사의 특정브랜드를 매장의 좋은 위치에 진열하도록 하고 특정브랜드를 광고하도록 유도한다. 그리고 경쟁업체가 판매촉진활동을 하여 시장점유율의 확대를 노리는 경우 이에 대응하는 전략으로 판매촉진을 하기도 한다. 이하에서는 여러 가지 판촉활동의 목적에 대해 구체적으로 알아보도록 한다.

### (1) 유통업체들의 판매활동 독려

유통판매촉진의 가장 주요한 목적은 유통업자가 유통촉진을 받은 제품에 대하여 가격을 할인해주고 광고를 하며 매장의 좋은 위치에 진열하도록 유도하는 것이다. 유통업자들에게 유통촉진을 제공함으로써 제조업체들은 매출을 증대시킬 수 있다. 예를 들어, 제조업체가 가격할인 정책을 판촉의 일환으로 실시한다면 제조업체들은 자신들이 유통업체에게 제공한 가격할인비율 정도를 매장 내 소비자가격에 반영해주기를 원한다. 만약 유통업체가 자신이 할인받은 만큼 소비자에게도 할인된 가격으로 판매를 하게 된다면 유통업체는 제조업체의 할인으로 얻는 이득을 소비자에게 이전시키는 셈이 된다. 그러나 때에 따라서 소매업체는 제조업체가 할인해주는 기간 중에 물품을 구매하기만 하고 매장에는 제품을 많이 진열해 놓지 않다가 할인기간이 끝난 후에야 매장에 내놓는 경우가 있다. 이러한 경우에는 제조업체가 제공하는 혜택을 고객이 아닌 유통업체가 얻게 되므로 이를 방지하기 위하여 제조업체는 유통업체에게 할인된 제품을 공급하기 전에 할인된 제품이라는 것을 표시하는 스티커 등을 부착시키기도 한다.

제조업체들은 또한 소비자들이 매장을 방문했을 때 보기 편한 곳에 그들의 제품이 진열되는 것을 원한다. 매장에서의 제품진열 위치나 높이는 소비자득이 제품을 선택하는 데 있어서 매우 중요한 역할을 한다. 예를 들어 장난감이나 사탕과 초콜릿 등 어린 아이들이 좋아하는 아동용 상품의 매출을 증대시키기 위해서는 아이들의 손이 닿을 수 있는 아래쪽 선반에 진열해 놓는 것이 좋다. 그러나 3~4세의 아동들은 쇼핑용 카트에 올라타서 쇼핑하는 경우가 많으므로 3~4세의 아동을 대상으로 하는 상품의 경우 선반의 중간 정도에 진열하는 것이 좋다. 아이들이 구매할 것인가와 부모들이 구매할 것인가의 여부를 잘 고려하여 선반의 상단에 배열할 것인가와 하단에 배열할 것인가를 결정해야 하며, 이 결정을 잘못 내리게 되면 매출에 차질을 빚을 수도 있다. 유아용 상품의 경우 어머니들이 자주 물품을 구매하는 유제품이나 식료품 선반 근처에 배열하는 것도 하나의 판매전략이다.

또한 극단적으로 경쟁사 제품을 팔지 않는다는 조건으로 유통업체에 지원하는 경우도 있다. 음료업계의 경우 자사제품만 판매하고 경쟁사 제품을 판매하지 않는다는 조건으로 냉장고를 무상으로 제공하거나 간판을 새로 바꾸어주는 등의 전략을 쓰기도 한다. 그리고 제품의 배열과 전시에 따라서 그 제품의 광고를 보지 못한 소비자들일지라도 구매할 확률이 높아진다. 특히 관성적으로 제품을 선택하는 저관여제품의 경우 가장 먼저 띄는 제품을 선택하는 경우가 많기 대문에 선반 의치에 대한 경쟁이 치열해질 수밖에 없다. 할인판매를 하지 않는 제품의 구매 확률도 선반의 좋은 위치를 차지한 제품이 더 높기 때문에 유통업체의 협력을 얻는 것이 중요하다.

▫ **매장 내 제품진열을 통한 매출증대**

소비자의 구매를 증대시키기 위한 방법 중 하나는 제품 노출빈도를 늘리는 것이다. 제조업체는 자사의 제품을 골든존(golden zone)에 위치시키거나, 특별 전시대를 설치함으로써 고객과의 접점에서 제품의 노출을 극대화할 수 있다. 그리고 이는 제품의 판매증대로 이어진다. 골든존이란 고객입장에서 봤을 때 가장 보기 쉬운 진열대 높이를 말한다.

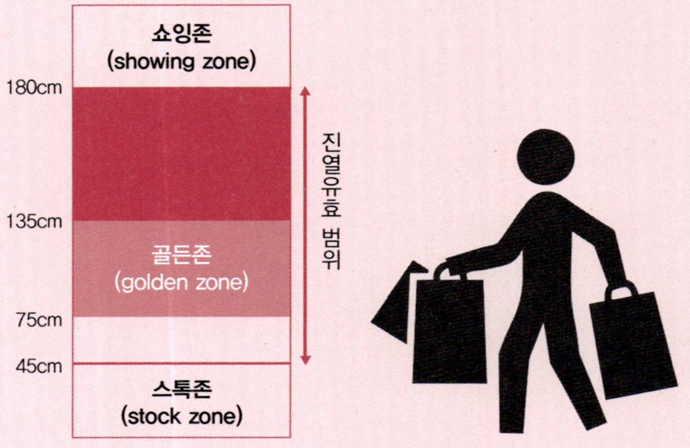


그림에서 볼 수 있듯이 바닥에서 75~135cm까지가 골든존이다. 일반적으로 진열유효범위는 45~180cm까지다. 상품에 따라 다르지만 45cm 이하는 재고품 등을 쌓아두는 스톡존(stock zone)으로 활용되며, 180cm 이상의 공간은 디스플레이를 위한 쇼잉존(showing zone)으로 활용되는 경우가 많다.

동일한 상품이라도 어느 위치에 진열하느냐에 따라 매출이 달라진다. 아무도 찾지 않던 상품을 골든존에 진열하자 매출이 20배나 증가했다는 실험결과도 있을 정도다. 따라서 제조업체는 자사의 제품을 골든존에 진열하기 위해 유통업자를 대상으로 하는 다양한 프로모션을 진행하기도 한다.

### (2) 가격전략의 도구

유통업체를 비롯하여 소비자는 다른 마케팅수단보다도 가격에 가장 민감하게 반응하는 경우가 많다. 따라서 일단 가격을 인하하고 나면 다시 인상하기란 쉽지 않다. 그러나 제조업체는 제조원가가 상승하였을 경우 가격을 높이는 것이 불가피하며, 이윤극대화의 목적으로 혹은 제품의 이미지 차별화의 수단으로 가격인상을 선택할 수 있다. 이때 제조업체가 초기가격을 너무 낮게 책정하였다면, 소비자들은 가격의 상승을 인지하게 되면서 그 제품의 소비를 꺼리는 경우가 생긴다. 그러므로 제조업체들은 최초의 가격을 높게 책정해 놓고 일시적으로 할인하는 정책을 쓰며, 가격을 인상해야 할 시기가 되면 할인을 철회함으로써 가격을 인상하는 효과를 볼 수 있다.

### (3) 재고이전

제조업체의 재고를 유통에 이전시키는 목적으로 유통판매촉진을 사용할 수 있다. 제조업체들은 유통업체에게 재고를 이전시킴으로써 재고유지비용을 유통업체에게 이전하여 제조업체의 재고유지비용을 줄이고, 유통업체는 소비자들에게 유리한 가격으로 판매하여 유통업체의 재고유지비용을 줄일 수 있다. 최종적으로는 소비자들이 유리한 가격으로 미리 구매하기 때문에 소비자들이 재고비용을 부담하게 되는 셈이 된다. 이러한 방법으로 제조업체는 제품을 단기간에 집중적으로 생산하지 않고 장기간에 걸쳐 생산하게 되어 원활한 생산과 원가절감을 이룩할 수 있다. 또한 이 전략은 유통업체들이 재고를 충분히 보유할 수 있게 하기 때문에 제품이 품절될 가능성을 줄일 수 있다. 예를 들어 여름에 주로 사용되는 에어컨의 경우 여름의 기후를 예상하기 어렵기 때문에 적정 재고량을 결정하는 것이 매우 어렵다. 이러한 경우 재고비용을 줄이고 제조공장의 생산효율성을 높이기 위하여 겨울에 주문하는 경우에 대해서는 가격을 할인해준다. 따라서 제조업자는 소비자에게 저렴하게 구입할 수 있을 만한 가격을 제시해주고 유통업자에게는 그들이 여름에 에어컨을 판매할 때보다 더 큰 마진을 보장해줌으로써 겨울에도 에어컨을 진열하도록, 동기를 제공한다. 따라서 유통업자는 제품을 판매하기 전까지 그들의 매장에 재고를 쌓아두려 할 것이다. 이러한 유통전략의 결과 소비자들은 할인된 가격으로 제품을 구입할 수 있으므로 이득을 얻고 제조업체의 경우 안정된 생산계획과 재고계획을 세울 수 있다.

에어컨과 같은 계절상품들은 기후라는 특별한 조건 때문에 수요예측에 어려움이 있고, 너무 적게 생산하면 그만큼의 기회비용이 발생하며, 반대로 너무 많은 제품을 미리 생산하면 창고비용이 크다. 따라서 이러한 계절상품들은 창고비용 이전전략을 쓰기에 적합하므로 미리 수요를 예측하여 유통판촉에 의해 적당한 재고를 유통업체들에게 이전시키는 것이 바람직하다.

### (4) 경쟁업체의 촉진전략에 대한 방어

시장점유율을 증대시키려고 하는 경쟁자의 전략에 대한 방어의 목적으로 유통판매촉진을 활용할 수 있다. 시장점유율이 낮거나 경쟁력이 약한 브랜드들은 선도브랜드의 상대적 우위를 극복하기 위하여 가격할인과 같은 공격적인 판매촉진전략을 자주 사용하게 된다. 이때 공격적으로 도전해오는 경쟁기업의 노력을 상쇄시키기 위하여, 경쟁력이 있고 시장점유율이 높은 기업들은 점유율을 방어하는 수단으로 유통업자를 대상으로 판매촉진을 활용한다. 시장선도기업의 입장에서 소비자 판매촉진은 판매량의 증대를 달성하는 수단이 되기보다는 오히려 수익성을 악화시키고 장기적으로 상표충성도의 하락을 수반할 수 있기 때문에 그들은 공격적인 목적보다는 경쟁업체의 소비자 판촉전략에 대한 방어의 도구로서 유통판매촉진을 실시하게 되는 것이다. 다시 말해 선도기업은 소비자를 대상으로 하지 않고 유통업자를 대상으로 판매촉진을 진행함으로써 제조업체에 대한 유통업자들의 상표충성도(brand loyalty)

를 구축할 수 있으며, 경쟁자의 공격적 판촉전략을 상쇄시키는 효과도 가져올 수 있다.

### (5) 유통의 확장 및 유지

유통판매촉진을 제공함으로써 새로운 유통망의 확장이 가능하다. 새로운 지역으로의 확장 및 새로운 유통업체로의 진출, 그리고 기존 유통망에서의 취급률 증대 등을 통해 새로운 크기의 제품을 유통시킬 수도 있고 또 새로운 계층의 고객을 창출할 수도 있다. 뿐만 아니라 제품을 현재 취급하고 있는 유통점에서도 진열면적을 확대시키거나 아니면 단순히 기존 취급률을 유지하기 위한 방편으로도 유통판매촉진이 활용되기도 한다.

### (6) 파트너십(Partnership) 형성

유통판매촉진은 단순한 상품거래 관계로부터 신뢰를 주고받을 수 있는 공동운명체의 관계로 발전시키도록 동기를 부여한다. 즉 다양한 유통판매촉진의 수단들이 유통업체에게 이득을 주고 매장관리에 편의를 제공할 수 있지만 가장 중요한 유대강화는 인간관계라고 해도 과언이 아니다. 결국 모든 것은 인간 대 인간이 만나 의사결정을 하기 때문이다. 예를 들어 유통업자가 '이 제조업자는 정말 맘에 들지 않지만 현재 이득을 남기기 때문에 상대할 뿐이다'라고 생각하고 있다면 그 취급점은 머지않아 다른 경쟁회사의 취급점으로 바뀔 것이기 때문이다.

### (7) 신제품 도입 시 높은 브랜드인지도 창출

유통판매촉진은 신제품의 런칭에 대해 소비자들의 인지도를 높이고

자 할 때 유용한 도구가 된다. 예를 들어 외국의 유수 화장품 회사들은 계절마다 새로운 확장브랜드나 제품을 유행시키고 있다. ○○화장품 회사는 새로운 립글로즈 타입의 립스틱을 런칭하면서 ○○백화점의 로비에서 메이크업 쇼를 진행하였다. 원하는 고객에게는 무료로 메이크업을 해줄 뿐만 아니라 메이크업에 대한 상담도 무료이다. 따라서 ○○백화점은 이러한 이벤트가 가능하도록 자리를 대여해주는데, ○○백화점은 그들 고객에게 메이크업 정보를 제공할 수 있고 이벤트를 허락함으로써 고객의 주의를 매장 안으로 끌어들이고 행사층 전체 매장의 매출을 자극하는 효과를 누릴 수 있다. 뿐만 아니라 ○○화장품 회사 입장에서는 신제품에 대한 폭발적인 고객의 관심을 유도함으로써 신제품의 인지도를 빠른 시간 내에 많은 사람에게 알릴 수 있다는 장점이 있다.

### (8) 기타

유통판매촉진은 기본적으로 제조업자가 행하는 푸쉬정책(push strategy)의 일환이다. 제조업자는 유통판매촉진을 통해 판매원이나 영업사원에게 판매동기를 부여함으로써 결과적으로 작업습관을 능동적으로 향상시킬 수 있으며, 유통접점에서의 판매지원을 자극하게 된다. 그리고 유통업자로 하여금 제조업체와 제품에 대한 흥미를 유발시킴으로써 충성도 및 유대를 강화시킬 수 있다.

3부

# 프로모션에 관한 이론

# 소비와 프로모션

제6장

# 태도

## 1. 태도의 개념

태도라는 용어는 불어의 'attitude', 이탈리아어의 'attitudine'에서 온 것으로 라틴어의 'aptus'(적합성 또는 알맞음)에서 기원했다. 태도는 17세기 후반부터 과학적 연구의 대상으로 정착되었다. 당시에는 인간이동이 선천적인 유전형질이나 본능에 의해 좌우된다는 기존의 생각에 대해 회의적이었으며 행동을 설명할 수 있는 매개요소로서 그 사람의 태도가 어떠한가의 문제를 전제하였다(김영석, 2005). 그 후 하나의 이론적 개념으로서의 태도는 심리학자 알포트(Allport, 1954)에 의해 잘 정리되었다. 그는 현대 미국 사회심리학에서 중요한 개념의 하나로 태도의 의미를 설명하면서, 심리학에서 태도라는 용어가 종래의 본능, 관습, 사회적 압력, 감정과 같은 애매한 용어를 대체하게 되었다고 주장하였다.

태도에 대한 몇몇 정의들을 정리해보면 〈표 6-1〉과 같다.

〈표 6-1〉 태도의 정의

| | |
|---|---|
| Murphy & Newcomb, 1937 | 태도란 주로 어떤 것에 대한 찬성이나 반대가 설정되는 방식이다. |
| Allport, 1954 | 태도는 경험을 통해 조직된 정신적, 신경적 준비상태로서 관련된 모든 대상이나 상황에 대한 개인의 반응에 지시적이고 역동적인 영향을 미친다. |
| English & English, 1958 | 태도란 학습된 지속적 선유경향으로서 동일군으로 분류되는 일단의 대상들에 대해 일관된 방식으로 행동하도록 이끈다. |
| Krech, Crutchfied & Ballachey, 1962 | 태도는 사회적 대상에 대한 긍정적 또는 부정적 평가와 감정, 찬/반 행동 경향들의 지속체계이다. |
| Fishbien & Ajen, 1975 | 태도는 어떤 대상에 대해 일관성 있게 호의적 또는 비호의적으로 반응하게 하는 학습된 선유성향이다. |

이상에서도 나타나 있듯이 태도는 기본적으로 사물에 대한 사람들의 성향을 말한다. 즉 태도는 우리가 무엇을 좋아하는지, 또는 그렇지 않은지에 관한 것이다. 따라서 사람들의 행위는 종종 태도에 의해 결정된다. 다시 말해 설득커뮤니케이션에서 태도가 중요한 이유는 태도가 수용자의 인지 및 행동과 일관성을 보이기 때문이다. 즉 특정 대상에 태도에 맞추어 그 대상을 인지적으로 평가하고 행동한다는 것이다. 예를 들어 A라는 자동차에 대해 호의적인 태도를 형성하고 있다면, A를 '안전하다', '디자인이 좋다' 등의 긍정적인 인지적 평가를 하게 되며, 자동차 구매 시 A를 구매할 가능성이 높아진다. 또한 태도는 정서적 요소(대상에 대한 선호나 감정), 인지적 요소(대상에 대한 믿음), 행위적 요소(대상에 대한 행동)로 구성되어 있다. 핵심적으로 표현하면 태도란 특정 대상에 대한 평가의 요약이라 할 수 있는데, 즉 특정 대상에 대해 '호의적이다', 혹은 '호의적이지 않다'와 같은 평가의 요약이 태도의 핵심적 부분을 차지한다.

태도의 구조는 두 가지로 나누어 살펴볼 필요가 있는데, 태도 간 구조와 태도 내 구조가 그것이다. 태도 간 구조(inter-attitudinal structure)는 함께 묶일 수 있는 일단의 태도들, 즉 태도의 군집을 말한다. 예를 들어 일단의 태도들은 어떤 이데올로기를 구성하는 태도들의 군집으로 함께 분류될 수 있다. 태도 내 구조(intra-attitudinal structure)는 어떤 한 태도를 구성하는 요소들이 서로 연관되는 방식을 지칭한다. 다시 말해 태도를 이루는 정서적, 인지적, 행위적 구성요소들이 서로 조화를 이루고 있는지를 말한다. 태도의 한 구성요소가 다른 요소와 일관성을 가지지 못할 경우, 그중 하나를 변화시키려는 압력이 발생하기도 한다. 그러나 어떤 경우에는 동일한 대상에 대해 호의적 구성요소와 비호의적 구성요소로 이루어진 이중적 태도를 가질 수도 있다. 한편 태도와 밀접한 관계가 있는 개념은 신념(belief)이다. 신념은 태도 대상과 그 대상이 지닌 여러 속성 간의 관계에 대해 한 개인이 가지고 있는 인식으로 정의할 수 있다(Eagly & Chaiken, 1993). 간단히 말해 신념은 한 개인이 다른 사람이나 사물 등에 대해 갖는 정보 또는 사람들이 진실이라고 여기는 의견이라고 할 수 있다.

또 태도와 관계가 있는 개념으로 의견(opinion)이 있다. 호블랜드와 재니스(Hovland & Janis)는 "태도는 어떤 사물에 대한 일반적인 성향(general orientation)인 데 비해 의견은 태도의 구체적인 표명"이라고 하면서 태도와 의견을 구별하였다.

또한 개성(personality)은 개인이 갖는 독특한 특성으로서 태도처럼 행동에 영향을 미치는 중요한 변수이다. 태도와 개성은 관찰될 수 없으며, 언어 혹은 행동으로써 표출되는 잠재적 및 가설적인 개념이다. 두 개념은 다음과 같은 점에서 차이가 있다. 태도는 어떤 대상에 대한 평가적인 특성을 갖는 데 비해 개성은 특정 대상과 관련되는 것이 아니며 반드시 평가적인 것은 아니다. 태도도 어느 정도 지속적인 면이 있으나 외부 자극에 의해 얼마든지 변화할 수 있는 데 비해 개성은 훨씬 지속적이며 좀처럼 변화하지 않는다. 태도는 후천적인 면이 강하나 개성은 매우 선천적이다. 개성은 태도에 영향을 미칠 수 있다. 예를 들어 외향적이며 적극적인 개성을 가진 사람들일수록 경쟁적 스포츠를 좋아하고 타인보다 앞서기 위해 값비싼 제품을 구매하는 경향이 있다(이학식, 안광호, 하영원, 2001).

## 2. 태도의 기능

Katz(1991)는 태도가 갖는 기능을 다음의 네 가지로 분류하였다.

### 1) 실용적 기능(Utilitarian Function)

사람들은 늘 자신에게 주어지는 보상(reward)은 최대화되고 처벌(punishment)은 최소화되는 방향으로 행동하려 한다. 그리하여 실용적 기능을 토대로 태도를 형성한 소비자는 비용(costs)에 비해 보다 큰 편익(benefits)을 가져다주는 대상에 대해 보다 호의적이 된다. 이때 각 브랜드에 대한 태도는 선택에 영향을 미치는 실용적 기능을 수행한다.

### 2) 가치표현적 기능(Value-Expressive Function)

소비자의 태도는 그 소비자의 자아개념(self-concepts)이나 중심적으로 갖는 가치(centrally held values)를 표현하는 기능을 수행한다. 소비자의 태도가 주로 가치표현적 기능과 관련된다면 브랜드를 소비 · 사용하는 사람들의 속성(people attributes)을 강조하거나, 소비 · 사용에 의해 그러한 가치를 표현할 수 있는 것으로 소비자를 설득할 수 있다.

### 3) 자기방어적 기능(Ego-Defensive Function)

이는 프로이트 심리학에 그 토대를 두는데, 태도가 개인을 내부적 불안감(internal insecurities)이나 외부적 위협(external threats)으로부터 보호하는 기능을 갖는다는 것이다. 이는 자신의 내면적 가치관을 나타내려는 가치 표현적 기능과 기능 면에 있어서 반대가 된다. 이를 소비자의 제품 구매 · 소비와 관련지으면, 소비자는 자신의 약점이 드러나는 제품의 소비 · 사용을 회피하고 반대로 그러한 약점을 감추어주거나 보완하는 제품을 소비 · 사용하려 한다. 또한 어떤 소비자들은 타인들에 비해 구취제거제를 많이 사용하는데 이는 이러한 제품의 사용(선호)에 의해 자기방어를 하고자 하는 태도적 반응(ego-defensive attitudinal response)이다.

### 4) 지식기능(Knowledge Function)

태도의 지식기능은 개인이 복잡한 외부 자극에 노출되었을 때 이를 이해하는 데 준거체계(frame of reference)로 작용한다. 그리하여 어떤 대상에 대해 개인이 갖는 태도는 그 대상 혹은 그 대상과 관련된 다른 대상을 지각하는 데 하나의 지침으로서의 기능을 한다. 소비자는 외부 자극을 지각할 때 선택적 지각(selective perception) 메커니즘에 따라 자신의 방식으로 지각할 수 있는데, 이러한 선택적 지각 메커니즘은 태도의 지식기능에 의해 설명이 가능하다. 예를 들어, 소비자가 어떤 제품에 호의적 태도를 가지고 있을 때 그 제품에 대한 부정적 정보에 노출되면 이를 받아들이지 않거나 평가절하하는 경향이 있다. 반대로 부정적 태도를 가졌던 제품에 대한 긍정적 정보에 노출되면 이 또한 부정하거나 평가절하할 수 있다. 소비자가 호의적 태도를 갖는 기업이 신제품을 개발하면 소비자는 자연스럽게 긍정적 태도를 가질 수 있는 것도 태도의 지식기능에 의해 설명할 수 있다.

## 3. 태도형성에 대한 이론

### 1) 다속성 태도모델

인지적 학습이론(cognitive learning theory)에 의하면 소비자는 제품의 속성에 대한 신념에 의해 태도를 형성하고 태도를 바탕으로 구매여부를 결정한다. 여기서 인지적 학습이란 인지적 과정(즉, 사고과정)을 통해 어떤 대상에 대한 태도가 형성되는 것을 말한다. 즉, 소비자는 구매에 선행하여 속성신념(attribute beliefs)－태도(attitude)－구매의도(purchase intention)의 단계를 거치는 것으로 간주되었다. 인지적 학습이론을 토대로 하여 이러한 소비자의 제품속성신념과 태도형성과의 관계를 설명하기 위해 개발된 모델이 다속성 태도모델(multiattribute attitude model)이다. 다속성 태도모델에 의하면 대상(브랜드, 점포 등)은 여러 속성(attributes)을 가지고 있으며, 대상에 대한 태도는 각 속성에 대한 소비자의 평가에 의해 결정된다.

소비자는 외부정보, 경험 혹은 추론을 바탕으로 대상에 대한 여러 가지 신념들을 형성하지만 이 중 자신에게 더욱 부각되는 신념들(salient beliefs)만을 바탕으로 태도를 형성한다. 소비자들이 태도 형성 시 고려하는 속성들에 대한 신념들의 수는 보통 5개에서 9개를 넘지 않는다.

다속성 태도모델은 조직의 의사결정자에게 유용한 정보를 제공한다는 점에서 폭넓은 지지를 받았다. 이유는 다속성 태도모델을 이용할 경우, 태도형성에 영향을 미친 속성신념을 파악할 수 있을 뿐 아니라 자사에 유리한 방향으로 태도를 변화시킬 수 있는 전략의 수립이 가능하다. 태도형성을 설명하기 위해 여러 가지 다속성 태도모델이 개발되었는데, 본 책에서는 Fishbein 태도모델과 속성만족도 중요도 모델을 설명한다.

### (1) Fishbein 태도모델

피시바인(Fishbein, 1963)은 대상에 대한 개인의 태도가 그 대상의 부각 속성들에 대한 신념(belief)과 이 속성들에 대한 평가(attributes evaluation)에 의해 결정된다는 태도모델을 제안하였다. 원래 Fishbein 태도모델(Fishbein attitude model)에서 대상은 사람, 사물, 의견, 기관 등 태도의 대상이 될 수 있는 것은 무엇이든지 상관없다. 이하에서는 대상을 제품, 브랜드 등에 적용시켜 설명한다.

신념(belief)은 소비자가 특정제품의 속성과 관련하여 가지고 있는 주관적 의견을 가리킨다. 예를 들어, 소비자에 따라 '○○자동차'의 배기량은 크다는 신념을 가질 수도 있고 작다는 신념을 가질 수도 있다. 또한 이러한 속성에 대해 긍정적 평가(evaluation)를 할 수도 있고 부정적 평가를 할 수도 있다. 구체적으로, 한 소비자가 '○○자동차의 배기량은 크다'는 신념을 가지며, '배기량이 크면 파워가 강하기 때문에 좋다'고 생각한다면 이러한 속성신념과 속성평가는 태도에 긍정적으로 영향을 미칠 것이다. 반대로 다른 소비자는 '○○자동차의 배기량은 크다'는 신념을 가지며, '배기량이 크면 연료가 많이 들어 나쁘다'고 생각한다면 이는 태도에 부정적으로 영향을 미칠 것이다. 이처럼 소비자가 한 대상의 속성에 대해 동일한 신념을 가지더라도 그 속성에 대한 평가에 따라 태도는 달라진다.

Fishbein의 태도모델은 다음의 함수식으로 표현된다.

$$A_0=\sum_{i=1}^{n} b_i e_i$$

$A_0$ : 대상에 대한 태도(attitude)

$b_i$ : 그 대상이 속성 $i$에서 어떨 것인가에 대한 신념(belief)

$e_i$ : 속성 $i$에 대한 소비자의 평가(evaluation)

$n$ : 고려되는 부각 속성들의 수

먼저 신념은 한 브랜드가 특정속성에서 어떨 것인가에 대한 소비자의 생각을 가리킨다. 다시 말하면 이는 특정 브랜드와 속성과의 관계에 대한 소비자의 신념으로, 평가적 판단(evaluation judgement)과는 무관하다. 이는 소비자의 경험, 외부정보, 혹은 추론(추측)에 의해 결정된다.

속성에 대한 평가는 한 제품군의 특정속성이 어떠하다는 사실이 소비자에게 바람직한가를 반영하며, 평가적 판단에 관한 것이다. 신념의 강도는 특정 브랜드에 대한 것인 데 비해 속성에 대한 평가는 제품군에 관한 것이다.

이 모델에 의하여 소비자가 각 상표에 대해 갖는 태도는 각 속성별로 신념과 평가를 곱한 후, 이 값들을 모두 합한 것이다.

### (2) 속성 만족도-중요도 모델

사회심리학 분야에서 개발된 Fishbein 태도모델은 소비자의 태도형성을 설명하기 위해 개발된 것이 아니므로, 소비자행동에 적용하기 위해 보다 적합한 다속성 태도모델로서 속성 만족도-중요도 모델(attribute satisfaction-importance model)을 개발하였다(Bass & Talarzyk, 1972). 이 모델은 대상(브랜드)에 대한 태도는 각각의 부각속성에 대한 소비자 만족도와 그 속성을 중요시하는 정도에 의해 결정된다고 보는 것이다.

속성만족도 중요도 모델의 기본식은 다음과 같다.

$$A_0 = \sum_{i=1}^{n} B_i I_i$$

$A_0$ : 특정제품에 대한 태도

$B_i$ : 그 제품이 특정속성에 있어서 얼마나 만족스러운가에 대한 신념 (belief)

$I_i$ : 소비자가 속성 $i$에 대해 부여하는 중요도(importance)

$n$ : 소비자에게 부각되는 속성의 수

이 모델에 의하면 이 소비자가 각 브랜드에 대해 갖는 태도는 각 속성의 만족도에 대한 신념과 각 속성의 중요도를 곱한 후, 이 곱한 값들을 모두 합한 것이다.

### (3) 두 모델의 차이점

Fishbein 태도모델은 사회심리학 분야에서 개인이 어떤 대상에 대한 태도를 형성하는 과정을 설명하기 위해 개발되었는데, 소비자행동 연구자들이 소비자의 브랜드 태도를 형성하는 과정을 설명하기 위해 도입하였다. 그런데 소비자행동 연구에서는 소비자가 한 브랜드에 대해 갖는 태도뿐만 아니라 여러 브랜드 중에서 특정 브랜드를 선택할 때 왜 그 브랜드를 선택하는지(선호하는지)를 설명하는 것이 중요하다. 이러한 이유로 인해 속성 만족도-중요도 모델은 소비자행동 연구자들에 의해 여러 대상에 대한 상대적 태도(즉, 선호도)의 형성을 설명하기 위해 개발되었다. 따라서 소비자의 선호(preference)를 설명하는 데는 속성만족도 중요도 모델이 더 나은 것처럼 보일 수 있다.

그러나 Fishbein 태도모델의 지지자들은 다음의 이유로 Fishbein 태도모델은 소비자의 태도형성을 설명하는 데 전혀 부족하지 않으며, 따라서 별도의 모델이 필요하지 않다고 주장한다.

첫째, Fishbein 태도모델은 다음의 이유로 속성 만족도–중요도 모델의 '속성 중요도'에 대한 정보를 내포한다. ① 중요한 속성일수록 소비자의 평가는 극단적으로 나타난다. 예를 들어, 승용차의 연비를 중시할수록 연비가 높다는 사실을 매우 긍정적으로 평가한다. ② 중요한 속성일수록 소비자의 신념은 뚜렷하다. 예를 들어, 승용차의 연비를 중시할수록 연비에 대한 보다 확실한 정보를 갖는다. 즉 이러한 두 가지 정보는 속성 만족도–중요도 모델의 '중요도'에 관한 정보를 내포하므로 별도로 중요도를 측정할 필요가 없다.

둘째, B는 속성 만족도에 관한 것이므로 속성 만족도–중요도 모델은 어떤 대상에 대한 태도(전반적 평가)보다 전반적 만족도에 관한 것으로 볼 수 있다. 이 점에서 태도형성을 설명하는 데는 Fishbein 태도모델이 보다 적절하다.

### (4) 두 모델의 유사성

Fishbein 태도모델과 속성 만족도–중요도 모델 두 가지 모두 보완적 태도모델(compensatory attitude model)이다. 즉, 한 속성의 약점이 다른 속성의 강점에 의해 상쇄된다. 예를 들어, 어떤 소비자가 ○○TV는 가격이 조금 비싸지만 화질이 매우 우수하다고 생각하면 전체적으로 호의적인 태도를 가질 수 있다. 이와 같은 모델을 기대–가치 모델(expectancy–value model)이라고도 한다. 이는 각 브랜드가 각각의 속성에 있어서 어떠할 것이다(likelihood)라는 기대와 그 제품(군)이 그러한 속성을 갖는다는 것이 그 소비자에게 얼마나 바람직한가(desirable, valuable)에 대한 주관적 가치판단이 곧 그 브랜드에 대한 태도형성의 토대가 된다고 보기 때문이다. Fishbein 태도모델과 속성 만족도-중요도 모델에서 b와 B는 기대에 해당하고 e와 I는 가치에 해당한다.

## 4. 관여도와 태도에 관한 이론

소비자들이 브랜드에 대한 태도를 형성하는 데 영향을 미치는 중요한 것들 중의 한 가지는 설득적 메시지이다. 설득적 메시지에는 광고, 판매원의 노력, 구전 등 여러 가지가 있으나 주로 광고메시지의 설득적 효과에 관하여 많은 연구가 수행되었다. 앞에서 설명한 인지적 학습이론은 소비자가 어떤 브랜드에 대해 갖는 구체적 신념을 토대로 태도의 형성/변화가 이루어진다는 것이다. 소비자가 고관여된 제품군에 대한 설득적 메시지에 노출되는 경우 주의를 기울이며 이에 따라 속성신념이 비교적 구체적으로 형성될 수 있다. 따라서 인지적 학습이론은 소비자가 고관여된 제품군에 대한 메시지에 노출된 경우의 태도 형성 변화를 설명하는 데 잘 적용될 수 있다.

그러나 현실적으로 소비자가 접하게 되는 설득적 메시지의 해당 제품군에 고관여된 경우는 드물다고 할 수 있다. 즉, 소비자는 하루에도 수없이 많은 광고에 노출되지만 대부분의 경우 그 제품군에 대한 관여도는 낮다. 그러나 이러한 경우에도 소비자는 자신도 모르게 그 광고의 영향을 받으며, 브랜드 태도가 형성/변화되는 경우는 매우 흔하다. 이 분야 연구의 기본 제안은 소비자가 어떤 제품군에 대해 관여된 정도가 낮은 경우에는 인지적 학습이론이 제안하는 방식으로 태도형성/변화가 이루어지지 않는다는 데 있다. 이하에서는 설득적 메시지(특히, 광고)에 노출된 경우, 관여도에 따라 소비자의 태도 형성/변화 과정이 어떻게 다른지에 관해 살펴본다.

## 1) 광고태도와 상표태도

### (1) 상표태도[7]에 대한 광고태도의 영향

Fishbein 태도모델을 설득적 메시지 효과에 적용시키면, 소비자는 한 상표의 설득적 메시지에 노출되어 설득되는 경우, 그 상표에 대한 속성신념을 형성하고 이를 토대로 긍정적 상표태도(brand attitude)를 형성하는 것으로 볼 수 있다. 이러한 견해는 광고효과를 설명하는 전통적 견해인데, 이러한 전통적 견해의 대안적 견해로서 속성신념 못지않게 광고에 대해 갖는 태도(ad attitude: 이하 광고태도)가 중요하다는 주장을 하였다(Mitchell & Olson, 1981). 즉, 소비자가 광고에 대해 호의적 태도를 가질수록 그의 상표태도는 호의적이 된다는 견해이다. 이는 광고에 대한 감정이 관련 대상인 그 상표에 대한 감정으로 자연스럽게 전이된다는 감정전이(affect transfer)에 의해 설명된다. 이러한 주장은 이 분야 연구자들에게 수용되었으며, 다른 연구자들은 이러한 견해를 더욱 발전시켰다.

관여도를 인지적 관여(cognitive involvement)와 감정적 관여(affective involvement)로 구분한 연구가 있다(Park and Young, 1986). 이 연구에 의하면, 소비자가 광고 메시지에 관심을 가지는 것은 실용적 동기(utilitarian motive) 때문일 수도 있고 쾌락적 혹은 상징적 동기(hedonic or symbolic motive) 때문일 수도 있다. 그리하여 그 동기가 실용적인 경우 소비자는 그 메시지에 인지적으로 관여되지만, 쾌락적 혹은 상징적인 경우는 감정적으로 관여된다. 그들은 관여의 유형과 정도에 따라 상표태도 형성

7) 여기서 상표태도는 특정브랜드 제품에 대한 태도를 의미한다.

의 선행 변수가 어떻게 다른지에 관해 연구하였다. 이 연구에서는 소비자가 인지적으로 높게 관여된 경우의 상표태도는 주르 속성신념으로부터 영향을 받는 것으로 나타났다. 그러나 감정적으로 높게 관여도거나 인지적 관여도가 낮은 경우의 상표태도는 주로 광고태도로부터 많은 영향을 받는 것으로 나타났다.

또 다른 연구로 소비자가 광고에 대해 호의적 태도를 가지면 광고메시지의 주장을 더욱 받아들이는 경향이 있을 것으로 보았다(MacKenzie, Lutz, and Belch, 1986). 그리하여 광고태도는 상표태도에 직접적으로뿐만 아니라 상표속성신념을 통해서도 영향을 미친다는 것을 제안하였는데 이러한 주장은 실증적으로 지지되었다.

#### (2) 광고태도 영향력의 시사점

상표태도에 대한 광고태도의 영향력이 제기되기 전에도 광고기획자들은 광고를 기획할 때 광고가 가급적 설득력이 높고, 주의를 유발할 수 있으며, 보다 쉽게 기억할 수 있도록 하는 데 관심을 기울여 왔다. 그런데 광고태도의 영향력에 관한 연구에 따르면 소비자는 광고에 호의적 태도를 가지면 자연스럽게 상표에 대해서도 호의적이 된다. 이는 광고를 기획할 때 가급적 소비자가 그 광고를 좋아하도록 기획이 이루어져야 된다는 중요한 시사점을 제공한다. 이러한 고려는 그 제품이 많은 소비자들에게 대체로 저관여 제품에 속하거나 소비자의 쾌락적 혹은 상징적 동기와 관련되는 것이면 더욱 필요하다.

### 2) 정교화가능성 모델

설득적 메시지에 노출된 경우 소비자의 태도형성과정에 관한 연구들

중 중요한 또 다른 연구는 태도형성경로와 관련된 정교화가능성 모델(elaboration likelihood model: ELM)이다(Petty & Cacioppo, 1981).

정교화가능성 모델은 태도형성의 두 가지 경로를 제안한다. 정교화가능성(elaboration likelihood)은 소비자가 설득적 메시지에 노출될 때, 메시지 정보에 주의를 기울이며 자신의 욕구와 관련지어 정보를 처리하려는 노력의 정도를 말한다. 정교화가능성이 높을 때 태도는 주로 제품정보에 영향을 받아 형성되는데, 이때의 제품정보를 중심단서라 부르고 이러한 태도형성 경로를 중심경로(central route)라고 하였다. 반면에 정교화 가능성이 낮을 때는 광고모델, 음악 등 실행적 단서에 주로 영향을 받는데, 이러한 것들을 주변단서라 부르고 이때의 태도형성 경로를 주변경로(peripheral route)라고 하였다.

정교화가능성 모델에 따르면, 중심경로를 통하여 형성된 태도는 비교적 장기간 지속되며, 부정적 정보에 노출되더라도 이에 저항적이며(resistant), 행동에 영향을 미칠 가능성이 높다. 주변경로를 통하여 형성된 태도는 비교적 일시적이고, 부정적 정보에 노출되면 쉽게 변할 수 있으며, 행동으로 이어질 가능성이 낮다. 그런데 정교화가능성은 소비자의 제품정보처리 동기(motivation)와 능력(ability)에 의해 결정된다. 일반적으로 제품정보를 처리하려는 동기와 능력이 클수록 정교화가능성은 커지게 된다. 구체적으로, 제품정보가 자신과의 관련성(personal relevance)이 높은 경우, 소비자는 그 제품정보를 처리하려는 동기가 높아진다. 또한 소비자가 제품정보처리 능력이 많을수록 정교화가능성은 커지게 된다. 정교화가능성 모델은 [그림 6-1]과 같이 요약될 수 있다.

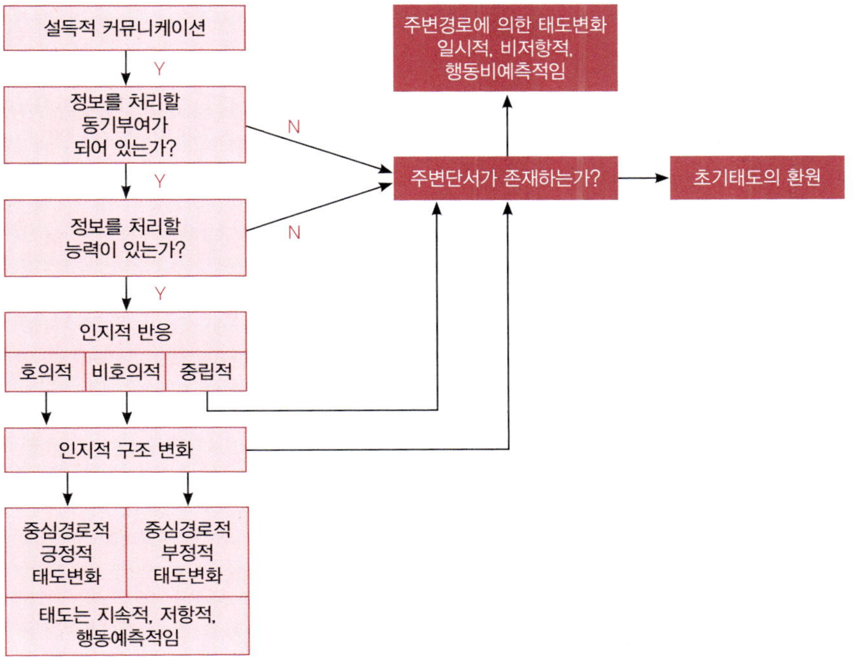


[그림 6-1] **정교화가능성 모델의 구조**

정교화가능성 모델에 의하면 소비자에게 노출된 정보에 대한 소비자의 관련성 정도가 태도형성 경로를 결정하는 중요한 변수이므로, 정교화가능성 모델은 관여도와 관련지어 설명할 수 있다. 즉, 고관여 소비자는 정보처리에 상당한 노력을 기울일 것이고, 반대로 저관여 소비자는 정보처리에 그다지 노력을 기울이지 않을 것으로 기대된다. 따라서 고관여 소비자들은 주로 중심경로에 의해 태도를 형성하며, 중심단서(제품정보)가 주변단서(판매원의 인상, 광고모델의 매력도)보다 태도형성에 더 많은 영향을 미치게 된다. 반면 저관여 소비자들은 주로 주변경로에 의해 태도를 형성하므로 주변단서의 영향력이 더 크다.

### 3) 인지적 반응이 태도에 미치는 영향

소비자가 설득적 커뮤니케이션에 노출될 때 소비자의 태도 형성 변화를 설명하는 또 다른 연구의 흐름은 인지적 반응(cognitive responses)과 정서적 반응(emotional responses)에 관한 것이다. 이 견해에 따르면 소비자의 태도는 설득적 메시지 그 자체에 의해 영향을 받는 것이 아니라 그 메시지에 대한 소비자의 반응에 영향을 받는 것이다. 예를 들어, 어떤 회사의 신제품이 매우 우수하다는 광고물에 노출될 때, 그 회사 제품에 대한 과거의 경험이 만족스러우면 메시지를 긍정적으로 받아들이지만, 불만족한 소비자는 그 메시지 내용을 평가절하하거나 무시해 버릴 수 있는 것이다. 설득적 메시지에 대한 소비자반응은 인지적 반응과 정서적 반응으로 구분될 수 있다.

#### (1) 인지적 반응

인지적 반응은 소비자가 정보처리를 하는 동안 자연스럽게(spontaneously) 갖는 생각으로서 이를 광고와 관련지으면 광고 메시지에 대한 것, 광고시행에 대한 것, 그리고 광고와 무관한 것 등이 있다(Greenwald, 1968; Wright, 1973).

먼저, 광고 메시지에 대한 것으로 지지주장과 반박주장이 있다. 지지주장(support arguments)은 소비자가 메시지에 동의하는 생각으로, 예를 들어, '저 약은 나의 관절염을 낫게 하는 데 도움이 될 것 같다', '저 세제를 사용하면 세탁이 더욱 잘될 것 같다'와 같은 생각을 자기도 모르게 할 수 있다. 반박주장(counterarguments)은 메시지 내용을 부정하는 생각으로 '저 약도 별수 없을 것이다', '저 세제보다는 내가 사용하는 세제가 더 낫다'와 같은 생각은 반박주장에 해당한다. 동일한 메시지에 대해 개인마다 얼마든지 다른 반응을 할 수 있다.

광고실행에 대한 반응으로는 실행지지와 실행격하가 있다. 실행지지(execution bolstering)는 광고 실행에 대한 긍정적 반응으로, 예를 들어, '저 광고의 제작사는 배경이 멋진 곳을 잘 찾아서 촬영을 했다'는 생각은 이에 해당한다. 실행격하(execution derogation)는 광고 실행에 대한 부정적 반응으로, '뭐 저런 부적절한 모델을 사용했을까' 하는 생각은 이에 해당한다.

그런데 소비자가 광고 혹은 다른 설득적 커뮤니케이션에 노출될 때 인지적 반응의 총수에 영향을 미치는 요인에는 다음과 같은 것들이 있다(David et al., 1996).

- 광고매체: 방송매체보다 인쇄매체 광고에 노출되면 정보처리 속도를 통제할 수 있어 인지적 반응이 많이 유발된다.
- 관여도: 광고내용이나 광고제품에 고관여될수록 정교화가능성이 높아지므로 인지적 반응의 수가 더 많아진다.
- 지식수준: 제품지식 혹은 일반적 지식 수준이 높을수록 메시지 이해도가 높고 다른 것들을 연상할 수 있으므로 인지적 반응이 많아진다.
- 주의집중/분산: 주의가 집중되는 상황일수록 더 많은 인지적 반응이 유발된다.
- 인지욕구(need for cognition): 소비자의 인지에 대한 욕구가 클수록(즉 사고를 좋아할수록) 인지적 반응이 많아진다.
- 정서유발 광고: 긍정적인 정서(emotion)를 유발할수록 인지적 반응의 수는 적다.

### (2) 인지적 반응이 상표태도에 미치는 영향

인지적 반응은 소비자의 상표태도에 영향을 미치는데, 지지주장과 실행지지는 긍정적으로, 그리고 반박주장과 실행격하는 부정적으로 영향을 미친다. 즉, 제품광고에 노출된 소비자가 지지주장과 실행지지를 더 많이 떠올릴수록 긍정적인 상표태도가 형성된다. 반면에 소비자가 반박주장이나 실행격하를 많이 할수록 부정적인 상표태도가 형성된다. 또한 지지주장과 반박주장 같은 메시지 관련 반응은 소비자가 고관여 상태일 때 많이 일어나는 경향이 있으며, 실행지지나 실행격하 같은 광고 실행에 관한 반응은 저관여 상태일 때 비교적 많이 발생하는 경향이 있는 것으로 밝혀지고 있다.

이를 정교화가능성 모델과 관련지어 설명하면 고관여 소비자는 중심단서에 대한 반응을 많이 하며 저관여 소비자는 주변단서에 대한 반응을 많이 한다. 인지적 반응에는 그 밖에 호기심(curiosity)과 무관한 생각(irrelevant thoughts)이 있는데 호기심은 그 제품에 대해 보다 자세히 알고 싶어 하는 생각이며, 무관한 생각은 제품이나 광고와는 전혀 관련성이 없는 생각이다. 이 두 가지는 태도에 긍정적 혹은 부정적인 영향을 미치지 않는다.

### (3) 인지적 구조와 인지적 반응

어떤 대상에 대한 인지적 구조(cognitive structure)는 그 대상과 개념들로 구성되는데, 스키마(schema)[8]와 같은 것으로 볼 수 있다. 예를 들어,

8) 네트워크 형태의 지식구조에는 스키마(schema)와 스크립트(script)가 있다. 스키마는 한 개념과 관련된 서술적 지식들 간의 연상적 네트워크이다. 즉 소비생활과 관련된 다양한 개념들에 대한 스키마를 소비자들은 기억 속에 저장하고 있다. 추가적으로, 스크립트는 절차적 지식들 간의 연상적 네트워크를 말하며, 일반적으로 어떤 상황에서 소비자가 취

소비자는 '○○콜라는 단맛이 강하고 탄산이 약하다'와 같은 인지적 구조를 가질 수 있다. 앞서 설명한 Fishbein 태도모델은 대표적인 인지적 구조모델이다. 즉 한 브랜드에 대한 인지적 구조가 그 브랜드의 태도를 결정 짓는다고 보는 것이다. 이 분야 연구자들은 인지적 반응이 태도에 영향을 미치는 데는 인지적 구조가 매개(mediate)한다고 주장한다. 다시 말하면, 인지적 반응은 인지적 구조에 영향을 미치며 인지적 구조는 다시 태도에 영향을 미친다는 것이다.

태도형성을 설명하는 데 인지적 구조모델과 인지적 반응도델은 독립적으로 제기되었지만, 이 두 가지 견해를 통합하고자 하는 연구도 있었다(Belch, 1982; Lutz & Swasy, 1977). 인지적 반응, 인지적 구조, 그리고 태도와의 관계를 [그림 6-2]와 같이 제시하였다. 이 모델은 소비자가 광고노출 이전에 그 제품에 대한 인지적 구조와 태도를 형성하고 있지 않은 경우(예를 들어, 신제품)와 형성하고 있는 경우(예를 들어, 어느 정도 아는 제품) 모두 적용된다. 이 모델에 의하면 광고노출에 다른 인지적 반응은 새로운 인지적 구조를 형성하거나, 기존의 인지적 구조를 변화시키는 데 영향을 미치는 긍정적 인지반응은 인지적 구조에 긍정적으로, 부정적 인지반응은 부정적인 영향을 미친다. 이렇게 형성 혹은 변화된 인지적 구조는 다시 태도형성 혹은 변화에 영향을 미친다.

[그림 6-2] 인지적 구조/인지적 반응 결합 모델

해야 할 적절한 행위의 절차에 관한 지식을 포함한다.

## 4) 정서적 반응이 태도에 미치는 영향

### (1) 정서적 반응의 의미와 종류

앞에서 서술한 바와 같이 소비자가 광고에 노출된 후 상표태도를 형성하는 데는 광고태도가 상당한 영향을 미칠 수 있다는 주장이 제기되고 여러 연구자들에게 받아들여졌다. 이러한 연구는 그 후 소비자의 정서적 반응(감정적 반응, emotional responses)에 대해 관심으로 발전하였다. 소비자의 정서적 반응은 광고를 시청하는 동안에 자연스럽게 가질 수 있는 느낌(feelings) 혹은 감정(emotion)을 말하는데, 인지적 반응이 차가운 반응(cold responses)이라면 정서적 반응은 뜨거운 반응(hot responses)이라고 할 수 있다.

### (2) 정서적 반응이 상표태도에 미치는 영향

앞에서 설명한 바와 같이 인지적 반응은 인지적 구조의 형성 혹은 변화를 가져오고 이는 다시 상표태도 형성 혹은 변화에 영향을 미치는 데 반해, 정서적 반응은 광고태도에 영향을 미치고 이는 다시 상표태도에 영향을 미치는 것으로 밝혀지고 있다([그림 6-3] 참조). 이 중 긍정적 반응은 광고태도와 상표태도에 긍적으로, 그리고 부정적 반응은 부정적으로 영향을 미치는 것으로 밝혀지고 있다.

또한 정서적 반응의 영향력은 소비자가 그 제품의 소비경험이 없는 경우에 보다 강하게 나타는 경향이 있다. 이는 소비자가 소비경험을 가지고 있는 경우 정서적 반응보다는 광고노출 이전의 기존 상표태도가 광고노출 이후의 상표태도에 크게 영향을 미치기 때문이다.

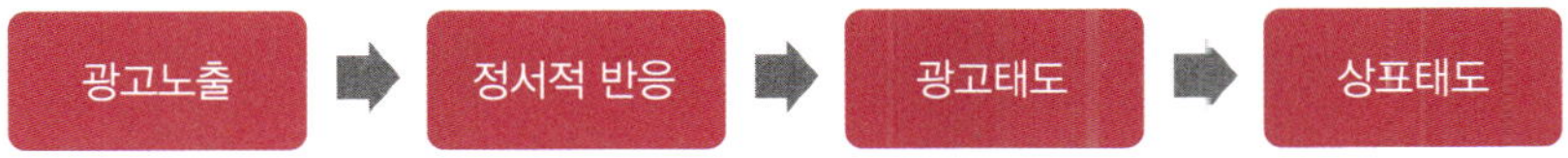


[그림 6-3] **정서적 반응, 광고태도, 그리고 상표태도의 관계**

#### (3) 정서적 반응이론의 시사점

이 분야의 연구결과들은 소비자가 광고에 노출된 후 보다 호의적인 상표태도를 갖도록 하기 위해서는 가급적 소비자가 광고를 시청하는 동안 긍정적인 감정을 유발할 수 있도록 광고를 실행해야 함을 시사한다. 그런데 이러한 광고는 소비자가 아직 소비경험을 갖지 않은 제품인 경우에 보다 큰 소구력을 가질 수 있을 것이므로, 특히 신제품 광고기획 시 고려할 필요가 있다.

## 5. 태도변화에 대한 이론

### 1) Heider의 균형이론

균형이론(Balance Theory)에 따르면, 사람들은 자신들이 가지고 있는 신념과 태도들 간에 일관성(조화)을 유지함으로써 심리적으로 편안한 느낌을 가지고 싶어한다. 균형이론은 개인의 태도들 간에 불균형이 발생할 경우, 균형을 회복하기 위해 기존의 태도를 변화시키며 이에 따라 심리적 편안함이 유지되는 것으로 제안한다(Heider, 1946). Heider는 개인의 태도변화 과정을 설명하기 위해 태도와 관련된 세 요소들 간의 삼각관계(triad)를 이용한다. 이 삼각관계는 개인(person; P), 태도 대상(attitude object; O), 관련 대상(X) 간의 관계로 구성되어 있다. 세 요소들 중 어느 두 요소들 간의 관계는 긍정적 관계(+) 혹은 부정적 관계(−)

로 설정된다. 세 요소들 간의 가능한 관계는 [그림 6-4]에 나타난 바와 같이 여덟 가지가 있다. 상황에 따라 구성요소 간의 삼각관계는 균형 혹은 불균형을 이루게 된다.

각각의 상황이 균형상태인지 불균형상태인지를 판단하는 과정은 다음과 같다.

첫째, + 부호에는 +1, − 부호에는 −1을 할당한다.
둘째, 세 개의 값들(+1 혹은 −1)을 곱한다.
셋째, 곱해진 결과가 +1이면 균형상태이고 −1이면 불균형상태이다.

예를 들어, #1의 경우 곱셈결과는 +1이므로 균형상태이고, #5의 경우 곱셈 결과는 −1이므로 불균형상태가 된다.

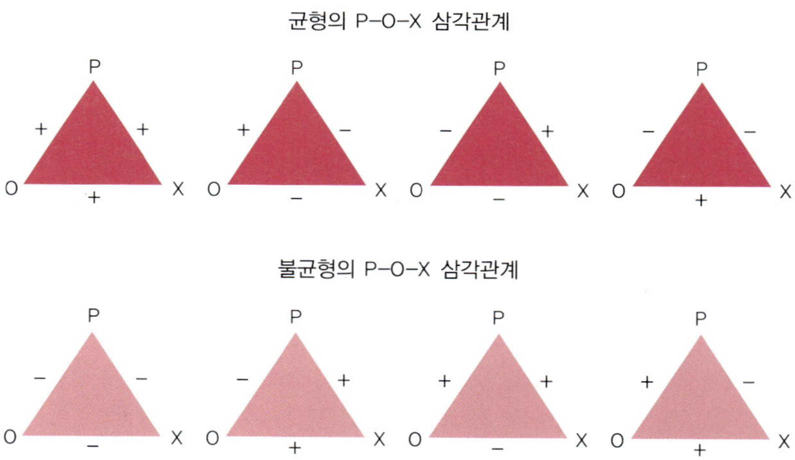


* 여기서 +는 두 요소들 간에 긍정적 관계, 그리고 −는 부정적 관계를 나타낸다.

[그림 6-4] **균형 및 불균형의 P-O-X 삼각관계**

소비자의 실제적인 태도형성 및 변화과정은 Heider의 균형이론이 제시하는 삼각관계의 경우들보다 복잡하지만, 이러한 기본적 유형의 분석은 태도가 어떻게 변화하는지를 이해하는 데 도움을 줄 수 있다.

### 2) Osgood and Tannenbaum의 일치성 이론

균형이론은 + 혹은 − 관계의 강도, 예를 들어 "아주 호의적임"과 "조금 호의적임"을 구분하지 않는다. 그러므로 이 상황에서 소비자(P)가 "P~0" 관계를 −에서 +로 변화시킬지, 혹은 "P~X" 관계를 +에서 −로 변화시킬지를 설명하지 못한다. 이에 대한 설명을 가능하게 하는 일치성 이론(Congruity Theory)은 균형이론을 발전시킨 것으로 태도의 강도를 고려한다(Osgood & Tannenbaum, 1981).

이 이론은 균형상태로 회복하는 과정에서 보다 강한 태도 값의 영향력이 더 큰 것으로 설명한다. 예를 들어, 어떤 소비자가 어떤 브랜드는 약간 싫어하고, 약간 싫어하는 브랜드의 모델에 대한 호감이 매우 강하다면, 부정적 태도보다 긍정적 태도가 더 강하므로 이 브랜드에 대한 부정적 태도는 긍정적 방향으로 크게 변하고, 이 브랜드의 모델에 대한 긍정적 태도는 부정적 방향으로 조금 변하여 회복될 수 있다(congruity is restored). 이 이론에 따르면 인기를 조금 얻고 있는 연예인이 평가가 매우 나쁜 제품의 광고에 출연하는 경우 자신의 연예인으로서의 인기에 치명적인 결과를 가져올 수 있음을 시사한다.

### 3) Festinger의 인지부조화 이론

인지부조화 이론(Theory of Cognitive Dissonance)에 의하면 두 개의 인지 간의 관계는 조화적(consonant) 관계, 부조화적(dissonant) 관계, 혹은 무관한(irrelevant) 관계 중 하나에 해당한다(Festinger, 1957). 이 중 조화적 관계는 "나는 ○○자동차를 샀다. 그런데 그 차는 최근 자동차 평가기관에서 높게 평가되었다"와 같이 두 개의 인지가 잘 부합하는 관계를 가리킨다. 부조화적 관계는 "나는 ○○자동차를 샀다. 그런데 그 차는 최근 자동차 평가기관에서 낮게 평가되었다"와 같이 두 개의 인지가 서로 충돌하는 상황이다. 무관한 관계는 "나는 ○○자동차를 샀다. 오늘 하늘이 푸르다"와 같이 두 개의 인지가 무관한 경우이다. 만약 어떤 시점에서 개인이 갖는 두 개의 인지 간에 충돌이 일어나면 이를 인지부조화라고 부른다.

### (1) 인지부조화를 경험하기 쉬운 상황

#### ① 중요한 의사결정을 한 이후

개인이 의사결정을 한 후 자신이 거절한 대안에 비하여 선택한 대안의 상대적 단점에 대한 인지와 자신의 선택에 대한 인지 간의 불일치가 인지부조화를 야기할 수 있다. 예를 들어, '나는 ○○자동차를 구매하였다'라는 인지와 그런데 이 자동차의 스타일은 '다른 ○○자동차에 비해 못하다'라는 인지는 부조화를 야기한다. 이와 같은 상황에서 발생하는 인지부조화를 의사결정 후 부조화(post-decision dissonance)라고 하는데 구매 후 부조화가 이에 해당한다.

개인은 일상생활에서 수없이 많은 의사결정을 하는데, 중요한 의사결정을 한 경우 부조화를 가지기 쉽다. 이는 중요한 의사결정일수록 그 의사결정이 잘못된 경우 개인에게 초래되는 손실 혹은 비용이 크기 때문이다.

② **태도불일치 행동(attitude discrepant behavior)을 한 경우**

개인이 처벌 혹은 보상 때문에 자신의 신념이나 태도에 반하는 행동을 한 경우 부조화가 발생한다. 보다 구체적으로 자신이 원하는 행동을 못하거나 원하지 않는 행동을 한 경우, 자신의 태도와 행동 간의 불일치로 인하여 인지부조화가 발생한다. 이때 처벌 혹은 보상의 크기가 작을수록 부조화는 더욱 크다. 이는 처벌 혹은 보상의 크기가 작을수록 자신의 태도불일치 행동을 정당화시키지 못하기 때문이다. 예를 들어, 소비자가 별로 좋아하지 않는 브랜드가 세일이어서 구매한 경우, '나는 그 브랜드를 그리 좋아하지 않는다'라는 인지와 '그런데 그 브랜드를 구매했다'라는 인지는 부조화를 야기한다. 이 경우 세일 폭이 작을수록 인지부조화는 크다.

③ **불일치 정보(discrepant information)에 노출된 경우**

개인이 의사결정 시 갖지 못했던 정보에 의사결정 후 노출될 수 있는데 그 정보가 자신의 의사결정에 배치되는 정보이면 인지부조화가 발생한다. 이때 의사결정이 중요할수록, 그리고 관여도가 클수록 부조화가 커진다. 예를 들어, 소비자가 고심 끝에 ○○자동차를 구매하였다. 그 후 몇 사람으로부터 '○○자동차는 트랜스미션이 약하다'라는 말을 들으면, '나는 ○○자동차를 구매하였다'라는 인지와 '그런데 이 ○○자동차를 만든 기업의 트랜스미션은 약하다'라는 인지는 부조화를 야기한다.

### (2) 인지부조화의 감소와 태도변화

균형이론에서 서술한 바와 같이, 사람들은 자신들이 가지고 있는 신념, 태도, 그리고 행동 간에 일관성(조화)을 유지함으로써 심리적으로 편안한 느낌을 가지고 싶어 한다. 개인은 인지부조화를 경험하면 이를 감소시킴으로써 인지적 조화(cognitive consonance)상태로 가려는 경향이 있으며, 이 과정에서 태도가 변화될 수 있다. 인지부조화가 발생하는 각각의 상황에 따라 어떻게 인지부조화가 감소되며, 태도가 변화하는지 서술한다.

**① 의사결정 후 부조화의 감소**

개인은 의사결정 후 부조화를 경험하면 이를 감소시키기 위하여 다음과 같은 심리적 과정을 겪을 수 있다. 즉, 자신의 부조화를 야기한 속성과 관련하여 선택한 대안이 거절한 대안에 비하여 (그리) 못하지 않다고 스스로 위안하거나 다른 장점이 많으므로 전체적으로는(보완적 방식) 선택한 대안이 더 낫다고 생각함으로써 부조화를 감소시키려고 한다. 예를 들어 ○○자동차를 구매한 소비자가 스타일 때문에 인지부조화를 경험하고 있다면, '○○자동차의 스타일도 그리 나쁘지 않다. 혹은 다른 △△자동차의 스타일이 반드시 좋지는 않다'라는 생각을 의도적으로 가질 수 있다. 이 과정에서 선택한 대안에 대한 태도가 보다 호의적으로, 그리고 거절한 대안에 대한 태도가 보다 비호의적으로 변할 수 있다. 또한 의사결정의 중요성을 의도적으로 낮추며 자신의 결정을 지지해주는 정보를 탐색하고 결정에 반하는 정보를 회피함으로써 부조화를 감소시키려는 노력을 할 수 있다.

**② 태도불일치 행동에 의해 발생하는 부조화의 감소**

처벌이나 보상 때문에 태도에 배치되는 행동을 한 경우 행동은 되돌릴 수 없으므로 자신의 신념이나 태도를 행동에 준하는 방향으로 변화시킴으로써 인지부조화가 감소될 수 있다. 혹은 주어지는 보상이나 자신이 모면했던 처벌을 보다 크게 생각함으로써 부조화를 감소시킬 수 있다. 예를 들어 소비자가 좋아하지 않는 브랜드를 세일(보상) 때문에 구매한 후 구매는 되돌릴 수 없으므로 그 브랜드에 대한 태도를 보다 긍정적으로 변화시킬 수 있다. 혹은 그 세일의 폭을 의도적으로 더 크게 생각함으로써 부조화를 감소시킬 수 있다.

### ③ 불일치 정보에 노출되어 발생한 부조화의 감소

불일치 정보에 노출되어 인지구조 속에 부조화를 갖는 개인은 부조화를 증가시킬 가능성이 있는 새로운 정보를 회피하려 한다. 그리고 이미 가지게 된 불일치 정보를 왜곡(distort)시킴으로써 부조화를 감소시키려 할 수 있다. 또한 결정의 중요성 자체를 의도적으로 낮춘다. 예를 들어 '○○자동차를 구매한 소비자가 그 차는 트랜스미션이 약하다'라는 말을 들어서 부조화가 발생한 경우, 글로벌 기업의 '○○자동차가 트랜스미션이 그리 약할 리는 없다' 혹은 '과거 그랬는지 몰라도 미국에서 잘 팔리는 것을 보면 지금은 그렇지 않을 것이다'라고 유입 정보를 왜곡함으로써 부조화를 감소시킬 수 있다. 이 경우 소비자는 자신이 구매한 ○○자동차에 대한 태도가 부정적으로 변화하는 것을 방지할 수 있다.

## 4) Sherif의 사회판단이론

소비자는 특정 브랜드에 대한 충성도(brand loyalty)가 강하면 경쟁 브랜드에 대한 설득적 메시지에 노출되더라도 설득이 잘 되지 않는다. 이는 그 제품군에 높게 관여된 경우 더욱 뚜렷하다. 이러한 현상은 사회판단이론(Social Judgment Theory)으로 설명이 가능하다(Sherif, 1967). 사회판단이론에 의하면, 개인은 설득적 메시지에 노출되었을 때, 그 메시지가 수용영역(attitude of acceptance)에 속하면 설득이 이루어지고, 거부영역(attitude of rejection)에 속하면 설득이 이루어지지 않으며, 중립영역(attitude of noncommitment)에 속하면 수용도 아니지만 그렇다고 거부도 아닌 입장을 취한다.

사회판단이론에 따르면 설득적 메시지의 수용영역과 거부영역의 크기는 메시지에 대한 개인의 관여정도(involvement level)에 의해 결정된다. 개인은 한 대상에 대한 관여도가 높을수록 자신의 의견을 강하게 가지는 경향이 있으며, 자신의 의견에 반하는 설득적 메시지에 대한 수용영역이 좁고 거부영역이 넓다. 따라서 소비자가 어떤 제품군에 높게 관여되어 있고 어떤 브랜드에 대해 비호의적인 경우 설득적 메시지에 노출되더라도 기존의 태도가 변화될 가능성은 낮다.

이에 비해 한 대상에 대한 관여도가 낮은 개인은 설득적 메시지에 대한 수용영역이 넓고, 거부영역이 좁다. 따라서 이러한 경우 소비자는 기존의 신념에 일치되는 메시지는 물론 기존의 신념에 반대되는 메시지에 대해서도 보다 수용적인 입장을 취한다. 예를 들어, 소비자가 자신이 평소에 사용해오던 ○○치약에 대한 부정적 정보에 노출되거나, 경쟁브랜드의 장점에 관한 정보에 접하게 될 때, '나는 ○○치약이 좋지만, 다른 치약도 고려해 볼 수 있다'라는 식의 반응을 보이게 된다. 따라서 저관여 소비자는 경쟁브랜드의 설득적 메시지에 노출될 때 고관여 소비자에 비해 그 정보를 비교적 쉽게 수용하며 이에 따라 태도가 쉽게 변화될 수 있다.

소비자는 메시지가 수용영역에 해당하면 실제보다 더 긍정적으로 해석하는 경향이 있는데, 이를 동화효과(assimilation effect)라고 한다. 반대로 기존태도 또는 신념에 상반되는 메시지, 즉 거부영역에 해당하는 메시지는 실제보다 더 부정적으로 해석하는데, 이를 대조효과(contrast effect)라고 한다. 관여도가 높을수록 수용 혹은 거부 입장이 분명하며, 일단 수용하면 동화효과가 크게 작용하여 더욱 긍정적으로 평가하지만, 거부하면 대조효과가 크게 작용하여 더욱 부정적으로 평가한다. 관여도가 낮은 소비자의 경우, 동화효과 또는 대조효과가 보다 덜 발생한다고 할 수 있다.

## 5) Bem의 자기지각이론

### (1) 자기지각이론의 개요

Bem(1972)은 사람들은 다른 사람의 행동을 관찰하여 그의 태도와 마찬가지로, 자신의 행동을 관찰하여 자신의 태도를 추론하는 것과 관찰하여 자신의 태도를 추론하는 경향이 있다고 주장하였다. 이와 같이 자기지각이론(self-perception theory)은 개인은 자신의 행동으로부터 태도를 결정지으며, 행동이 변하면 태도가 변한 것으로 추론한다.

왜 사람들은 이런 식으로 추론하는가? 이 이론을 제안한 Bem은 두 가지 이유를 제시하였다. 첫째, 부모들은 자녀들이 말을 배우기 이전에 자녀들의 좋고 싫음을 직접적으로 알 수 없기 때문에 그들의 행동에서 미루어 짐작한다. 이로부터 어린이들은 자신의 태도를 행동으로 표현하도록 간접적으로 배우게 된다. 어린 시절에 이렇게 자라게 됨으로써 사람들은 성인이 되어서도 자신의 행동은 곧 태도의 표출인 것으로 여기게 되는 것이다.

둘째, 사람들은 가끔 비논리적으로 생각한다. 구체적으로, 사람들은 자신이 좋아하는 것에 접근하기 때문에, 자신이 접근하는 것은 좋아하기 때문이라는 잘못된 결론을 내리는 경향이 있다. 이런 식의 추론은 사실 틀린 것이다.

### (2) FITD 기법에 의한 순응행동의 유인

FITD(Foot-in-the-Door)는 자기지각이론을 토대로 하여 개인의 순응(compliance)을 이끌어내기 위해 사용하는 기법으로, 처음에 작은 것을 요구하여 수용을 얻어낸 다음, 보다 큰 것을 요구하여 수용을 얻어내는 기법이다. 이 기법은 개인에게 작은 요구를 하여 그가 이를 수용하면 자신의 (수용)행동으로부터 자신이 그러한 행동을 지지하는 태도를 갖는 것으로 추론하도록 하고, 다음에 같은 종류의 더 큰 요구를 하여 먼저 추론한 태도로 인해 그 요구를 수용하도록 하는 기법이다.

FITD 기법에 관한 실험연구(Freedman & Fraser, 1966)는 다음과 같다. 주부들에게 안전운전에 대한 법규가 통과되도록 국회에 청원하게 서명해 달라는 요구를 하였다(작은 요구). 몇 주 후 그 요구에 동의했던 주부들에게 집 정원에 '조심해서 운전하세요(Drive Carefully)'라는 팻말을 부착하도록 요구했는데(큰 요구), 그들 중 다수는(55%) 그 요구를 들어주었다. 반면에 처음의 서명요구 없이 바로 팻말부착 요구를 받은 주부들 중 소수(17%)가 그 요구를 들어주었다.

이 연구결과는 자기지각이론에 의해 설명될 수 있다. 즉, 서명요구를 받고 이에 응한 주부들은 서명요구를 수용한 후, 자신을 '안전운전에 관심이 많은 건전한 시민'으로 생각하게 된다. 따라서 다음번에 더 큰 요구를 했을 때, 이미 호의적인 태도를 가지고 있었기 때문에 이를 쉽게 수용한다. 그러나 처음에 서명요구를 받지 않은 주부들은 그러한 태도 추론과정을 거치지 않았기 때문에 큰 요구를 받았을 때 대부분이 거절한 것으로 설명할 수 있다.

### (3) 귀인에 따른 태도변화와 과다정당화 효과

자기지각이론에 의하면, 개인은 자신의 행동을 관찰함으로써 행동에 준하는 태도를 추론하거나 그러한 태도가 형성된다. 그런데 이 경우 행동을 정당화하는 외적 요인이 많으면 그 행동을 자신의 태도보다 그 외적 요인에 귀인시킬 수 있다. 이는 과다정당화 효과(overjustification effect) 때문인데, 이는 행동 유발을 정당화하는 요인이 너무 많으면 어떤 요인은 그 행동의 귀인요인으로서의 성격이 약해지는 것을 말한다.

이를 세일에 따라 소비자가 구매하는 상황에 적용시켜 설명한다. 어떤 제품을 세일하면 원래 그 제품에 비호의적인 소비자가 구매할 수 있다. 이 경우 그는 자신의 구매로부터 '내가 이 제품을 구매한 것을 보면 그래도 이 제품을 어느 정도 좋아하는구나'라는 생각을 가질 수 있다(태도 변화). 이에 비해 그 제품에 호의적 태도를 가져 원래 구매하려던 소비자는 호의적 태도에 더하여 구매를 정당화시키는 세일이라는 외적 요인이 존재하여 과다정당화 효과가 발생할 수 있다. 이 경우 구매행동의 원인의 일부를 세일에 귀인시킴으로써 태도가 그전에 비해 덜 호의적으로 변화할 수 있다.

### 6) 태도형성/변화 이론들의 접근방법

지금까지 개인의 태도형성과 변화를 설명하는 여러 가지 이론들을 설명하였다. 이러한 이론들은 태도형성과 변화를 설명하는 데 있어서 각각 다른 접근방법을 취한다. 이하에서는 이러한 접근방법들을 설명하고 지금까지 설명한 각각의 이론이 어떠한 접근방법에 입각한 것인지를 서술한다.

기대-가치적 접근(expectancy-value approach)은 한 대상의 속성들이 각각 어떠할 것이라는 기대와 각 속성에 부여하는 가치가 그 대상에 대한 태도를 결정짓는다는 견해이다. Fishbein의 태도모델, 속성만족도-

중요도 모델 등 다속성 태도모델은 기대-가치적 접근에 입각한 것이다. 자기-설득적 접근(self-persuasion approach)은 개인이 설득적 메시지에 노출되었을 때 태도를 결정짓는 것은 메시지 내용 그 자체가 아니라 메시지 내용에 대한 개인의 긍정적 혹은 부정적인 반응이라는 견해이다. 인지반응 모델은 자기-설득적 접근에 입각한 것이다.

동기적 접근(motivational approach)은 개인은 자신의 신념들, 태도들, 행동들 간에 일관성(consistency)을 유지하고자 하는 동기를 갖게 되며 이에 따라 태도가 변화될 수 있다는 견해이다. 균형이론, 일치성이론, 그리고 인지부조화 이론은 동기적 접근에 입각한 이론들이다. 지각-판단적 접근(perceptual-judgmental approach)은 개인이 설득적 메시지에 노출되는 경우, 그 메시지의 대상에 대한 과거 경험에 따라 메시지를 달리 지각하게 되며, 이는 태도변화에 영향을 미친다는 견해이다. 사회판단이론은 지각-판단적 접근에 입각한 이론이다. 귀인적 접근(attributional approach)은 개인이 자신의 행동을 관찰하여 그 관찰의 원인을 추론하는(귀인) 과정에서 태도가 변화될 수 있다는 견해이다. 자기지각이론은 귀인적 접근에 의한 이론이다.

## 6. 태도와 구매행동의 관계

소비자는 제품에 대해 호의적인 태도를 가질수록 그 제품을 구매할 가능성이 높을 것으로 기대된다. 그러나 현실적으로 소비자가 더 좋아하는 제품 대신 덜 좋아하는 제품을 구매하는 경우는 얼마든지 있다. 왜 그런가? 이는 제품에 대한 태도는 구매에 영향을 미칠 수 있는 여러 요인들 중 하나에 불과하기 때문이다. 다만 모든 다른 것들이 동등하다면 소비자의 제품태도는 구매행동에 큰 영향을 미칠 수 있다. 구매행동이 태도와 다르게 나타나는 현상은 다음과 같은 다양한 측면에서 설명될 수 있다.

첫째, 소비자는 어떤 브랜드에 대해 호의적인 태도를 갖더라도 다른 브랜드에 더욱 호의적이면 그 다른 브랜드를 구매할 수 있다. 대부분의 경우 소비자는 선택대안들 중에서 한 가지를 선택하므로 구매에 영향을 미치는 것은 절대적 태도가 아니라 상대적 태도이다.

둘째, 태도측정시점과 구매행동 관찰시점 간의 시점차이에 따른 것이다. 즉 소비자가 어떤 제품에 대해 형성한 태도는 시간의 흐름에 따라 얼마든지 변할 수 있다. 그러므로 행동에 영향을 미치는 태도는 행동수행 직전의 태도이다.

셋째, 상황적 요인에 의해 구매행동이 영향을 받을 수 있다. 즉, 자신의 태도와는 다르게 주변 사람들의 의견에 영향을 받을 수 있다(합리적 행동이론의 주관적 규범). 체중조절 중인 소비자는 특정식품을 좋아하더라도 구매하지 않는다(제품에 대한 태도 VS. 제품 구매에 대한 태도). 또한 선호하는 상표가 품절인 경우 덜 선호하는 상표를 구매한다(계획적 행동이론 참조).

넷째, 소비자가 어떤 대상에 대해 갖는 태도와 그 대상과 관련된 행동에 대한 태도는 다르다. 소비자는 ○○자동차보다 다른 △△자동차를 더 좋은 차라고 생각하더라도 △△자동차를 구매하려면 비용지출이 크기 때문에 △△자동차를 구매하는 것보다 ○○자동차를 구매하는 데 더 호의적인 태도를 갖는다(합리적 행동이론의 제품 구매에 대한 태도).

다섯째, 태도의 비평가적 측면이 태도 구매행동 간의 관계에 영향을 미친다. 예를 들어 소비자가 어떤 상표에 매우 호의적인 태도를 갖더라도 구매 시 그 상표에 관련된 태도를 기억으로부터 인출할 수 없으면 그 상표를 구매하지 않게 된다.

본 절에서는 태도행동 간의 관계를 설명하기 위해 '합리적 행동이론'에 입각하여 제안된 확장된 Fishbein 모델과 이를 더욱 발전시킨 '계획적 행동 이론'을 설명한다. 끝으로 태도의 비평가적 측면에 대해 설명한다.

## 1) 합리적 행동이론과 확장된 Fishbein 모델

### (1) 합리적 행동이론

Fishbein은 자신의 태도모델이 행동에 대한 설명력이나 예측력이 그다지 높지 않음을 발견하고 자신의 생각을 더욱 발전시켰다. 그리하여 합리적 행동이론(Theory of Reasoned Action)을 토대로 하여 초기 태도모델을 수정한 확장된 Fishbein 모델을 개발하였다(Fishbein & Ajzen, 1975, 1980). 그들은 인간은 대부분의 경우 무의식적으로 행동하거나 기분에 따라 행동하지 않으며, 그 대신 어떤 행동의 수행여부를 결정할 때 그 행동의 수행결과가 자신에게 어떤 결과를 초래할 것인가를 합리적으로 생각하고, 그 결과가 긍정적인 결과를 초래할 것으로 생각할수록 그 행동을 수행할 가능성이 높다고 제안한다. 또한 대부분의 행동은 개인의 자발적 통제(volitional control)하에 있으므로 행동에 직접 선행하는 변수는 행동의도이다.

### (2) 확장된 Fishbein 모델의 구조

합리적 행동이론에 토대를 둔 확장된 Fishbein 모델(Extended Fishbein Model)의 특징은 다음과 같다([그림 6-5] 참조).

첫째, 행동에 선행하는 것은 행동의도(behavioral intention)이다. 그리고 행동의도는 개인적 요인과 사회적 요인에 의해 결정된다.

둘째, 행동의도에 영향을 미치는 개인적 요인은 '그 행동에 대한 태도'이다. 즉 이 모델은 행동에 영향을 미치는 것은 '대상에 대한 태도(attitude toward the object)'가 아니라 '대상과 관련된 행동에 대한 태도(attitude toward the behavior)'라고 제안한다. 예를 들어, 많은 소비자들이 어떤 옷을 살 때 옷이 보기에 좋으면 흔히 입어본다. 이는 그 옷을 사서 입는 경우 자신에게 잘 어울리는지를 보기 위한 것이다. 비록 보기에 마음에 들더라도(대상에 대한 태도) 자신에게 어울리지 않는다고 생각되면(행동에 대한 태도) 구매를 하지 않는다. 보다 쉬운 예로 많은 소비자들이 고급제품 자체는 좋아하더라도 그것을 구매하게 되면 상당한 비용지출을 해야 하기 때문에 구매하는 행동에 대해서는 부정적 태도를 갖는다.

또한 '대상에 대한 태도'의 결정요인과 '행동에 대한 태도'의 결정요인 간에는 차이가 있다. 초기의 Fishbein 태도모델의 태도($A_0$)는 부각 속성에 대한 신념($b_i$)과 각 속성에 대한 평가($e_i$)에 의하여 결정되는 것으로 보았으나, 확장된 Fishbein 모델의 태도($A_B$)는 행동으로부터 개인이 얻을 수 있는 결과에 대한 신념($b_i$)과 결과에 대한 평가($e_i$)에 의하여 결정되는 것으로 본다. 그러므로 대상에 대한 태도는 그 대상을 객관적으로 볼 때의 태도인 데 비해, 대상과 관련된 행동에 대한 태도는 주관적인 면이 강하다.

셋째, 행동의도에 영향을 미치는 사회적 요인은 주관적 규범이다. 주관적 규범(subjective norm: SN)은 그 행동과 관련하여 사회적 측면에서 생각할 때 어떻게 할 것인가에 대한 개인의 주관적 생각이다. 주관적 규범은 규범적 신념과 순응동기의 두 가지 요인에 의해 결정된다. 규범적 신념(normative belief: NB)은 준거집단 혹은 준거인이 자신의 행동을 지지 혹은 반대할 것인지에 대한 개인의 생각이다. 예를 들어, 고급 수입차를 구매하고 싶어하는(행동에 대해 긍정적 태도) 회사 사장은 사원들이 자신의 수입차 구매에 부정적일 것이라는 생각을 가질 수 있다. 순응동기(motivation to comply: MC)는 그 준거집단 혹은 준거인의 의견을 얼마나 수용하는가에 관한 것이다. 만약 그 사장이 자신이 생각하는 사원들의 뜻에 대한 순응동기가 크다면 수입차를 구매할 의도는 낮아진다. 반대로 순응동기가 낮다면 수입차 구매의도는 높을 것이다. 이와 같이 동일한 규범적 신념을 가졌더라도 순응동기에 따라 행동에 대한 주관적 규범의 영향력은 달라진다.

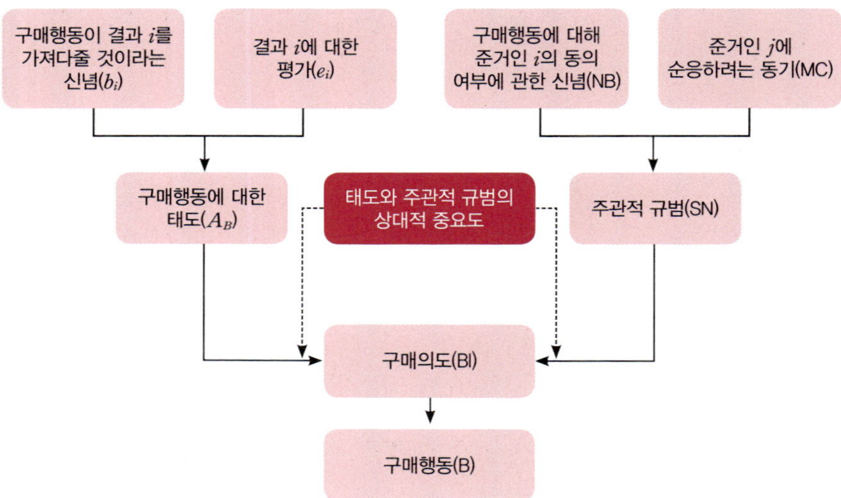


[그림 6-5] **확장된 Fishbein 모델의 개념적 틀**

### (3) 확장된 Fishbein 모델에 의거한 구매행동의 예측

지금까지 설명한 확장된 Fishbein 모델의 구조는 [그림 6-5]에 나타나 있으며, 이는 다음과 같은 수식으로 나타낼 수 있다.

$$B \approx BI = W_1 A_b + W_2 SN$$

여기서 $A_B = \sum_{i=1}^{n} b_i e_i$

$$SN = \sum_{i=1}^{m} NB_j MC_j$$

$B$ : 구매행동(behavior)

$BI$ : 구매의도(behavioral intention)

$A_B$ : 제품 구매행동에 대한 태도(attitude toward behavior)

$b_i$ : 구매행동이 결과 i를 가져다줄 것이라는 소비자 신념(규범적 신념에 비해 행동적 신념이라고 한다; behavioral belief)

$e_i$ : 결과 $i$에 대한 소비자 평가(evaluation)

$SN$ : 주관적 규범(그 행동과 관련하여 사회적 측면에서 생각할 때 어떻게 할 것인가에 대한 개인의 주관적 생각; subjective norm)

$NB_j$ : 규범적 신념(준거인 j가 그 행동에 관하여 지지할 것인지에 대한 개인의 신념; normative belief)

$MC_j$ : 준거인의 뜻에 순응하려는 동기(motivation to comply with referent j)

$n$ : 부각 속성의 수

$m$ : 중요한 준거인 혹은 준거집단의 수

$W_1 W_2$ : 상대적 중요도에 대한 가중치(weight)

### 2) 계획적 행동이론

합리적 행동이론은 개인이 어떤 행동 수행에 대해 호의적 태도를 가지고 또한 자신에게 중요한 사람들이 그 행동을 지지할 것으로 생각하면 그 행동의도를 갖고 이에 따라 행동이 수행되는 것으로 본다. 그러나 이 이론은 다음의 두 가지 상황의 소비자들의 행동을 설명하지 못한다.

- 상황 1: 소비자가 추석 휴가 동안 귀성을 하기 위하여 기차표를 매우 사고 싶고 또 자신의 기차표 구매를 주위 사람들이 지지할 것으로 생각했지만 매진되었을 것으로 생각하고 구매를 포기해 버렸다(구매의도가 형성되지 않음).
- 상황 2: 소비자가 날씨가 더워 에어컨을 구매하려고 가전매장에 갔으나 품절로 구매할 수 없었다(구매의도는 가지나 구매행동이 수행되지 않음).

이러한 상황을 설명하기 위하여 합리적 행동이론 이후 계획적 행동이론(Theory of Planned Behavior)이 제시되었다(Ajzen, 1988). 계획적 행동이론은 [그림 6-6]에서 볼 수 있듯이 행동에 대한 태도와 주관적 규범뿐만 아니라 지각된 행동 통제가 행동의도에 영향을 미칠 수 있는 것으로 보는 점이 합리적 행동이론과 다르다. 여기서 지각된 행동통제(perceived behavioral control)는 개인이 그 행동을 수행하는 것을 얼마나 쉽게 생각하는가를 말한다(perceived ease of performing the behavior).

그러므로 상황 1의 경우 소비자는 지각된 행동통제가 낮아 의도가 형성되지 않은 것으로 설명된다. 이에 비해 상황 2의 경우 소비자의 지각된 행동통제는 높으나 실제적 행동통제(actual behavioral control)가 낮아 의도대로 행동수행이 불가능하였다. 여기서 실제적 행동통제는 개인이 수행하고자 하는 행동을 실제로 수행할 수 있는가를 말한다. Ajzen은 행동통제를 결정짓는 요인은 자원(resources)과 기회(opportunities)라고 하였다. 상황 1의 소비자의 경우 자원은 있으나 기회가 없다고 생각하여 지각된 행동통제가 낮았다. 이에 비해 상황 2의 소비자는 자원과 기회가 모두 있을 것으로 생각하였기 때문에 지각된 행동통제는 높았다. 그러므로 행동의도는 태도, 주관적 규범, 그리고 지각된 행동통제의 함수이며, 행동은 행동의도와 실제적 행동통제의 함수이다.

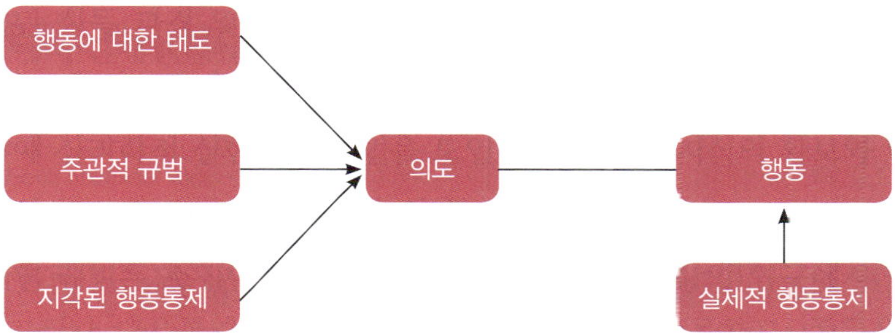


[그림 6-6] **계획적 행동이론**

### 3) 태도의 비평가적 측면과 태도행동 관계

일반적으로 태도와 행동 간에는 정(+)의 관계가 있는 것으로 받아들인다. 이는 태도의 평가적 측면(evaluative dimension)에 관한 것으로 어떤 대상 혹은 그 대상과 관련된 행동에 대해 보다 호의적 태도를 가질수록 그 행동이 수행될 가능성이 높다는 것이다. 합리적 행동이론은 이러한 전제하에서 개발된 이론이라고 할 수 있다. 태도의 비평가적 측면(non-evaluative dimensions)에 관한 연구에 따르면 태도-행동 간의 관계가 경우에 따라 달라질 수 있다. 즉 이 분야 연구자들에 따르면, 두 명의 소비자가 동일한 태도를 갖더라도(그리고 규범적 신념과 행동통제력이 같더라도) 행동은 다를 수 있는데, 태도의 비평가적 측면이 그 이유가 될 수 있다(Zanna & Fazio, 1982).

태도의 비평가적 측면은 태도의 접근가능성, 태도자신감, 태도저항성 등이다. 접근가능성(accessibility)이란 기존에 형성되어 장기기억에 저장된 태도에 단서가 주어지는 경우 얼마나 쉽게 인출되는가에 관한 것이다. 예를 들어, 소비자가 한 브랜드의 광고에 노출되어 사고 싶은 생각을 가졌는데 훗날 그 브랜드가 속한 제품군에 대한 의사결정을 할 때 그 호의적 태도가 인출되어야 그 브랜드를 구매할 수 있다. 태도자신감(attitude confidence)은 형성된 태도에 개인이 얼마나 자신감을 갖는가에 관한 것이다. 태도저항성(attitude resistance)은 반박정보에 노출되더라도 기존의 태도가 얼마나 지속적으로 유지되는가에 관한 것이다. 이 분야 연구자들에 따르면, 개인의 태도가 접근가능성, 자신감, 혹은 저항성이 클수록 태도 행동 관계가 높다는 것이다.

소비자의 태도 형성과정과 개성에 따라 태도 행동 관계는 다를 수 있는데, 이를 요약하면 다음과 같다.

- 직접경험에 의해 태도가 형성되었을수록 태도의 자신감, 접근가능성, 저항성이 높으며, 따라서 태도–행동 간의 관계는 높다. 이는 설득적 커뮤니케이션에 의해 태도를 형성하는 것보다 제품시용(trial)에 의해 태도를 형성하는 것이 그 제품구매에 보다 긍정적 효과를 가져옴을 시사한다.
- 광고에 노출되어 형성된 태도의 경우 광고노출 횟수가 많을수록 태도자신감과 접근가능성이 높으며, 따라서 태도–행동 관계는 높다. 이는 소비자가 동일한 광고에 계속 노출되는 경우 태도는 더 이상 호의적으로 변하지 않더라도 그 태도가 행동에 미치는 영향력은 커짐을 시사한다.
- 주변경로에 의해 형성된 태도보다 중심경로에 의해 형성된 태도의 경우 지속적이고, 저항적이며, 태도–행동 관계는 높다(정교화가능성

모델 참조).

- 개성에 따라 태도–행동 관계는 달라질 수 있다. 구체적으로, 자기감시성(self–monitoring)이 낮을수록 태도–행동 관계는 높다. 자기감시성은 개인의 행동이 외부적 상황으로부터 영향을 받는 정도를 말한다. 또 다른 개성변수인 인지욕구(need for cognition)가 높을수록 태도–행동 관계는 높다. 이는 그러한 소비자의 태도는 보다 심사숙고 과정을 거쳐 형성되었을 가능성이 높기 때문이다.
- 지각된 행동통제가 높을수록 태도와 행동의도의 관계가 높으며, 이에 따라 행동이 유발될 가능성이 높다.

# 소비와 프로모션

제7장

# 학습

소비자들은 일상생활에서 여러 가지 제품의 소비 혹은 사용경험을 의도적으로 혹은 우연히 여러 제품에 대한 정보에 노출된다. 소비자는 제품을 직접 경험하거나 간접적인 정보에 의하여 그 제품에 대한 기존의 신념 및 행동(의도)을 변화시킬 수 있는데 이를 학습(learning)이라고 한다. 학습의 연구방법에는 인지적 접근방법(cognitive approach)과 행동주의적 접근방법(behaviorist approach)이 있다. 인지적 학습은 사고과정(mental process)에 의하여 이루어지는 학습을 의미하며, 행동주의적 학습은 자극과 반응의 연결에 의하여 일어나는 학습을 의미한다. 본 장에서는 먼저 인지적 접근방법에 의한 학습을 설명한 다음 두 가지 행동주의적 접근방법에 의한 학습, 즉 고전적 조건화와 수단적 조건화를 다룬다. 끝으로 두 가지 학습의 절충에 해당하는 대리학습을 설명한다.

## 1. 인지적 학습

소비자는 문제인식을 했을 때 문제해결을 위한 정보를 기억 속에 충분히 보유하지 못한 경우 외적 탐색을 수행하고, 외적 탐색을 통하여 여러 선택대안에 대한 신념을 형성하거나 기존의 신념을 변화시키며, 이는 태도의 형성 혹은 변화를 가져와 특정 대안을 선택하는 의사결정

과정을 거친다. 이와 같은 의사결정과정은 사고과정에 의해 이루어지므로 의사결정과정 자체를 인지적 학습과정이라 볼 수 있다.

또한 소비자의 정보처리는 의사결정을 위한 외적 탐색과정에서 의도적으로 발생하기도 하고 혹은 우연히 외부정보에 노출되어 일어나기도 한다. 의도적이든, 우연적이든 정보처리에 의하여 그 대상에 대한 기존의 신념, 태도 및 구매의도가 변할 수 있기 때문에 인지적 학습은 주로 정보처리과정에 의해서 일어난다.

### 1) 가설검증과정으로서의 학습

소비자들은 제품이나 서비스에 대해 여러 가지 경로를 통해 배우게 된다. 예컨대 소비자들은 신제품 광고를 통해 새로운 제품이 출시되었다는 사실과 함께 그 제품이 어떤 기능을 갖고 있는가를 알게 된다. 또한 소비자들은 제품을 직접 경험해봄으로써 그 제품에 대한 생각을 바꾸기도 한다. 이처럼 다양한 정보원을 통해 얻게 된 정보를 통합하여 기존의 신념체계를 바꾸어 나가는 과정을 학습이라고 할 수 있으며 이를 도식화하면 [그림 7-1]과 같다(Hoch & Deighton, 1989).

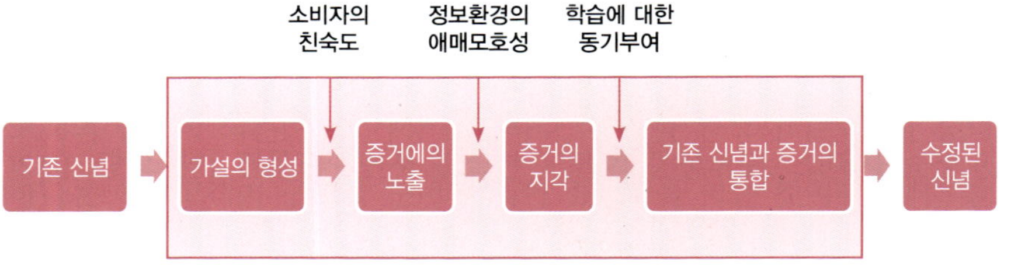


[그림 7-1] 소비자 학습의 4단계 모형

### (1) 소비자 학습의 4단계 모형

소비자들은 제품이나 서비스에 관하여 상당히 많은 지식이나 믿음을 갖고 있다. 예를 들면 '가전제품은 우리나라 제품이 좋다'든지, '○○가전제품은 믿을 만하다'든지 하는 것이 그것이다. 소비자들은 이 같은 믿음들을 강화하거나 수정하는 데 있어 마치 과학자들이 가설을 세우고 경험적인 증거(empirical evidence)를 얻어 이를 검증하는 과정과 매우 유사한 단계들을 거치게 된다.

소비자들은 가설들을 자신의 기존 신념에서 그대로 가져오기도 하지만 경우에 따라 광고주장이 가설의 역할을 하는 경우도 있다. 예컨대 '○○맥주는 탄산을 따로 주입하지 않은 100% 리얼 탄산 맥주임을 내세우고 있다'는 주장을 광고에서 들은 소비자는 그 주장을 액면 그대로 받아들이지 않을지 모르지만 일단 하나의 가설로서 받아들이게 된다.

소비자들은 이 같은 가설을 좀 더 객관적인 '증거'(evidence)에 의해 검증하게 되는데 이때 증거로 사용될 수 있는 것이 직접 상품경험이나 한국소비자원 홈페이지에서 찾을 수 있는 품질비교 등이다. 그런데 소비자들의 가설검증과정에서는 과학자들이 사용하는 방법과는 달리 추론상의 오류를 범하기 쉬운 검증방법들이 사용되는 경향이 있다. 그중 가장 대표적인 것이 소비자들의 정보탐색이나 지각과정에 있어서의 '확증편향'(confirmation bias)이다. 즉, 소비자들은 '○○맥주의 맛은 시원하다'라는 주장을 가설로 받아들인 다음 ○○맥주를 실제로 마시는 경험을 통해서 그 가설을 검증하게 된다. 이때 소비자들은 가설을 기각하기보다는 지지하는 쪽으로 증거를 해석하게 될 가능성이 높다. 따라서 ○○맥주가 다른 △△맥주에 비해 특별히 시원한 맛을 갖고 있지 않은 경우에도 소비자들은 ○○맥주가 시원한 맛을 갖고 있다고 느끼게 되는 경향이 있다.

### (2) 소비자 학습에 영향을 미치는 요인들

#### ① 친숙도

소비자의 친숙도(familiarity)는 그 소비자가 제품과 관련하여 얼마나 많은 경험을 쌓았는가에 의해서 결정된다. 제품에 대한 친숙도가 높은 소비자들은 좀 더 세분화되고 위계적으로 조직화된(hierarchically organized) 지식구조와 잘 개발된 소비상의 원칙들(consumption rules)을 갖고 있으며 제품경험에 대해 강한 기대와 믿음을 갖고 있다.

소비자의 친숙도는 소비자 학습의 모든 과정에서 많은 영향을 미친다. 예컨대 여러 가지 모델의 자동차들을 하나하나 평가하는 상황에서 자동차를 잘 아는 소비자들은 그렇지 않은 소비자들에 비해 더 많은 새로운 정보를 학습하게 된다. 그러나 여러 자동차들 중 하나를 선택하는 상황에서는 친숙도가 중간 정도인 소비자들이 가장 많은 정보를 기억하며, 친숙도와 학습과의 관계는 역U자 모양의 관계를 갖는다.

#### ② 동기부여

소비자 학습에 있어서의 동기부여(motivation)는 현재 상태에서 바람직한 상태로 옮겨가는 것을 통제하는 일련의 메커니즘을 말한다. 예컨대 낡은 세탁기를 가진 소비자가 새로운 세탁기를 구입하기 위해서는 목표 하이어라키를 구축하게 되며 욕구의 정도에 따라 동기부여의 강도(intensity)가 결정된다. 따라서 동기부여는 소비자 학습행동의 방향(목표)과 강도를 모두 결정하는 요소이다. 즉, 목표 하이어라키에 포함된 목표들은 학습을 포함한 소비자행동의 방향성을 결정하며, 목표를 달성하기 위한 행동(예컨대 정보 탐색을 위해 SNS광고에 주의를 기울이는 것)의 강도를 결정하는 것이다.

또한 소비자들의 동기부여 수준에 따라 다른 유형의 정보처리가 실행되며 그에 따라 소비자들이 신념체계를 수정해 나가는 형태가 달라진다. 예를 들면 어떤 기업이 자사의 기존 상표를 확장함에 있어 소비자들이 확장상표에 대한 정보처리를 통해 기존 상표에 대한 평가를 수정해 나가는 상황을 생각해볼 수 있을 것이다. 이 같은 상황에서, 소비자들이 높은 동기부여 수준에서 정보 처리를 실행하는 경우에는 확장상표에 대해 하나하나의 속성정보를 세밀하게 처리하는 방식을 사용하는데 반해, 동기부여 수준이 낮은 경우에는 하위유형화(subtyping)와 같은 간단한 정보처리 방식을 사용하는 것이 일반적이다.

### ③ 정보환경의 애매모호성

소비자가 제품에 대해 갖고 있는 믿음을 바꾸어 나가는 과정을 학습과정으로 개념화할 수 있는데, 소비자들은 학습을 위해 하향식 정보처리(top-down processing)와 상향식 정보처리(bottom-up processing)의 두 가지 방법을 사용한다. 하향식 정보처리는 가설 또는 개념 위주의 정보처리(concept-driven processing)이며, 상향식 정보처리는 경험 또는 자료 위주의 정보처리(data-driven processing)라고 할 수 있다.

이 같은 두 가지의 정보처리 방식 중 소비자들이 어떤 방식에 의존하는 것은 소비자를 둘러싼 정보환경의 성격에 의해 좌우된다. 정보환경이 애매모호한 경우 소비자들은 하향식 정보처리에 의존하는 경향이 있으며, 애매모호하지 않은 경우에는 상향식 정보처리에 의존하는 경우가 많다. 예를 들면, 맥주의 맛과 같이 여러 가지로 해석될 수 있는 애매모호한 소비경험에 대해서는 소비자들이 소비경험 이전에 그 제품에 대해 어떤 가설을 갖고 있었는가 하는 것이 소비경험을 해석하는 데 매우 중요한 역할을 하게 된다. 반면에 대형 승용차와 소형 승용차를 비교하는 경우처럼 소비경험에 확실한 차이가 있는 경우에는 소비경험의 해석에 소비자가 갖고 있던 가설이나 개념보다는 경험 그 자체가 제공하는 자료가 더 중요한 역할을 하게 된다.

## 2. 행동적 학습

### 1) 고전적 조건화

학습에 대한 행동주의적 접근은 자극과 반응의 연결에 초점을 두는데, 이에는 고전적 조건화와 수단적 조건화가 있다.

#### (1) 고전적 조건화의 개념

고전적 조건화(classical conditioning) 이론의 근본적 토대는 Pavlov의 조건반사에 있다. Pavlov는 개에게 먹이를 줄 때마다 종을 치는 것을 반복하니까 나중에는 먹이가 없이 종만 쳐도 개의 침샘에서 침이 나온다는 것을 발견하였다. 이때 먹이가 침의 분비를 유발하는 것은 매우 자연스러운 현상인데 이와 같이 자연스럽게 어떤 반응을 유발하는 자극을 고전적 조건화이론에서는 무조건자극(unconditioned stimulus; US)이라 하고 이때의 반응을 무조건반응(unconditioned response; UR)이라 한다. 또 종소리처럼 처음에는 어떤 반응을 일으키지 않으나 무조건자극(예컨대 먹이)과 짝지어져 반복 제시됨으로써 나중에는 동일하거나 유사한 반응(침의 분비)을 유발시킬 수 있는 자극을 조건자극(conditioned stimulus; CS)이라 하고 조건자극에 의해 유발된 반응을 조건반응(conditioned response; CR)이라 한다. 이와 같이 중립적 조건자극은 특정반응을 유발하는 무조건자극과 결부(contiguity)시켜 반복적으로 노출시키면 조건자극은 당초 무조건자극에 의하여 야기되던 반응과 매우 유사한 반응을 유발한다는 것이 고전적 조건화 이론이다([그림 7-2] 참조).

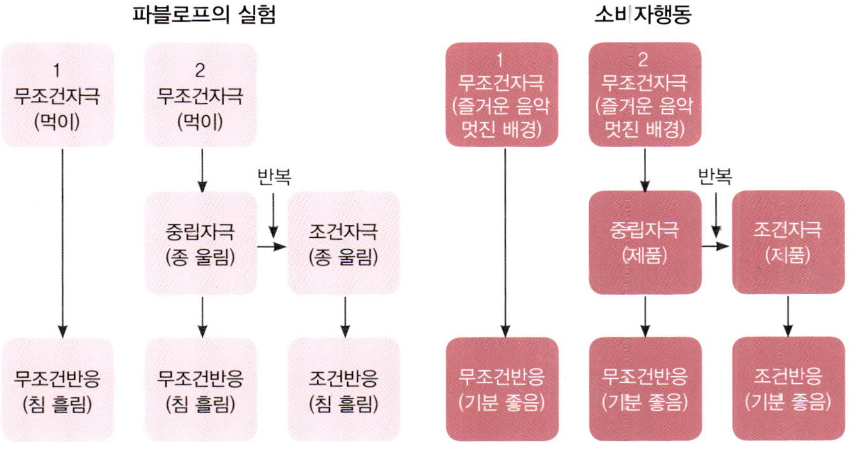


[그림 7-2] 고전적 조건화의 과정

이와 유사하게 소비자가 중립적인 태도를 갖는 어떤 제품(조건자극)과 함께 즐거운 음악과 멋진 배경 등(무조건자극)을 함께 연출하는 광고에 반복 노출되면 나중에는 그 제품에 대해 저절로 호의적 태도를 가질 것으로 보고 있다. 이처럼 조건자극(제품)과 무조건자극(배경)을 결부시켜 광고하는 것은 TV광고에 있어서는 매우 흔하다. 예를 들어 코카콜라와 같은 청량음료 광고에서 느꼈던 감성적 분위기를 많은 독자들은 기억할 것이다. 이러한 광고에서는 제품 특징의 설명에 의하여 소비자의 인지나 신념 체계를 변화시키려는 시도가 거의 없다. 단지 감성적인 분위기 연출에 의하여 소비자의 주의를 끌고 그 감성적 반응이 제품에 이전되도록 시도한다.

### (2) 고전적 조건화에 영향을 미치는 요소들

고전적 조건화에 의한 학습이 쉽게 일어나는가 그렇지 않은가는 무조건적 자극의 강도, 자극의 반복횟수, 자극이 주어지는 순서, 소비자의 관여도, 무조건자극에의 친숙도 등에 의해 영향을 받는다. 이를 상술하면 다음과 같다.

#### ① 무조건자극의 강도

이는 Pavlov의 실험에서 개에게 주는 먹이의 맛이나 냄새가 만족스러울수록, 그리고 TV광고의 내용이 보다 즐거울수록 고전적 조건화에 의한 학습효과가 크다는 것이다.

#### ② 반복횟수

고전적 조건화에 의한 학습이 이루어지기 위해서는 무조건자극과 조건자극이 결부되어 반복적으로 학습자에게 제시되어야 한다. 그런데 Gorn(1982)의 실험에서 피실험자들은 배경음악과 함께 볼펜광고를 본 다음 그 볼펜과 다른 볼펜(색깔만 다름) 중 한 가지를 선택하도록 하였는데, 그 음악을 좋아한 피실험자들은 광고에서 제시된 볼펜을 주로 선택하였고 싫어한 피실험자들은 주로 다른 볼펜을 선택하였다. 이 실험에서는 단지 1회의 노출만으로 고전적 조건화에 의한 학습이 이루어질 수 있는 것으로 나타났다. 그러나 Kellaris와 Cox(1988)의 연구결과 1회의 노출은 고전적 조건화의 효과를 가져오지 않는 것으로 밝혀졌으며, 이들은 Gorn의 연구결과는 피실험자들이 연구자가 원하는 방향으로 행동하도록 유도되었기 때문일 것(a demand artifact)이라고 추측하였다.

### ③ 자극이 주어지는 순서

무조건자극과 조건자극을 제시하는 순서는 세 가지가 될 수 있다. 전방조건화(forward conditioning)는 조건자극이 먼저 제시된 다음 무조건자극이 제시되는 것으로 광고에서 제품을 먼저 제시하고 분위기를 연출하는 장면이나 모델을 다음에 제시하는 것이다. 후방조건화(backward conditioning)는 무조건자극이 조건자극을 선행하는 것으로 분위기 연출이나 모델이 선행되고 그 다음 제품이 제시되는 것이다. 그리고 동시조건화(simultaneous conditioning)는 두 가지 자극이 동시에 제시되는 것이다. 이 중 전방조건화가 가장 효과적이며 후방조건화가 가장 비효과적인 것으로 알려져 있다.

그러므로 TV광고에서 제품과 분위기를 연출하는 장면을 결부시켜 제시할 때 제품을 먼저 제시하는 것이 바람직하다고 할 수 있다. 그러나 인쇄광고에서는 동시조건화만이 가능하다.

### ④ 소비자의 관여도

소비자가 광고제품에 대한 관여도가 높으면 주의를 기울이고 제품관련 생각을 깊게 하므로 고전적 조건화에 의한 학습이 낮을 것이다. 그러므로 분위기 연출에 중점을 두는 광고는 청량음료와 같은 저관여 제품에 비하여 PC나 자동차 같은 고관여 제품의 경우 덜 효과적일 것이다.

### ⑤ 자극에의 친숙도

학습자가 제시된 무조건자극에 친숙한 경우 학습효과는 낮다(US-pre-exposure effect). 그러므로 잘 알려진 음악을 사용하는 것보다는 잘 알려지지 않은 음악이나 그 광고를 위하여 음악을 새로이 제작하여 사용하는 것이 바람직하다. 물론 잘 알려진 음악이 매우 좋은 것이면 무조건자극의 강도가 강하므로 별로 좋지 않은 새로운 음악보다는 더 효과적일 것이다. 또한 학습자가 조건자극에 친숙한 경우 학습효과는 낮으므로(latent inhibition) 기존에 알려진 제품광고보다 신제품 광고 시 고전적 조건화에 의한 학습효과가 더 높다(McSweeney & Bierley, 1984).

### (3) 고전적 조건화의 소멸과 일반화

#### ① 소멸

소멸(extinction)은 일단 조건화가 일어나더라도 조건자극과 무조건자극이 결합되어 제시되는 것이 중단되면 시간이 지남에 따라 조건화의 효과가 서서히 감소하는 것을 말한다. 그러므로 광고에 의하여 조건화가 발생하더라도 광고를 완전히 중단하면 그 효과는 언젠가 사라질 것이다. 맥주, 코카콜라 등은 높은 소비자 인지도에도 불구하고 계속적으로 광고가 되는데 조건화의 효과를 유지하기 위한 것이 그 한 가지 이유라고 할 수 있다.

#### ② 일반화

일반화(generalization)는 반응이 이전에 조건화된 조건자극($CS_1$)과 유사한 새로운 조건자극($CS_2$)에도 조건화된 반응이 일어나는 것을 말한다. 이를 소비자들의 행동 측면에서 보면 소비자가 좋은 분위기와 결부된 어떤 제품광고에 수차례 노출되어 그 제품에 대해 호의적인 태도를 형성하게 되면 이와 유사한 경쟁 제품에도 태도가 어느 정도 호의적으로 변하게 된다. 그러므로 선도기업의 마케터는 자회사의 제품이 경쟁제품과는 상당히 차별적으로 보이게 함으로써 일반화를 감소시킬 수 있다.

이와는 반대로 후발기업은 기존 경쟁자의 제품과 유사하게 함으로써 경쟁자의 광고로부터 간접적인 이득을 기대할 수 있다.

## 2) 수단적 조건화

### (1) 수단적 조건화의 개념

수단적 조건화(instrumental conditioning, operant conditioning)에 의한 학습은 B. F. Skinner의 실험을 예로 들 수 있다. 어떤 상자에 단추를 설치하고 비둘기를 집어넣은 경우를 상상하기로 한다. 실험자는 단추를 누르면 결과가 세 가지 중 어느 한 가지로 나타날 수 있도록 상황을 만들 수 있는데, 첫째는 단추를 누르면 모이가 나오도록 하는 것이고, 둘째는 상자 내에 약간의 전기가 흐르도록 한 다음 단추를 누르면 전기가 흐르지 않도록 하고, 셋째는 처음에는 전기가 흐르지 않다가 단추를 누르면 전기충격이 오도록 상황을 만드는 것이다. 비둘기는 호기심에서 혹은 우연히 그 단추를 누를 수 있는데 몇 번의 반복 끝에 그 단추를 누르면 결과가 어떻게 된다는 것을 학습하고 그 다음부터는 스스로 단추를 누르거나 혹은 절대 누르지 않게 된다.

이 실험에서 단추는 자극이며 누르는 행동은 반응인데 그 결과는 세 가지 경우 각각 다르게 나타난다. 첫째의 경우는 단추를 누른 결과 모이가 나옴으로써 비둘기에게 만족을 주는 것으로 그 결과 비둘기는 동일한 반응(누름)을 하게 된다. 이와 같이 자극에 대한 반응에 따라 긍정적 결과가 제공되는 것을 긍정적 강화(positive reinforcement)라고 한다. 두 번째 경우는 단추를 누르면 편안해지므로 비둘기는 의도적으로 단추를 누르게 된다. 이와 같이 어떤 반응결과 부정적 자극이 중지되는 것을 부정적 강화(negative reinforcener)라고 한다. 세 번째의 경우는 단추를 누르면 전기충격이 오므로 다음부터는 그 단추를 누르지 않게 된다. 이와 같이 자극에 대한 반응을 함으로써 부정적인 결과가 발생하는 것을 처벌(punishment)이라고 한다.

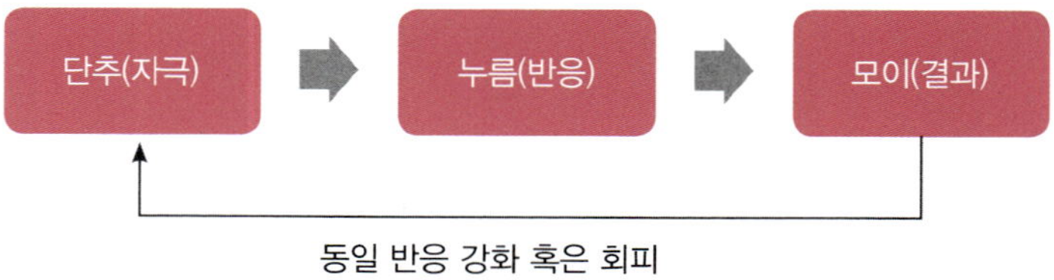


[그림 7-3] **수단적 조건화**

이와 같이 수단적 조건화는 자극에 대한 반응의 결과가 어떠한가에 따라 동일한 반응으로 강화되거나 동일한 반응이 회피된다는 데 그 핵심이 있다. 수단적 조건화도 자극과 반응 간의 연계에 토대를 둔다는 점에서는 고전적 조건화와 동일하다. 그러나 두 가지 조건화에는 다음과 같은 차이점이 있다.

첫째, 고전적 조건화의 경우 확립된 자극-반응 연결관계에 기초를 두고 자연적으로 학습되는 데 반해, 수단적 조건화의 경우는 기존의 자극-반응 연결성이 필요하지 않은 대신 학습자가 보상을 가져올 수 있는 적절한 반응을 발견함으로써 학습이 이루어지는 것이다. 이러한 이유로 고전적 조건화에 비해 수단적 조건화는 보다 의식적이고 목적지향적인 학습자를 전제로 한다.

둘째, 고전적 조건화에서 결과는 학습자의 행위(action)에 의존하지 않는데, 수단적 조건화는 학습자의 능동적 반응(행위)이 학습자의 상황이나 환경을 변화시키는 것이다. 학습자의 반응이 발생된 결과를 야기하는 수단이 되므로(instrumental) 이와 같은 방법에 의한 학습을 수단적 조건화라고 부르는 것이다.

셋째, 고전적 조건화에서 학습은 반응 이전에 제시된 자극에 의해 이루어지는 데 비해, 수단적 조건화에서 학습은 주어진 자극에 대한 반응의 결과에 의해 이루어진다.

### (2) 수단적 조건화의 시사점

#### ① 강화가 소비자의 구매에 미치는 영향

소비자가 제품을 구매한 후 강화가 어느 정도 일어나는가는 차기의 구매행위에 커다란 영향을 미친다. 예를 들어 소비자가 특정 fast food를 구입하여 먹은 후 그 맛에 만족하면 긍정적 강화가 일어나므로 차기에도 그 fast food를 구입할 가능성이 높다. 소비자가 두통을 느끼다가 특정한 진통제를 구입 복용하고서 곧바로 두통이 해소되었다면 부정적 강화가 일어나서 그 두통 약을 다음에도 구입할 가능성이 높아진다. 또한 소비자가 특정 식당의 생선회를 먹고 식중독에 걸려 크게 고생하였다면 처벌(punishment) 효과에 의하여 다음부터는 그 식당에 가지 않으려 할 것이다.

일반적으로 소비자들은 어떤 제품카테고리의 초기구매에 있어서는 의사결정과정을 거치게 되지만, 특정 상표를 계속해서 사용하면서 매번 만족을 얻게 되면 그 만족이 강화요인(reinforcer)으로 작용하게 된다. 따라서 소비자들은 정보탐색이나 처리과정을 거치지 않고 습관적인 구매(habitual buying)를 하게 될 확률이 점점 높아진다.

기업들은 소비자들이 이 같은 습관을 형성할 수 있도록 하기 위해 상품경험상의 만족뿐만 아니라 여러 가지 판매촉진수단을 강화의 도구로 활용하기도 한다.

### ② 강화 스케줄

자극에 대한 반응이 있을 때마다 강화시키는 것을 전체강화(total reinforcement) 혹은 연속강화(continuous reinforcement)라고 하는데 동물실험 결과에 의하면 전체강화 혹은 연속강화에 의하여 학습이 가장 신속하게 일어나는 것으로 밝혀졌다. 그러나 이에 비하여 반응이 가끔씩 강화되는 것을 부분강화(partial reinforcement)라고 하는데 부분강화에 의한 학습이 가장 지속적인 것으로 나타났다.

부분강화는 체계적(예를 들어, 세 번째 반응마다 강화시킴)일 수도 있고 무작위적일 수도 있다. 예를 들어 극장의 매 100번째 입장객에게 선물을 준다면 전자에 해당하고 매회 입장객 중 몇 명을 무작위로 선정하여 선물을 준다면 후자에 해당한다. Deslauriers와 Everett(1977)의 연구에서는 버스승차 시 요금을 주는 것에 대한 한 연구에서, 사람들이 자사의 버스에 승차하면 보상으로 쿠폰을 주었는데 그 결과 매 세 번째 승객마다 한 명에게 주는 부분강화는 모든 사람에게 주는 전체강화만큼 효과적인 것으로 나타났다. 그러나 이 결과만으로서 부분강화는 효과에 있어 비슷하고 비용은 상대적으로 적게 들기 때문에 더 낫다고 할 수 없다. 소비자들이 자사 제품을 구매하도록 유도하기 위한 강화 스케줄은 경우에 따라 다를 수 있으므로 기업마다 그 방법을 적절히 발견하여야 한다.

### ③ 소멸과 망각

소멸(extinction)은 자극과 기대되는 보상 간의 연결이 제거되는 것으로, 소비자가 소비하던 제품에 더 이상 만족하지 않으면 소멸이 일어난다. 소멸의 결과는 물론 동일한 상표를 재구매할 가능성을 크게 떨어뜨리는 것이다.

망각(forgetting)은 자극이 오랫동안 반복되지 않으면 발생하는데, 소비자가 어떤 제품을 오랫동안 사용하지 않거나 혹은 광고가 중단되면 그 제품을 망각하게 된다. 그러나 광고가 가끔씩 노출되더라도 경쟁상표가 집중적으로 광고되는 경우 소비자의 마음속에서 혼란을 일으키고 자극과 보상 간의 관계를 약화시켜 망각을 가져올 수 있게 된다. 기업은 지속적인 광고에 의하여 망각을 방지할 수 있다.

제품 재구매가능성을 떨어뜨리는 데 있어서는 망각보다 소멸이 더욱 크다. 즉 망각의 경우는 재구매율이 서서히 감소하나 소멸의 경우는 급격히 감소하는 것이다. 소멸을 방지하기 위하여 제품의 품질수준을 일정하게 유지하여야 할 것이다.

④ Shaping

Shaping은 어떤 반응을 가져올 가능성이 높은 자극을 제공함으로써 궁극적으로 다른 반응을 유도하는 것이다. 기업의 여러 가지 마케팅행위를 Shaping으로써 설명할 수 있다. 즉 슈퍼마켓은 파격적인 할인품목(loss leader)에 의하여 소비자를 점포 안으로 끌어들일 수 있는데 일단 점포 안으로 들어온 소비자는 그 점포 안에 들어오지 않은 소비자에 비하여 여러 가지 다른 제품들을 구입할 가능성이 높아진다. 대형 백화점에서 어린이를 위한 잔치, 특별 해외풍물전, 전시회 등에 의하여 고객을 유치하고자 하는 것도 같은 측면에서 생각할 수 있다.

## 3. 대리학습

### 1) 대리학습의 개념

대리학습(vicarious learning) 혹은 모델링(modeling)은 심리학 분야에서는 오랫동안 연구되어 왔지만 소비자 연구에서는 상당히 소홀히 다루어져 왔다. 대리학습에는 공개적 모델링, 비공개적 모델링, 그리고 언어적 모델링의 세 가지가 있는데 가장 대표적인 것이 공개적 모델링(overt modeling)이다. 공개적 모델링은 개인으로 하여금 타인(모델)의 행동 및 행동의 결과를 관찰하게 함으로써 개인의 행동을 변화시키고자 하는 시도를 말한다.

오늘날 많은 TV광고는 대리학습에 의하여 소비자를 설득시키고자 한다. 예를 들어 두통을 앓던 사람이 어떤 상표의 두통약을 복용하고 두통이 해소되든지, 특정 다이어트 식품을 섭취한 후 다이어트에 성공한 장면을 연출하는 것 등이다. [그림 7-4]는 모델링 과정으로서 모델행동(다이어트 식품 섭취)의 결과(다이어트 성공)에 따라 관찰자의 행동이 변화하는 과정을 보여준다.

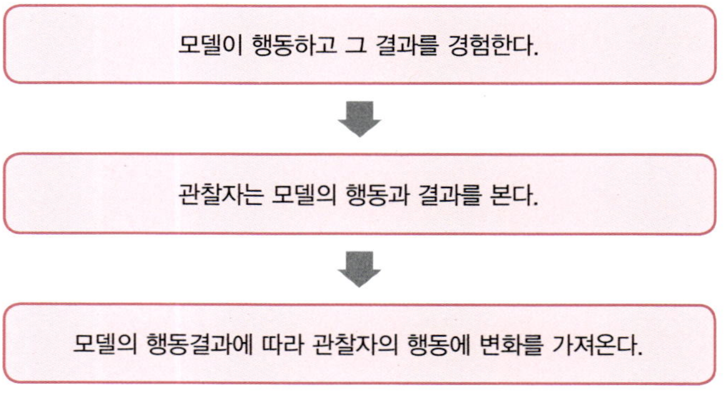


[그림 7-4] **공개적 모델링 과정**

## 2) 모델링의 사용목적

모델링의 사용목적에는 세 가지가 있다. 첫째, 관찰자의 행동목록

(behavioral repertoire)에 존재하지 않던 새로운 반응패턴을 획득하도록 하는 데 사용된다. 이는 가장 빈번히 이용되는 것으로, 소비자가 모르던 어떤 제품을 광고모델이 사용한 결과 만족스럽다는 것을 보여줌으로써 그 제품을 구매하도록 하는 것이다. 둘째, 바람직하지 않은 행동을 금지시키는 데 사용된다. 보통 공익광고에서 많이 이용되는데 흡연으로 인한 폐와 호흡기 건강을 해치는 부분, 쓰레기를 함부로 버리는 데 따르는 자연의 황폐 등을 보여줌으로써 시청자들이 그와 같은 행위를 하지 않도록 하는 것이다. 셋째, 관찰자의 행동목록에 이미 있는 바람직한 행동의 유발을 도와주기 위해 사용된다. 예를 들어 맥주회사에서 자사의 맥주가 소비자에게 잘 알려져 있는데도 중요한 파티 등 특별한 경우에 사용될 수 있음을 보여줌으로써 소비자들을 설득시키고자 하는 것이다.

### 3) 비공개적 모델링과 언어적 모델링

지금까지 대리학습의 세 가지 중 공개적 모델링에 대하여 설명하였다. 다른 두 가지는 비공개적 모델링(covert modeling)과 언어적 모델링(verbal modeling)이다.

비공개적 모델링은 실제적 행동이나 결과가 제시되지 않는 대신 소비자에게 모델이 어떤 상황에서 취하는 행동과 결과를 상상하도록 요구함으로써 이루어진다. 예를 들어 다음과 같은 내용의 라디오 광고는 비공개적 모델링에 해당한다. '어떤 사람이 어느 무더운 오후, 공사현장에서 일을 마치고 복잡한 전철을 타고 집에 돌아오는 경우를 소비자들에게 상상하도록 한다. 그는 매우 지치고 갈증의 느낌을 주지시킨다. 이때 그는 냉장고에서 차가운 ○○캔맥주를 꺼내 마신다. 그 맥주는 얼마

나 시원할까!'

언어적 모델링에서도 행동이 직접 제시되지 않는다. 또한 모델이 어떤 행동을 수행하는 것을 상상하도록 요구되지 않는다. 그 대신 사람들에게 그들과 유사한 다른 사람들이 특정 상황에서 어떻게 행동했는가를 들려준다. 예를 들어, 구호모금단체에서 일반인들로부터 기부금을 받기 위하여 집집마다 방문하여 이웃사람들은 얼마나 기부하였다는 식의 얘기를 들려줌으로써 기부금을 내도록 하는 것이다. 수재민돕기, 불우이웃돕기 등의 모금운동을 할 때 신문 등에 어떤 개인 혹은 단체가 얼마를 기부하였다는 것을 기사화하는 것도 이에 해당한다.

공개적 모델링은 TV나 인적판매(personal selling) 등에 의해서 이루어지는 경우가 많은 데 비해, 비공개적 모델링과 언어적 모델링은 보통 라디오, 인적판매, 혹은 신문 등에 의하여 흔히 행해진다.

### 4) 모델링 효과에 미치는 영향요인

지금까지 살펴보았듯이 모델링은 개인의 행동에 영향을 미칠 수 있다. 그러나 경우에 따라 모델링 효과는 다르게 나타난다. 여기서는 모델링 효과에 미치는 영향요인에 대해 설명하기로 한다.

#### (1) 모델의 특성

모델이 보다 매력적이거나 보다 신뢰적으로 느껴질수록 모델링 효과는 커진다. 지위가 높거나 전문적 지식을 가진 모델일수록 영향력이 더 크다. 또한 모델의 특성이 관찰자와 유사할수록 그 효과는 커진다. 광고에서 표적시장 소비자들과 비교적 유사한 모델을 등장시키는 것은 바로 이 때문이다. 예를 들어, ○○정수기는 광고에 표적소비자와 비슷한 모델을 기용함으로써 표적소비자들에게 보다 큰 공감을 불러일으킬 수 있었다.

### (2) 관찰자의 특성

관찰자마다 모델화된 행동을 달리 받아들일 수가 있는데, 사회학습이론(social learning theory)에서는 관찰자가 보다 의존적일수록, 자신감과 자아존중(self–esteem)의 정도가 낮을수록, 그리고 모방행동에 따라 만족스런 결과를 얻는 경험이 많을수록, 모델링 효과는 큰 것으로 알려져 있다. 그러나 보다 중요한 것은 모델화된 행동의 결과에 대해 관찰자가 부여하는 가치이다. 예를 들어, 소비자가 품위를 강조하는 신사복 광고를 보고 품위를 느낄 수 있고 품위를 중요시한다면 그 소비자는 그 신사복을 구매할 가능성이 높을 것이다.

### (3) 모델화된 행동 및 행동결과의 특성

모델화된 행동이 수행되는 방식에 따라 모델링 효과는 달라지는데, 모델화된 행동이 매우 주의 깊고 생동적일수록 그리고 보다 뚜렷할수록 모델링 효과는 커진다. 또한 행동결과가 진실처럼 느껴질수록(plaugible) 그 효과는 더 크다고 하겠다.

# 4부

# 서비스경험과 프로모션

# 소비와 프로모션

제8장

# 서비스의 이해

## 1. 서비스 정의

서비스는 사용자에게 성과에 대한 어느 정도의 만족을 제공하지만, 소유되거나 저장 · 수송될 수 없는 무형적 활동으로 정의할 수 있다. 즉 고객의 욕구충족을 목적으로 사람과 설비 또는 시설에 의해 제공되는 행위, 성과인 것이다. 일반적으로 경영은 특정형태를 가진 유형의 제품을 대상으로 해왔다. 그러나 기업이 소비자의 욕구를 충족시키기 위해 제공할 수 있는 제품에는 무형의 제품도 있는데 이러한 제품을 서비스라 한다.

이처럼 무형성은 서비스의 중요한 특성이다. 소비자는 감촉을 느낄 수 없는 어떤 것의 구매에 대해 불안하게 생각할 수 있다. 그러므로 서비스가 무형적인 특성을 갖는다는 것은 마케터가 극복해야 할 과제이다. 이는 서비스의 전달 촉진가격의 결정방법에 영향을 끼친다. 서비스에 대한 이러한 정의에도 불구하고 엄격하게 무형과 유형으로 분류될 수 있는 상품은 별로 없다. 사실 상품은 유형성의 정도에 따라 재화와 서비스 간의 연속선상에 위치하는 것으로 볼 수 있다. 상품은 완전한 유형적인 것에서부터 완전한 무형적인 것까지의 연속선상에 위치한다.

서비스는 성과의 실현을 통해 고객에게 만족을 제공한다. 성과만족은 소비자가 서비스의 무형적 활동에 의해 제공된 성과를 경험하면서 얻는 것이다. 그러나 판매가 먼저 이루어진 다음 성과수행과 소비가 동시에 발생하므로 이를 물리적으로 소유할 수는 없다. 서비스는 어디서 제공하느냐에 따라 크게 세 가지로 이루어지는데 설비기준서비스와 사람기준서비스 그리고 제품관련서비스 등이다. 다시 설비기준서비스는 자동화에 의한 서비스, 비숙련자에 의한 서비스 및 숙련자에 의한 서비스로 나누며, 사람기준서비스는 숙련된 노동에 의한 서비스, 비숙련된 노동에 의한 서비스 및 전문가에 의한 서비스로 나누어진다.

기업은 일단 고객이 가장 만족스러운 조건으로 구매할 수 있도록 노력해야 하고, 더 나아가서 구매 후에도 계속 자신의 선택에 대해서 만족스러워 할 수 있도록 최선을 다해야 한다.

이 과정에서 고객도 타인에게 기업이나 제품에 대한 끊임없는 정보를 제공하게 되는데, 그것이 불만이든 만족이든 기업에겐 아주 가치 있는 정보임에 틀림없다. 기업이 충분히 만족할 만한 서비스를 고객에게 제공하였다면, 그 고객은 적극적으로 기업정보를 잠재적 고객에게 제공할 것이다. 이는 기업에겐 최고의 마케팅이라 할 수 있다. 이것이 바로 기업이 소비자에게 해야 하는 최고의 실천이라고 볼 수 있다.

중요한 것은 서비스의 제공이 제품을 구매한 후부터 시작되는 것이 아니다. 고객이 제품을 구매하는 시점부터 충분히 만족을 느낄 수 있도록 해야 한다. 따라서 제품의 구매가 이루어지기 전부터 서비스는 시작되는 것이라 할 수 있다.

기업의 모든 종사자들은 제품이나 회사에 대한 긍정적인 이미지를 심어주기 위한 노력을 해야 하고, 이것이 기존 고객에 대해 기업이 소비자에게 할 수 있는 최고의 덕목으로 볼 수 있다.

## 2. 서비스의 특성

서비스는 4가지 특성을 갖는다. 서비스는 비유형적이고, 표준화가 어려우며, 즉시 소멸되고, 생산과 소비가 동시에 이루어지는 차별적 특성을 갖는다.

### 1) 비유형성(Intangibility)

소비자는 특정제품의 맛을 본다거나 향을 맡을 수 있다. 이렇게 유형제품의 경우 소비자는 구매 전에 경쟁제품들을 비교할 수 있으며, 구매 후에 자신이 지불한 대금을 증명할 수 있는 어떤 것을 소유하게 된다. 그러나 서비스는 구매했음을 보여주는 구체적인 대상이 없다.

그러므로 이런 문제점은 기업들에게 서비스를 보다 유형적으로 보이게 함으로써 무형성을 극복한다. 첫째, 서비스 제공자는 소비자들로 하여금 가치 있는 무엇인가를 제공받고 있다는 느낌을 갖도록 노력한다. 둘째, 유명인을 광고 모델로 활용하여 제공되는 서비스를 유형화한다. 셋째, 서비스 제품을 문화콘텐츠화한다. 서비스는 유형의 상품과는 달리 구매하기 전에 감각기관에 의해 감지될 수 없는 무형성 때문에 소비자가 제공받기 전까지는 서비스의 질에 대해 불확실하게 느껴진다. 소비자는 서비스 기업의 광고보다 구전에 의한 정보를 더욱 신뢰한다.

예를 들어, 은행에서 서비스카운터를 낮춰 고객이 앉아서 업무를 보게 하거나 업무를 친절하고 신속하게 처리해주어 고객에게 만족을 주는 일 등이다. 하지만 볼 수도 없고 만질 수도 없기 때문에 고객은 구매 전에 서비스의 효용을 정확히 알 수 없다. 단지 여러 가지 정황으로 미루어 효용을 추측할 수 있을 뿐이다. 이러한 무형성에 의한 문제점은 저장이 불가능하고 특정한 서비스 보호가 불가능하며 진열 및 커뮤니케이션을 할 수 없다. 그리고 가격설정 기준이 모호하며 표본추출이 곤란한 것 등으로 볼 수 있다.

### 2) 비표준화(Variability)

유형 제품을 구매하는 소비자는 매번 같은 품질의 제품을 구매할 것으로 기대한다. 하지만 서비스는 사람에 의존하므로, 일관되고 표준화된 서비스가 제공되기 어렵다고 보여진다. 의사의 차이에 따라 의술이 달라질 수 있으며, 미용사 머리 손질이 방문 시마다 달라지듯이 말이다. 형편없는 서비스를 경험한 소비자는 그 서비스를 반복구매하지 않을 것이며 주위사람에게 부정적 의사를 표출할 것이다.

이런 문제점을 해결하기 위해서 서비스 표준의 설계 및 수행, 고객들이 사전에 알 수 있는 패키지 서비스 제공, 품질관리를 위해 서비스의 산업화를 강화해야 한다. 개별 고객에 맞는 서비스의 맞춤화를 시행한다. 보다 신뢰성 있는 서비스를 위해, 서비스 제공자의 선발과 교육에 많은 투자를 하며 서비스 제공자를 사람에서 기계로 대체함으로써 비일관적인 서비스가 제공될 가능성을 낮추게 된다. 이로써 일정하지 않은 서비스의 질을 보완한다는 걸 볼 수 있다.

### 3) 소멸성(Perishability)

서비스는 판매될 때까지 저장될 수 없다. 소비자가 서비스가 제공되는 시점에 이를 소비하지 않으면, 그 서비스는 사라져버린다. 예를 들어 비행기 좌석은 재고로 저장될 수 없으며, 채워지지 않는 좌석은 그대로 사라져버리고 만다. 항공사는 어제의 비행에서 재고로 남은 빈 좌석을 내일의 초과 수요를 채우기 위한 재고로 유지할 수 없는 것이다.

의사들이 예약시간을 지키지 않는 고객들에게도 비용을 부과하는 것은 서비스의 이러한 소멸성 때문이다. 서비스 제공시점에 환자가 없으면 서비스 가치가 상실되기 때문이다. 수요가 지속적이고 안정적이면 서비스의 소멸성은 크게 문제가 되지 않는다.

그러나 수요의 변동이 심하면, 서비스 제공자는 효율적인 자원 활용을 위한 의사결정을 내리기 어렵게 된다. 그러므로 서비스 마케터는 최적의 자원 배분을 위해 수요·공급의 특성을 분석해야 한다. 안정적인 서비스 수요의 확보를 위한 방법을 찾아볼 수 있는데 크게 서비스 가격의 차별화, 비성수기 수요의 개발, 보완적 수요의 개발, 보완적 서비스 제공, 예약시스템의 도입을 볼 수 있다.

〈표 8-1〉 **서비스 제공방법**

| 방법 | 내용 |
|---|---|
| 서비스 가격의 적용 차별화 | • 극장은 사람이 별로 없는 시간에 서비스를 이용하는 고객들에게 보다 낮은 요금을 적용<br>• 피크타임의 초과수요를 비피크타임으로 이전, 비성수기 수요의 개발 |
| 비성수기 수요의 개발 | • 스키리조트는 눈이 없는 기간 동안에 인공잔디 슬라이드를 설치<br>• 리프트를 이용하여 아름다운 경관을 볼 수 있게 함으로써 수요 창출 |
| 보완적 서비스의 제공 | • 많은 은행들이 보통예금이나 저축예금과 같은 기본적인 서비스를 제공<br>• 주식중개 중심의 증권사 영업이 다양한 금융상품들의 도입으로 영역이 확대됨<br>• 수수료 자유화로 주식매매를 통해 얻는 수수료 폭이 크게 줄어들게 됨에 따라 증권회사들은 다양한 금융상품들을 개발□취급 |
| 예약시스템의 도입 | • 예약판매는 수요의 사전확보에 유용한 방법으로 항공사, 철도, 호텔, 식당 등에서 이용 |

## 4) 생산과 소비의 동시성

서비스는 흔히 생산과 소비가 동시에 이루어진다. 내과의사는 환자의 이야기를 듣고, 증상의 원인을 파악한 다음 처방을 내리면(생산), 환자는 증상을 설명하고 의사의 치료를 받는다(소비). 그러므로 유형 제품과 달리 서비스의 경우에는 소비가 발생될 때 서비스 제공자가 그 자리에 존재해야 한다. 이러한 서비스 특성은 유통과 관련된 시사점을 제공한다. 유형 제품의 경우에는 소비자가 원하는 시간과 장소에 상품을 공급하기 위해서 수송 · 저장과 같은 유통기능이 중요하다. 그러나 무형적 특성의 서비스는 재고로 유지될 수 없으므로, 시간 및 장소효용을 창출하는 수단인 수송과 저장은 별로 중요하지 않다.

서비스의 유통에서 중요한 것은 고객의 면전에서 서비스 제공자가 직접 제공하는 서비스 질이며, 이는 고객의 반복구매에 큰 영향을 미친다. 생산과 소비의 동시성으로 인해 발생되는 문제를 해결하는 방법 중 하나는 기계의 도입으로 대인 접촉에 의한 서비스 제공을 줄이는 것이지만, 대부분의 서비스가 사람에 의존해야 하므로 서비스 제공의 질을 향상시키는 다른 방법들도 강구되어야 한다.

## 3. 서비스의 분류

서비스의 특성에 의해 발생되는 시장기회와 위협은 서비스의 유형에 따라 차이가 있다. 그러므로 전략개발에 유용하도록 서비스를 분류할 필요가 있다. 크게 사람중심의 서비스, 설비중심의 서비스 그리고 제품관련 서비스로 나누어진다.

### 1) 사람중심의 서비스

사람중심의 서비스는 약간의 설비가 필요하지만 주로 사람의 노력에 의해 제공되는 서비스로서 법률자문, 건물관리서비스, 피부미용마사지 등을 예로 들 수 있다. 사람중심의 서비스는 다시 비숙련노동에 의한 서비스, 숙련노동에 의한 서비스, 전문직에 의한 서비스로 세분화될 수 있다.

### 2) 설비중심의 서비스

설비중심의 서비스는 사람의 노력도 어느 정도 필요하지만 상당한 설비의 지원이 필요한 서비스로서, 운수업, 숙박업, 레저서비스업 등이 이에 해당된다. 설비중심의 서비스는 다시 자동서비스, 반숙련노동을 필요로 하는 서비스, 숙련노동을 필요로 하는 서비스로 나누어질 수 있다.

### 3) 제품관련 서비스

제품관련 서비스는 제품이 본원적 제공물이고 서비스는 제품의 지원적 역할을 하는 경우이다. 예를 들어, 자동차나 가전제품의 구매자에게 제공되는 판매 후 서비스의 하나인 품질보증은 제품관련 서비스의 한 예이다. 이러한 지원적 역할로서의 서비스가 때로는 제품성공의 결정적 요인이 되기도 하다.

## 4. 제품의 서비스화와 서비스의 제품화

### 1) 제품의 서비스화(Servitization)

최근 서비스 부문의 성장과 더불어 서비스업에서의 가치창출 확대가 기대됨에 따라, 제조중심의 단순 제조업에서 서비스 중심 종합기업으로의 전환에 대한 필요성이 강조되고 있다.

Vandermerwe & Rada(1988)에 의해 제시된 서비스화(Servitization)는 생산된 제품을 판매하는 것 이외에 제품과 서비스를 통합하여 제공하고 여기에 더하여 더 나은 가치를 제공하기 위해 기업이 변신하는 활동에 대한 개념으로 알려졌다. Ren & Gregory(2007)는 서비스화 개념을 확대하여 고객 만족, 경영성과 개선, 경쟁 우위 확보 등을 위해 서비스 지향적인 기업으로 변신하거나, 서비스를 새롭게 개발하는 기업으로 변화하는 것으로 서비스화를 포괄적으로 정의하고 있다. 서비스화를 수행하는 현상에 대해 Machuca et al.(2007)는 제품을 생산하고 판매하는 기업의 서비스화는 새로운 비즈니스 모델을 통한 수익을 창출하는 방향으로 변하는 경향을 보이고 있다고 하였다. 기업은 성장과 수익을 도모하려는 전략으로서 서비스화를 통해 고객에게 가치를 제공하고 장기적 패키지(Long-term Package) 솔루션을 제공하여 위기를 극복하고자 한다. 그러나 제품의 서비스화를 추진하려는 구체적인 근거는 무엇이며, 실질적 서비스화 수용 범위를 결정하는 중요한 요인은 무엇인지를 규명할 필요가 있다. 기업이 제품의 서비스화를 추구하는 동기는 내부 및 외부 환경 변화 측면, 기업의 성장률 저하 측면 등의 다양한 요인이 있겠으나, 제조업 중소기업의 경우, 이익률 및 성장률의 약화 추세와 이를 극복하려는 신성장 동력을 필요로 하고 있다. 빠르게 변하는 정보기술의 영향을 받는 기업 환경, 글로벌 시장 환경 및 고객의 요구 변화 역시 서비스화를 검토하거나 수용하고자 하는 논리를 필요로 한다. 또한 서비스화는 경영자의 의사결정 등 내부적 요인으로 시작할 수도 있지만 외부 환경에 의해 불가피하게 서비스화를 추진하게 될 수도 있어, 서비스화 전략을 수립하는 경영 활동에 주목할 필요가 있다. 송원규와 이지환

(2009)은 기업이 서비스화 의지를 갖고, 서비스를 고려하는 생산적 전략을 수립한다면, 제품을 통해 창출할 수 있는 가치의 범위를 확대할 수 있으며 또한 새로운 시장영역 발굴로 지속적인 경쟁력 확보를 도모할 수 있다고 하였다. Gebauer & Friedli(2005)는 기업이 경쟁력을 확보하기 위한 다양한 전략 중 제품의 서비스화(Product-Servitization) 전략을 검토하고 수립하는 가장 큰 두 가지 이유에 대해 경쟁사 대비 기회를 포착하기 위해 서비스화 전략을 추구하는 이유와 더 많은 수익과 수익의 안정성을 확보하기 위한 금융 및 재무 수익 전략을 위해 서비스화 전략을 추구하는 이유로 구분하여 제시하였다. 유사한 관점에서 Baines & Lightfoot(2013)는 제품을 생산하고 판매하는 기업이 서비스화 전략을 채택하려고 하는 주요 동기 또는 성과를 다음의 4가지로 구분하였다. 첫째, 경쟁자가 쉽게 하지 못하는 고객과의 장기적 비즈니스 관계 개발 등의 성과가 필요하기 때문이다. 둘째, 고객이 성과를 얻도록 지원하고자 한다. 즉, 고객의 비즈니스 손실기회 및 비용 요인 등 도움이 가능한 부분을 정의하고 극복하도록 지원한다. 셋째, 기존 고객으로부터 새로운 수익을 창출하고자 한다. 넷째, 복원력이 좋은(Resilient) 현금 흐름이나 수익 모델을 개발하고자 한다.

기존 연구에서 제시한 서비스화(servitization)의 정의를 종합하여 보면 제품에서 서비스가 차지하는 비중이 높아지는 현상을 제품 서비스화(product servitization)라고 간략히 정의할 수 있으며, 서비스화(servitization)의 동인으로는 시장이 생산자 주도에서 고객 주도적으로 바뀜에 따라 기업의 고객지향적 변화, 제품 및 지리적 다각화 위주의 상투적인 시장 확대에서 전략적인 혁신을 통한 가치 창출과 획득으로의 시장진화, 아웃소싱의 증가, 기술발전 등을 들 수 있다(Ren & Gregory, 2007). Oliva와 Kallenberg(2003)는 제조기업이 핵심제품에 서비스를 통합시키며 서비스화되는 근거를 크게 세 가지로 정리하고 있다. 첫째는 경제적 근거로, 기업은 제품수명주기 동안 설치기반 서비스를 제공함으로써 지속적인 이윤창출이 가능하고, 일반적으로 서비스는 제품보다 더 높은 마진을 제공하며, 경기순환(economic cycle)과 무관하게 안정적인 이윤창출원을 제공한다는 것이며, 두 번째 근거는 서비스에 대한 고객요구의 증가이며, 마지막으로 서비스가 가지는 비가시성과 높은 노동의존도와 같은 특성이 모방을 힘들게 하므로 지속적인 경쟁우위의 원천이 된다는 것이다. 따라서 이와 같은 근거로 제조기업의 서비스화가 진행된다고 보고 있다.

오늘날 많은 제조기업들이 제품과 함께 제품관련 서비스를 제공하며, 서비스 기업들은 물리적 제품을 통해 서비스를 전달함으로써 제조산업과 서비스산업의 경계가 불명확해지고 있다. 과거와는 달리 고객의 니즈가 증가하고 글로벌 경쟁시대로 환경이 변화함에 따라 기존의 제조업체들이 전통적인 제조활동만으로는 이윤창출이 힘들어지게 되었다. 제조산업의 비중은 줄어들고 서비스산업이 경제활동 및 가치창출의 대부분을 차지하고 있는 상황에서 기존의 제조기업들이 지속적으로 이윤을 창출하기 위해서는 제품과 관련한 서비스 또는 독자적인 서비스를 개발하여 제품과 서비스를 함께 판매하는 전략이 필요하다. 과거에는 제조업체가 단순히 제품을 만들어 고객에게 판매하거나 제품관련 유지보수 서비스를 제공하는 것으로 기업의 역할을 한정지었다면, 현재는 고객에게 판매한 제품을 그 수명이 다할 때까지 지속적인 관리와 유지보수 서비스를 제공하는 것뿐만 아니라 고객이 제품의 사용과 관련하여 필요한 모든 서비스를 제공하는 것으로 그 역할을 확대하고 있다. 이렇게 확장된 기업의 역할은 기업의 성과와도 관련이 깊다. 제품과 관련한 부가가치를 창출하는 서비스를 개발하여 고객에게 제공함으로써 기업은 제품수명주기 동안 지속적이고 안정적인 이윤을 창출할 수 있게 된다. 그리고 고객의 니즈를 충족시킴으로써 고객의 만족도와 기업의 신뢰도를 향상시킬 수 있으며 이를 통해 장기적으로 더 높은 기업성과를 기대할 수 있기 때문이다. 따라서 제조기업은 제품의 서비스화 즉, 제품 서비스화(product servitization)가 기업의 지속적인 경영전략으로 필요하게 되었고, 이러한 제품의 서비스화에 성공한 기업으로는 대표적인 사례로 활용되는 Apple을 비롯하여 GE, Rolls-Royce 등이 있다.

제품 서비스화(product servitization)에서 더 확장된 서비스화(servitization)의 형태로는 제조기업이 물리적 제품의 생산과 판매 및 제품과 관련한 단순한 서비스를 담당하던 비즈니스에서 서비스를 전적으로 제공하는 순수 서비스(pure service)기업으로 변화하는 기업 자체의 서비스화가 있으며 이를 기업 서비스화(enterprise servitization)라고 볼 수 있겠다. 그 대표적인 예로는 세계 최대 IT회사의 하나인 IBM社가 있다. IBM은 1914년에 설립된 세계 최고의 컴퓨터 제조기업이었으나 1990년대 고객위주의 컨설팅, 시스템 통합 등의 기술 및 비즈니스관련 서비스를 제공하는 기업혁신의 노력으로 2002년에는 서비스사업이 총매출액의 45%를 차지하며 하드웨어 중심의 제조기업에서 서비스기업으로 변모하게 되었다.

제조기업들이 보다 발전적으로 서비스화되기 위해서는 서비스에 대한 과거의 근시안적인 관점에서 벗어나 제품과 관련한 문제를 해결하는 종합적인 서비스를 제공하는 고객중심의 혁신이 필요하다. 즉, 고객의 니즈를 만족시키기 위해서는 제품뿐만이 아니라 이와 관련한 서비스를 다양한 네트워크의 구성원들과 함께 제공할 수 있어야 한다는 것을 의미한다.

## 2) 서비스의 제품화(Productization)

과거에는 무형적인 서비스의 형태로 제공되던 것을 소프트웨어나 방법론 등과 같은 제품의 형태로 제공하는 것을 의미한다. 인튜이트의 터보택스를 그 예로 들 수 있다. 터보택스는 전통적으로 회계사에 의해 제공되던 무형의 서비스를 제품화했다. 과거 회계사에 의존해서 세금정산을 해결해야 했던 사람들에게 스스로 그 문제를 해결할 수 있는 새로운 방법을 제공함으로써 사업을 확장했다. 일반적으로 미국에서 회계사에게 항목별로 세분화해서 세금신고를 맡길 경우 229달러, 그렇지 않으면 129달러를 지불해야 한다. 하지만 터보택스 소프트웨어는 30~50달러만 주면 구입할 수 있다. 온라인을 통해 은행 거래를 하는 사람들이 늘어나면서 인터넷을 통한 세금신고에 익숙해진 시민들이 늘어난 점과 세금신고 업무를 대행해주는 업체들의 과실이 늘어난 데 따른 불신감도 독자적으로 세금신고를 하도록 하는 요인이 됐다. 서비스의 제품화에서 제품은 단지 제공되는 서비스의 물리적 표현으로 서비스 자체에 종속되는 특징이 있다.

서비스의 제품화를 보다 쉽게 이해할 수 있도록 다음의 사례를 살펴보자.

### (1) 플랫폼 기반 서비스의 제품화

#### ① 퀄키(Quirky) : 소셜 플랫폼 + 제조업

2009년 밴 코프먼에 의해 '일반인들도 특별한 아이디어를 가지고 있으며, 이들이 쉽게 발명을 할 수 있도록 해야 한다'라는 생각으로 설립된 기업이다. 대중은 아이디어 개발, 평가, 개선 등 제품개발과 관련된 일련의 과정을 담당하고 퀄키는 이를 바탕으로 실제 제품을 제작하여 판매하는 역할을 하고 있으며, 창립자는 이를 '소셜 제품개발 플랫폼'(Social Product Development Platform)으로 규정한다.

2009년 6월에 런칭한 쿼키 사이트는 2013년 7월 말 기준 가입자 수만 45만 명에 달하며, 다양한 곳에서 쿼키가 투자받은 금액은 9,130만 달러에 이르고, 과거에도 쿼키와 같은 구조의 사업에 대한 시도가 이루어졌었으나, 주목할 만한 성과를 거둔 사례가 없다는 점에서 더욱 주목받고 있다.

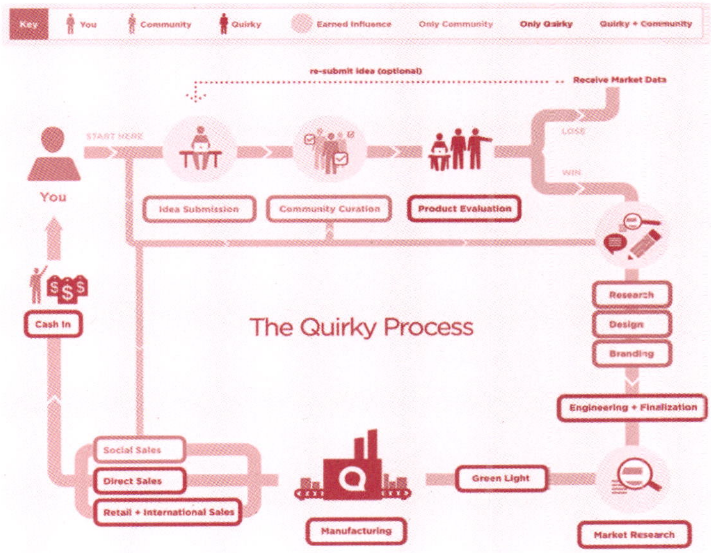


출처: 쿼키(Quirky) 홈페이지

[그림 8-1] **쿼키의 프로세스**(Quirky Process)

② **애플**(Apple) : Open Platform(서비스) + **디바이스**(제조)

애플은 2001년 디지털 음원 재생기인 아이팟을 출시하고, 아이튠즈와 아이팟을 하나의 비즈니스 모델로 엮어 제품-서비스의 융합을 구현, 시너지를 창출하고 있다. iOS를 기반으로 Open Platform을 제공,

앱스토어 등 다양한 App과 개발 환경을 제공한다.

2010년 6월에 출시된 아이폰 4는 모바일 운영체계인 iOS4가 탑재되었으며, 멀티태스킹, 폴더생성, 향상된 메일과 기업지원 및 애플의 새로운 iAD 모바일 광고 플랫폼을 제공하고 있다.

앱스토어는 각 개발자 또는 개발업체가 직접 개발한 애플리케이션(Apllication)을 자유롭게 등록하고 판매할 수 있는 온라인 공간으로 기존 콘텐츠 판매구조를 에코시스템(Eco-system)으로 재구성하고, 개발자의 참여를 유도함으로써 콘텐츠의 기획 · 개발 · 유통 프로세스를 단축하여 상생의 비즈니스 모델을 구축한 혁신사례로 평가받는다.

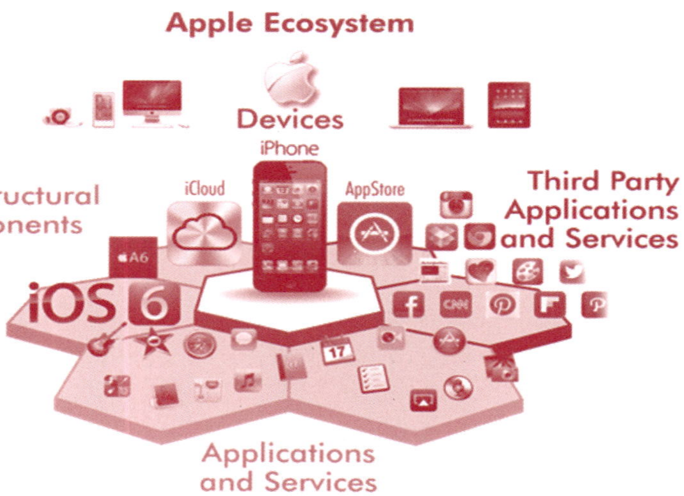


[그림 8-2] 애플의 Eco-system

애플은 에코시스템을 활용, 기존의 업체들이 개별적으로 제공하던 서비스를 애플이 관리하는 한 울타리 내에서 해결 가능하게 하여 사용자 중심의 유통구조를 형성하고 있다.

### ③ 구글(Google) : 안드로이드(서비스) + 디바이스(제조)

구글(Google)은 기술회사로 시작하였지만 현재는 소프트웨어, 기술, 인터넷, 광고, 미디어 등 다양한 사업분야를 보유한 기업으로 진화해 가고 있다. 구글이 2007년 선보인 운영체제 '안드로이드'는 리눅스 운영체제를 기반으로 설계되었으며, 오픈소스 전략을 채택하여 누구나 제한 없이 안드로이드 플랫폼을 이용한 애플리케이션 제작이 가능하다.

구글의 안드로이드는 개방형 운영체제(OS)로써 맞춤(customization)이 가능하다는 점에서 주목을 받았으나, HTC Dream(G1), HTC Magic, Galaxy(i7500) 등의 제조사에 따라 디바이스의 스펙이 달라져 통일성을 상실하였다. 구글은 다양한 디바이스의 등장으로 인한 플랫폼 파편화 문제를 해결하기 위해 안드로이드 플랫폼을 통일하고, 개발자들을 결집시키기 위해 스마트폰 제조에 직접 참여하여 자체 스마트폰 '넥서스 시리즈'를 생산하였다.

구글은 안드로이드 마켓의 판매수익을 개발자에게 100% 지급하고, 사용자를 대상으로 수익을 창출하는 것이 아닌 검색광고를 통해 수익 모델을 개발하는 등 차별화된 전략을 펼치고 있다.

## (2) 통신, 콘텐츠 서비스의 제품화

### ① 카카오(KAKAO) : 캐릭터(이모티콘) + 상품 제조(문구, 인형, 식품 등)

카카오톡은 스마트폰이 등장한 이래로 가장 성공한 히트상품으로, 하나의 문화 트렌드를 주도하고 있다. 초기에는 메신저 기능에 충실하여 텍스트나 간단한 사진 등을 주고받는 것이 전부였지만 점점 하나의 대중문화로 자리 잡기 시작하였고 기존 사용자 기반이라는 이점을 이용하여 자체 제작한 이모티콘 콘텐츠를 제공하고, 이는 대중문화 트렌드 중 하나의 요소로 자리매김하였다. 카카오는 카카오페이지, 카카오페이 등 스마트폰 애플리케이션의 다각화와 더불어 이모티콘 등 콘텐츠의 상품화를 통해 새로운 돌파구를 마련하였다. 또한 자체 이모티콘을 캐릭터 상품화한 인형, 쿠션, 머그컵, 필통 등 문구/완구류에서 캐릭터 티셔츠 등의 의류까지 다양한 형태의 제품화를 실현하였다.

**② KT : 통신(서비스) + 셋톱박스(제조)**

IPTV는 하나의 셋톱박스로 TV와 연결하여, DSL망이나 광가입자망(FTTH) 혹은 광·동축 혼합망(HFC)을 통해 초고속인터넷·방송·데이터서비스·전자상거래 등을 제공하는 서비스를 칭한다. 방송콘텐츠가 위성을 통해 송출, 종합미디어센터에서 망을 타고 가입자에게 제공되는 구조를 갖고 있어 제조업과 서비스업이 융합하여 총망라된 서비타이제이션의 사례로 설명이 가능하다.

주문형 비디오(VOD)의 경우 기존 웹에서 이루어지던 정보검색, 쇼핑이나 VoIP 등과 같은 인터넷 서비스를 소비자가 VOD를 시청하는 중에 부가적으로 제공할 수 있는 기술적 진보가 발생, 사용자와의 활발한 상호작용이 가능해졌다.

콘텐츠 제작업체들이 상품을 판매할 수 있는 Platform을 제공함으로써 새로운 수익구조를 창출하고 부가적으로 판매되는 기기수요를 발생시킬 수 있다는 점에서 하나의 생태계를 구성하고, IPTV를 제공하는 통신사에게는 주문형 비디오 서비스 상품, 인터넷 서비스 상품, 인터넷전화를 패키지 상품으로 제공할 수 있다.

### (3) 공공서비스 분야의 제품화 사례

#### ① 공공자전거 대여 시스템(벨로브, 벨리브, 바이싱 등)

공공자전거 대여 서비스는 공공분야의 대표적인 제품-서비스 융합 시스템으로, 현재 프랑스 리옹/파리, 영국 런던, 스페인 바르셀로나 등 많은 유럽 지역 도시들이 서비스를 실시 중에 있다. 시내 곳곳에 스테이션을 설치하여 언제 어디서든 사용과 반납이 가능하도록 설계되어 자동차 통행량을 감소시키는 환경적 가치 제고와 함께 관광 수익에도 기여하여 경제적 가치까지 동시에 추구하는 성공적인 모델로 평가받고 있다.

특히 스페인 바르셀로나의 바이싱(Bicing)은 아이팟의 애플리케이션 iBicing을 이용, 기존의 카드방식에 비해 보다 편리한 결제 수단을 제공하고 있으며 위치정보 시스템과 연계된 사용자 위치에 따른 대여 및 반납 장소 안내 서비스를 통해 보다 편리한 융합 서비스를 제공한다.

#### ② 오비고 : 애플리케이션 + 자동차, 가전 등

오비고는 왑(WAP : 무선 인터넷 전송규약) 기반의 휴대폰용 브라우저를 세계 최초로 개발한 회사로, 최근 각광받고 있는 HTML5 웹 표준 전문 기업이다. HTML5은 기기의 종류에 상관없이 적용이 가능하며, 오비고는 이를 활용하여 자사의 브라우저 자체를 하나의 플랫폼으로 구축하였다.

오비고는 2012년 현대자동차에서 출시한 산타페 차량에 탑재한 텔레매틱스 시스템 내 '차량용 웹 브라우저'를 개발하였으며, 글로벌 차량용 브라우저 표준화 경쟁에서도 앞서 나가는 행보를 보이고 있다(BMW, GM, 현대차, 인텔, 삼성전자 등 160개 기업이 현재 참여 중인 제니비(GENIVI)라는 스마트카 글로벌 협의체에 브라우저 업체로는 유일하게 참여).

IoT(Internet of Things) 시대에 대비해 오비고는 세탁기, 전자레인지, 프린터 등 생활 주변의 모든 기기에 브라우저를 탑재하는 것을 하나의 목표로 삼고 있으며, 스마트가전에서 나아가 스마트 홈까지 다양한 서비스제조 융합 제품들을 개발하고 있다.

### ③ 현대중공업–ETRI–울산대 : 선박통신기술(Ship Area Networks) + 조선

현대중공업, 한국전자통신연구원, 울산대학교는 산학연 공동으로 3년간 선박통신기술(Ship Area Network; SAN)을 개발, 2011년 상용화에 성공하였다. 해당 기술은 2011년 4월 IEC 국제표준에 선박 통합관리 네트워크 통신기술이라는 이름으로 채택되는 등 국제표준화 단계에서도 상당한 실적을 올렸으며, 네트워크 서비스를 탑재한 '스마트십(차세대지능형선박)'이라는 제품화에도 성공하였다.

이러한 스마트십의 가장 큰 장점은 원격으로 선박의 시동 제어와 유지보수 등 전 단계적 과정에 걸쳐 원격 제어가 가능하다는 점이며, 이와 같은 서비스의 제품화를 바탕으로 2011년 스마트십을 68척 수주하는 성과를 올렸다. SAN은 우리나라가 세계 스마트십 기술의 주도권을 확보하는 단초가 되었으며, 향후 선박 건조산업 외에도 경제운항 소프트웨어 등 다양한 형태의 독립적인 소프트웨어 혹은 솔루션 매출로도 이어질 수 있다는 점에서 IT와 조선의 융합, 나아가 IT와 전통 제조업의 융합은 주목할 만하다.

제9장

# 서비스와 암시적 프로모션

서비스 제공자는 경쟁우위를 확보할 수 있는 프로모션 전략을 수립해야 한다. 서비스의 프로모션 전략은 유형제품과 큰 차이가 없다. 즉 서비스 마케터는 표적세분시장을 선정하고, 표적고객의 욕구를 경쟁사보다 더 잘 충족시킬 수 있는 곳에 서비스를 포지셔닝하고, 이를 달성할 수 있도록 구체적인 암시적 프로모션 믹스를 개발하는 과정을 거친다.

## 1. 서비스와 암시적 프로모션의 이해

### 1) 서비스 상품관리

서비스의 독특한 특성을 고려한 제품의사결정을 내려야 한다. 소비자는 구매 전에 서비스 제품을 만져보고 눈으로 확인하기 어렵다. 소비자들이 이러한 서비스의 비유형적 특성에 대해 불편해할 수 있으므로, 서비스 제공자는 서비스 제공물을 보다 유형화하는 데 있어 매우 유용한 차별적 수단이다. 기업은 서비스 마케팅에서 경쟁우위를 확보하는 데 중요한 역할을 한다.

고객은 대개 서비스 질과 널리 알려진 서비스 제공자의 이름을 함께 연상하는 경향이 있다. 일반적으로 제공되는 서비스의 수준은 서비스 제공자에 따라 혹은 제공시점에 따라 달라지며, 이러한 서비스 특성은 서비스 기업으로 하여금 일관된 서비스제품을 공급하는 데 많은 주의를 기울이게 한다. 어떤 서비스 기업들은 서비스제품을 가능한 한 표준화하려고 노력한다. 즉 모든 고객들에게 표준화된 서비스가 제공되도록 한다. 그러나 서비스의 표준화가 차별화된 서비스를 원하는 고객의 욕구를 충족시키지 못할 수도 있다. 그러므로 변호사, 의사, 컨설턴트 등과 같은 서비스 제공자는 개별고객의 욕구에 따라 차별화된 서비스를 제공한다. 고객들이 서비스를 구입하여 얻는 것은 서비스가 주는 편익이므로, 서비스 업체들은 자사의 서비스를 구입함으로써 얻게 되는 구체적인 편익을 고객들에게 강조하게 된다.

서비스는 그 성질상 표준화시키기가 어려우므로, 어떤 특정 집단의 고객들에 맞게 제품을 차별화시키는 것이 일반제품의 경우보다 상대적으로 더 쉽다고 할 수 있다. 서비스 산업에서는 상표명이 제품을 차별화시키는 데 무척 중요하다.

### 2) 서비스 가격관리

서비스 경영에서도 가격은 매우 중요한 구실을 한다. 가격의 일반적인 중요성과 이에 따른 이유들이 있기 때문으로 보인다. 고객들은 서비스 업체를 고를 때 서비스의 질이 가격에 비례한다고 생각하는 경향이 있기 때문에 일반제품을 고를 때보다 가격에 더 의존하는 경향이 있다.

서비스는 일반제품보다 비교적 가격 차별화를 하기 쉽기 때문에 가격 차별화를 통해 이익을 올릴 수 있는 가능성이 일반제품보다 크고 특히 서비스 부문에서는 시간에 따라 가격을 달리하는 정책이 많이 행해진다.

시간에 따라서 서비스에 대한 수요는 크게 변하는데 서비스는 지정할 수가 없으므로 수요에 맞게 공급을 조정할 수 없고, 수요가 많을 때는 값을 비싸게 하여 수요를 줄이고, 수요가 적을 때는 값을 싸게 하여 수요를 늘림으로써 수요와 공급의 균형을 맞추려고 한다. 서비스를 구입하는 시간이 다른 사람들은 또한 가격에 대한 민감도도 서로 다른 경우가 많다.

이런 때는 구입하는 시간에 따라 가격을 달리함으로써 가격에 대한 민감도의 차이를 이용한 가격 차별화의 효과를 달성할 수가 있다. 소비자들이 느끼는 이러한 가격과 품질의 관계 및 가격 차별화의 가능성 외에 경영자가 서비스의 가격을 정할 때 고려해야 할 요소에는 서비스의 원가, 경쟁사의 가격, 수요 등이 있다.

### 3) 서비스 유통관리

서비스는 무형적이고 소멸성이 높기 때문에, 대체로 대부분의 서비스는 서비스 제공자로부터 소비자에서 직접 판매되는 유통경로를 갖는다. 그러나 때에 따라 서비스 제공을 이용하기도 한다. 예를 들어 호텔이나 항공사는 여행사를 중간상으로 이용하여 고객에게 서비스를 판매한다. 서비스 기업은 서비스 이용의 편의성을 높이는 유통전략을 통해 경쟁우위를 확보할 수 있다.

서비스 기업이 선택할 수 있는 유통경로전략은 고객에게 노출하려는 점포의 수를 기준으로 개방적 유통전략, 선택적 유통전략, 전속적 유통전략으로 나누어진다.

개방적 유통전략은 서비스 기업이 가능한 많은 점포들로 하여금 자신의 서비스를 취급하도록 하는 것으로, 사진현상, 은행서비스 등을 들 수 있다.

선택적 유통전략은 서비스 기업의 명성을 높일 수 있고 판매능력을 갖춘 중간상들만을 선별하여 자사의 서비스를 취급하도록 하는 전략으로서, 생명보험회사가 자사 전속 대리점과 자격을 갖춘 독립 보험대리점을 통해 보험상품을 판매하는 경우가 해당된다.

전속적 유통전략은 일정 지역 내의 특정 중간상에서만 자사의 서비스를 독점적으로 판매할 수 있는 권한을 부여하는 것을 말한다. 서비스 마케터는 유형 제품에 비해 창고, 수송, 재고 관리 등의 물류기능에 대한 관심은 상대적으로 낮다. 이에 반해 서비스 마케터는 서비스 제공의 스케줄에 대해서는 보다 많은 관심을 기울인다. 서비스 기업은 소비자가 구매 · 소비하기를 원하는 시점에 서비스의 이용이 가능하도록 이를 저장할 수 있다. 그러므로 서비스 제공자는 소비자의 수요에 맞추어 서비스가 공급될 수 있도록 스케줄링을 수립하여야 한다. 또한, 인력을 투입하는 스케줄을 운영하기도 한다. 그리고 서비스의 유통에 있어, 중요한 다른 요인은 입지이다. 호텔, 병원, 헬스센터 등은 편리한 입지를 사용한다. 예를 들어 호텔은 공항 근처에 밀집되어 있지만, 일부 서비스 분야에서는 자동화 설비를 갖춘 유통경로의 도입으로 인해 입지의 중요성이 낮아지고 있다.

위에 상술한 서비스의 여러 가지 특성들 때문에 많은 경우 서비스는 생산자로부터 소비자들에게 직접 전달되지만, 중간상이 서비스의 유통에 중요한 역할을 하기도 하고, 서비스 산업에서는 중간상이 아주 적극적으로 서비스의 판매를 촉진하는 경우가 있다. 서비스의 유통에서 또 하나의 중요한 문제는 서비스 업체의 위치이고, 이것은 많은 경우 서비스의 접근가능성이 그것의 판매에 큰 영향을 미치기 때문이다.

### 4) 서비스 촉진관리

서비스 기업은 자사의 서비스 상품을 알리고 구매하도록 하기 위해 광고, 판매촉진, 홍보, 인적판매 등의 촉진수단들을 이용한다. 유형 제품 마케팅의 핵심 성공요인의 하나는 광고를 통해 추상적인 브랜드이미지를 창출하는 것이다. 그러나 눈으로 보거나 손으로 만져볼 수 없는 서비스제품의 경우에는 추상적 이미지를 창출하려는 촉진노력은 적절하지 않다. 그러므로 서비스 마케터는 광고활동을 통해 구체적 이미지와 증거를 제시함으로써 서비스를 보다 유형적으로 보이도록 만들어야 한다.

가령, 서비스 기업이 광고를 통해 사용자에게 제공되는 실제적인 혜택을 제시하는 것은 유형화 노력의 하나이다. 많은 보험회사들이 광고를 통해 보험으로부터 얻게 될 혜택들을 보여주는 것은 판매되는 서비스 활동을 시각화하는 데 도움이 된다. 의사, 변호사 같은 직업들이 지역사회활동에 대한 자원봉사를 통해 자신들의 서비스를 일반대중들에게 알리는 것도 간접적인 광고활동의 하나이다. 일반대중의 일부는 자원봉사를 통해 명망을 얻은 서비스 제공자의 고객이 될 것이다.

한편 서비스 기업은 신속한 소비자 반응과 구매를 유도하기 위해 판매촉진을 실시하는데, 가격할인, 할부, 쿠폰, 프리미엄 경연대회 등이 판매촉진 수단의 대표적인 예이다. 대부분의 판촉수단들이 단기적인 매출증대와 경쟁사 고객에 대한 상표전환 유도를 목적으로 하는 데 비해 단골고객 프로그램은 구매빈도가 높은 현재 고객들에 대한 보상을 통해 재구매율의 증가와 상표충성도의 형성을 그 목적으로 한다. 서비스의 독특한 특성 때문에 서비스 업체들은 서비스의 결과를 눈에 보이는 형태로 만들어 보여주거나 또는 자사의 서비스를 구매함으로써 고객들이 얻게 되는 구체적인 편익을 강조하게 된다. 생산과 소비가 동시에 행해지기 때문에 생산자와 고객이 직접 접촉하게 되는 때가 많고 서비스를 제공하는 사람은 서비스를 생산할 뿐만 아니라 인적판매도 하고 있다고 보아야 한다. 또 고객에게 있어서 서비스를 제공하는 사람은 바로 그 서비스의 일부인 것이다.

서비스 업체는 자사의 종업원들이 서비스의 생산과 인적판매라는 두 가지 역할을 다 잘할 수 있도록 그들을 철저하게 훈련시켜야 한다. 서비스를 구입할 때는 흔히 다른 사람의 추천이 매우 중요한 구실이 되므로 구전효과가 증폭되는 방향으로 커뮤니케이션 전략을 세우는 것이 좋다.

## 2. 서비스와 변화하는 암시적 프로모션 요소

### 1) 변화하는 암시적 프로모션 요소

서비스 경영 또는 마케팅에서는 인적자원(people), 프로세스(process), 물리적 환경(physical evidence) 등을 포함한 7P로써 암시적 프로모션을 추가하고 있다.

먼저, 인적자원의 경우에는 고객을 우선시하고 강하게 동기부여가 된 종업원을 선정 및 투입하고 마케팅 목적을 효율적으로 달성할 수 있는 능력과 준비를 갖춘 인력을 확보하는 것이다. 이러한 측면에서 'Service and Emotion' 기업들은 다른 기업들에 비해서 감정 노동자(emotional labor)로서의 직원들을 많이 확보하고 있다는 특징이 있다. 감정 노동자는 서비스라는 무형적 제품을 실어 나르는 그릇과도 같다. 따라서 음식이 아무리 맛있고 푸짐하다고 하더라도 그릇이 불결하거나 깨져 있다면 그 음식을 주문한 사람은 음식 내용에 대해 만족할 수 없을 것이다.

또한, 프로세스라는 도구는 서비스의 복잡성과 다양성으로 결정할 수 있는데 멀티플렉스 영화관에 커플 좌석으로 영화를 보러 간 고객들은 단순히 최종 결과물인 '영화의 관람'에만 관심을 두는 것이 아니라, 영화관에 도착하여 자리에 앉고 넓고 안락한 쇼파 같은 의자에 앉아서 음악과 분위기를 즐기며, 간단한 주문을 하고 음료수를 마시고 영화를 관람하는 전 과정(process)과 거기서 얻어지는 경험(experience)이 훨씬 더 중요한 것이다.

물리적 환경은 서비스 스케이프(servicescape)라고 표현하기도 하며 인간이 창조한 환경을 의미한다. 즉 물리적 환경이란 '서비스가 창출되는 환경으로 기업과 소비자 사이에 상호작용이 발생하는 환경'을 지칭하는 말이다. 이는 서비스의 수행과 의사소통을 용이하게 해주는 유형적인 것으로 고객이 경험하게 되는 자원이다. 서비스는 무형적이고 보통 구매 전에 사용이 불가능하므로 소비자는 서비스 구매 시 자신이 받을 서비스가 무엇인지에 대해 알 수 있는 유형적 단서를 찾게 되는데 이 중 소비자가 자신이 받을 서비스 수준에 대해 그 내용을 추론함에 있어 아주 중요한 역할을 수행하는 것이 바로 물리적 환경이다.

따라서 서비스 유형의 목적에 따라 인테리어 색깔과 색감, 음악, 벽에 걸린 그림, 실내에 나는 향기, 화초 등에 세심하게 신경을 쓰는 것이 중요하다.

## 2) 서비스 스케이프의 특징

Bitner(1992)는 물리적 분위기 혹은 물리적 증거 개념을 확대하여 이를 서비스 기업에서의 물리적 환경, 즉 서비스 스케이프(servicescape)라고 표현하였으며, 그것은 자연적 · 사회적 환경과 대비되는 개념으로서 인간이 만든 물리적 환경이라고 정의하였다. 또한 Bitner는 물리적 환경을 주변요소, 공간적 배치와 기능성 그리고 표지판, 상징물과 조형물의 세 가지 범주로 분류하였다.

주변요소(ambient condition)는 실내온도, 조명, 소음, 냄새, 색상, 전망 등과 같은 환경의 배경들을 말한다. 일반적으로 주변요소는 인간의 오감에 영향을 미치고 있다. 특히 주변요소가 극단적이거나 오랫동안 접하고 있는 경우에 쉽게 인식된다. 그러나 때로는 사람들이 인식하지 못하는 경우에도 무의식적으로 영향을 미친다. 이러한 유형적이지 않은 주변요소는 특정한 환경에서 오래도록 일하는 종업원들에게 중요한 영향을 미치며 소비자의 반응에 영향을 주고 있다. 예를 들어 슈퍼마켓이나 식당 등에서 음악의 템포가 소비자의 체류시간, 쇼핑속도에 영향을 미칠 수 있다. 그리고 백화점에서 들려주는 음악의 친숙성은 고객 자신들의 쇼핑시간이 얼마나 오래 걸렸는가에 영향을 미친다. 즉 백화점의 고객들은 자신들에게 친숙하지 않은 음악을 들으면서 쇼핑할 때 쇼핑시간이 더 오래 걸렸다고 느낀다고 하였다.

공간적 배치(spatial layout)는 기계나 장비, 사무기기를 배열하는 방법, 크기와 형태, 그리고 이들 간의 공간적 관계이다. 기능성(functionality)은 조직의 목적 달성과 성취를 용이하게 하기 위한 위와 같은 품목들의 기능을 말한다. 공간적 배치와 기능성은 특히 고객들이 종업원의 도움을 받지 못하는 셀프서비스 환경에 더욱 강조된다. 그러므로 ATM, 셀프서비스 식당, PC 뱅킹 등이 성공하고 고객을 만족시키기 위해서는 기능성이 중요하다.

Baker(1987)는 물리적 환경에 대한 정의를 "구조물 내에 포함되어 물적 구조물과 건물로서 그 구성요소에는 건물 외부의 조각과 안내판의 장식물과 조각, 안내물, 그리고 온도, 소음과 같은 분위기 요인 등이 포함된다"고 하였다. 그는 시설 내에 있는 종업원들과 고객들의 유형과 인원수는 환경에 영향을 미칠 수 있고 고객들에 의해 환경으로 지각될 수 있으므로 구성원을 환경의 범위 안에 포함시켰으며 물리적 환경구조를 분위기, 디자인, 사회적 요인으로 구분하였다.

### 3) 서비스 스케이프의 영향

#### (1) 구매결정에 영향

물리적 환경은 외부환경과 내부환경으로 나눌 수 있다. 외부의 물리적 환경은 특히 신규고객을 끌어들이기 위해서 중요하다. 시설의 외형이나 주변환경 등의 외부환경은 서비스 기업의 차별화된 이미지를 확립하는 데 결정적인 역할을 한다. 내부의 물리적 환경은 벽의 색상이나 장식, 의자나 책상 등의 가구, 서비스 생산에 필요한 시설물 등으로 구성되어 있다. 내부환경은 특히 고객과 종업원의 만족과 생산성에 직결된다.

물리적 환경의 영향 중 구매결정의 영향은 서비스 물리적 환경 내에 있는 많은 요소들이 고객의 행위와 구매, 서비스 경험에 대한 만족에 잠재적으로 영향을 미친다. 어떤 서비스 구매상황에서 분위기는 상품 그 자체보다 구매결정에 더 큰 영향을 미치고, 고객의 태도와 이미지 형성에 직접적으로 영향을 미칠 수 있다고 한다.

#### (2) 서비스 무형성 극복

서비스의 물리적 환경은 서비스나 그 품질에 대한 정보적 단서를 고객들에게 제공해주는 커뮤니케이션 역할을 한다. 고객들은 기업의 환경

내에서 서비스를 소비하기 때문에 서비스 기업의 물리적 환경은 매우 중요한 영향력을 갖고 있다. 즉 서비스의 물리적 환경은 서비스나 그 품질에 대한 정보적 단서를 고객들에게 제공해주는 커뮤니케이션 역할을 한다.

서비스의 무형성 때문에 고객들은 서비스 상품을 이해하거나 평가하는 데 다소 어려울 수 있다. 이때 서비스 제공자는 소비자들의 이러한 요구에 부응하여 물리적 환경이라는 유형적 대응물을 제공함으로써 소비자의 이해와 의사결정을 돕는 것이다.

#### (3) 이미지 형성

물리적 환경은 서비스에 대한 고객 감정을 형성하거나 자극하는 데 도움을 준다. 색상, 조명, 음향, 실내공기, 온도, 공간배치, 가구 스타일 등 서비스에 대한 고객의 인상에 영향을 미칠 수 있는 물리적 환경은 서비스에 대한 고객 감정을 형성하거나 자극하는 데 도움을 준다. 물리적 환경은 이러한 측면에서 실제로 아주 미묘한 것이기에 서비스 기업은 궁극적으로 서비스 자체에 대한 긍정적 인식을 창조하기 위하여 물리적 환경을 잘 조성해야 한다.

## 3. 서비스 품질관리의 특징

### 1) 서비스 품질에 대한 이해

서비스 품질에 관한 총체적 정의를 내리기 어렵기 때문에 각각 상황에 적합한 정의를 내리는 것이 적절하다. 또한 서비스 품질이란 개념이 존재하는 공간이 너무 넓고 너무 많은 구성요소를 포함하고 있기 때문에, 이것들을 모두 포함하는 모형을 설계하는 것은 매우 어려울 뿐만 아니라, 그 모형의 적용에 따른 효용성에도 의문이 있다.

이는 서비스 품질측정, 일반화 가능성, 관리의 유용성, 고객 관련성, 개선 방안 제시 여부 등과 같은 의사결정기준의 관점에서 보면, 서비스 품질에 대한 정의와 차원 규명은 각각 장단점을 내포할 수 있기 때문이다.

서비스 품질은 서비스 사용자가 서비스에 대해 느끼는 만족의 정도이다. 따라서 서비스 품질이 훌륭하다는 것은 고객이 기대하는 바를 충족시켜 주거나 기대 이상의 서비스를 제공하는 것으로서 고객이 지각하는 서비스 품질이란 고객의 기대나 욕구수준과 고객들이 지각한 것 사이에 존재하는 차이의 정도로 정의할 수 있다.

따라서 서비스의 품질은 소비자의 인식에 의해 결정된다. 서비스 속성의 집합이 소비자를 만족시키는 정도가 서비스의 품질이라고 말할 수 있다. 이것을 흔히 기대에 대한 인식의 일치라고 한다. 따라서 품질은 다음과 같은 두 가지로 구성된다.

① 사용자가 요구하는 서비스의 속성이 특정 서비스에 정의되어 있고 그것에 부합되는 정도
② 이러한 속성에 대한 요구수준이 성취되어 사용자에게 인식되어지는 정도

제조업에서 제품의 품질을 보통 ① 등급(grade), ② 사용적합성(fitness for use), ③ 일관성(consistency) 등으로 정의한다. 각각의 내용에 비추어 서비스 품질의 정의를 내려보자. 첫째, 등급이란 제품을 상, 중, 하 또는 1, 2, 3, 4와 같은 집단으로 구분하는 중요한 특성에 따라 결정된다. 호텔의 예를 들어보자. 호텔객실의 등급을 나눌 때에는 방의 크기, 설치된 가구의 종류와 질, 카펫의 청결도 등을 기준으로 한다. 또한 은행

의 경우에는 서비스의 다양성, 자산의 건전성, 서비스의 신속성 등으로 등급을 나눌 수 있다.

보다 구체적으로 은행, 백화점, 레스토랑 등 주요한 서비스 기업의 등급 산정 내지 검사에서 고려하는 몇 가지 요인을 정리하여 보면 〈표 9-1〉과 같다.

〈표 9-1〉 **주요 서비스 기업의 서비스 등급 결정요인의 예**

| 서비스 기업 | 등급 결정요인 | 주요 내용 |
|---|---|---|
| 은행 | 창구 직원 | 친절성, 신속성, 정확성, 접근성 |
| | 대출구좌 | 대화가능성, 적절한 신용조사, 이자율, 대출기간, 부실 대출 비율, 예대율(예금대비 대출비율) |
| | 예금구좌 | 정확성, 입출금의 속도, 무담보대출(마이너스 통장) 금액 |
| 백화점 | 제품 창고 | 청결, 조직적 관리, 충분한 상품 공급, 상품의 회전율 |
| | 진열 지역 | 매력성, 잘 정리된 진열, 고객의 의견 청취 |
| | 계산대 | 깔끔함, 친절, 지식 있는 판매원, 대기시간, 신용카드 신용조회 및 판매처리의 정확성 |
| 레스토랑 | 주방 | 청결, 적절한 재고, 위생적인 음식, 보건 규칙 이행 |
| | 계산대 | 신속성, 정확성, 외관성 |
| | 식사장소 | 청결, 편안함, 정기적인 조사 |

출처: Murdick et al.(1994)

둘째, 사용적합성은 서비스가 사용자 또는 고객을 만족시켜주는 정도이다. 소비자의 만족도는 서비스 기대에 대한 상대적인 인식과 서비스 자체의 속성이나 특성에 의해 결정된다. 사용적합성을 측정하기 위해서는 고객에게 중요한 서비스의 속성과 특성에 대한 명확한 아이디어를 가지고 있어야 한다. 그 구체적인 내용은 서비스 품질의 차원에서 살펴본다.

셋째, 일관성은 제공되는 서비스에 변화가능성이 없는 것을 의미한다. 예를 들면 맥도날드의 경우 서울에서 먹는 햄버거, 프렌치프라이, 그리고 콜라의 맛이 로스앤젤레스나 동경에서 먹었던 것과 같은 것이어야 한다.

여기서는 서비스 품질의 정의를 제품의 품질을 정의하는 방식을 빌려 살펴보았다. 기본적으로 큰 차이는 없겠지만, 서비스의 속성과 특징에 비추어보아 대개는 사용적합성을 확대한 모형을 기초로 해서 서비스 품질을 정의하고 측정한다. 즉 사용자의 만족도를 서비스 품질로 정의하고 있다.

## 2) 서비스 품질의 측정방법

서비스 품질의 정의에 있어 다양한 의견이 존재하는 것과 마찬가지로 서비스 품질의 분류에 대해서도 다양한 의견이 존재하는데, 이를 종합적으로 분석하여 보면 기술적 품질(technical quality), 기능적 품질(functional quality), 그리고 기타 요소로 구분할 수 있다. 기술적 품질은 서비스 수행의 결과물을 의미하며, 기능적 품질은 서비스 전달과정의 수준으로 대변된다. 그리고 기타 요소는 고객의 마음속에 자리 잡고 있는 전체적인 인상으로(Dowling, 1993), 기업 이미지, 제품 이미지, 브랜드 이미지로 구성된다(Barich & Kotler, 1991).

Parasuraman 등(1988)은 선행연구를 정리하여 서비스 품질 평가를 위한 SERVQUAL을 개발했다. 이는 소비자들의 서비스에 대한 기대와 성과에 대한 지각을 함께 측정하는 것으로, 고객만족 연구에서 주로 다루어지는 기대불일치 패러다임에 토대를 두고 있다고 할 수 있다. 이 방법은 최초로 개발된 서비스 품질 측정방법이며, 서비스 산업에 폭넓게 적용될 수 있는 일반적인 방법으로 서비스 마케팅 영역에서 매우 광범위하게 응용되고 있다. 특히 SERVQUAL은 신규 서비스의 도입과 퇴출이 잦은 서비스 업종의 특성을 반영할 수 있도록 서비스 분야나 특성에 따라 평가 항목을 새롭게 추가하거나 삭제, 수정할 수 있도록 해줌으로써 적용 범위를 넓힐 수 있는 가능성을 가지고 있다.

경영과학 및 정보시스템 분야에서 Pitt 등(1995)은 정보시스템에 있어서 서비스의 역할이 중요함을 주장하면서 정보시스템의 효율성 평가를 위해 SERVQUAL 측정도구를 이용하는 것이 타당한지에 대한 실증적 연구를 실시하였다. Dyke 등(1997)과 Kettinger 등(1997)은 서비스 관련 문헌에서 SERVQUAL의 타당성에 대해 문제제기가 있었음을 지적하면서 정보시스템 분야에서 보다 적합한 서비스 품질 측정방법에 대한 대안을 제시하였다. Watson 등(1998)은 경영자문회사와 정보 서비스 회사를 대상으로 SERVQUAL을 이용하여 정보시스템에서 제공하는 서비스 품질의 추적조사(Longitudinal Analysis)를 실시하였다.

PZB의 탐색적 고객연구 결과를 도식으로 요약하면 [그림 9-1]과 같다.

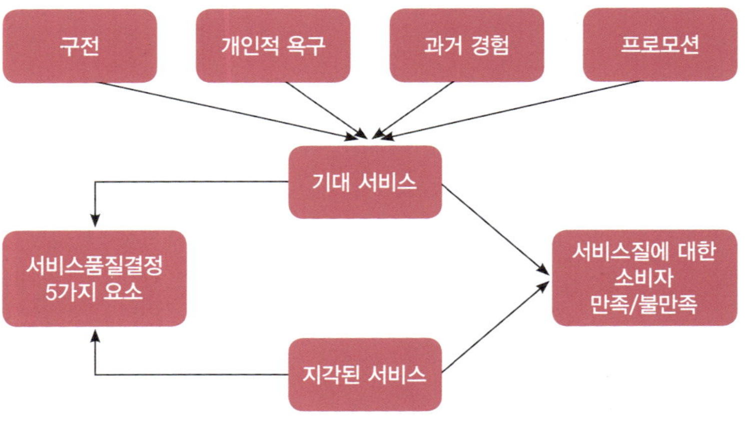


[그림 9-1] 서비스 품질에 대한 소비자의 평가

### (1) 서비스 품질의 평가차원

탐색적 연구를 통해 서비스 품질의 개념적 정의를 내리고 10개의 평가차원을 확인한 후 서비스 품질에 대한 고객의 지각을 측정할 수 있는 도구 개발을 위해 정량적인 연구단계를 시작하였다. PZB는 서비스 품질을 주제로 하는 탐색적 연구와 일련의 반복적인 자료수집과 자료분석 단계를 통해 97개 문항으로 구성된 측정도구 시안을 점차 개선시키고 축약하여 신뢰성(reliability: R), 확신성(assurance: A), 유형성(tangibles: T), 공감성(empathy: E), 대응성(responsiveness: R) 등 5개 차원을 대표하는 22개 문항을 확정하였다.

5개 품질차원은 각 차원의 영문 첫자를 모아 RATER라고 부르기도 한다. 이러한 서비스 품질의 차원은 PZB가 가전제품수리업, 은행, 증권중개업, 신용카드회사와 같은 몇 가지 다른 서비스 유형에 대하여 연구한 결과, 고객이 서비스 품질을 판단하는 데 활용하는 것을 찾아낸 것이며, 고객이 느끼는 상대적 중요도 순서대로 나열하면 신뢰성, 대응성, 확신성, 공감성, 유형성을 들 수 있다. 그 각각은 다음과 같다.

#### ① 신뢰성

약속한 서비스를 믿음직스럽고, 정확하게 수행할 수 있는 능력으로 신뢰할 만한 서비스의 수행은 고객의 기대에 대하여 적시에 동일 방법으로 매번 실수 없이 성취할 수 있는 수단을 말한다. 예를 들어 우편물은 대부분의 사람들이 매일 같은 시간대에 받는 것을 중요하다고 생각한다.

#### ② 대응성

고객을 돕고 신속한 서비스를 제공하겠다는 의지로 뚜렷한 이유도

없이 고객을 기다리게 하는 것은 품질에 대한 불필요한 부정적 인식을 자아내게 한다. 만일 서비스 실패가 발생하게 되면 전문가적인 입장에서 신속하게 복구할 수 있는 능력이 품질에 대한 매우 긍정적 인식을 심어준다. 예컨대, 비행 지연에 대한 보상적 성격으로 음료수를 제공하는 것은 고객의 불편한 잠재적 기업을 호의적으로 바꿀 수 있다.

### ③ 확신성

믿음과 확신을 동반한 직원의 능력뿐만 아니라 그들의 지식과 호의, 확신성 자원에서 주요 특징은 서비스 수행능력, 고객에 대한 정중함과 존경, 고객과의 효과적 의사소통, 서비스 제공자가 진심으로 고객에게 최선의 관심을 쏟는 것을 포함한다.

### ④ 공감성

고객에 대한 배려와 개별적인 관심을 보일 준비로 공감성은 고객의 요구를 이해하기 위하여 접근 가능성, 민감성, 노력을 주요 특징으로 포함한다. 항공사 탑승구의 직원을 대상으로 공감성의 예를 들자면, 고객의 잘못으로 비행기 환승을 하지 못했을 때 이를 해결해줄 수 있는 능력이다.

### ⑤ 유형성

물적 시설, 장비, 인력, 통신사의 확보, 물적 환경(예: 청결도)의 상태는 서비스 제공자가 보여준 세심한 관심과 배려의 유형적 증거이다. 이것은 서비스 제공 시 다른 고객의 행동(예: 호텔에서 옆방의 소란한 투숙객)으로까지 확장될 수 있다.

〈표 9-2〉 SERVQUAL 5개 차원

| 서비스 품질 평가 10차원 | SERVQUAL 차원 | SERVQUAL 차원 정의 |
|---|---|---|
| 유형성 | 유형성 | 물리적 시설, 장비, 직원, 커뮤니케이션 자료의 외양 |
| 신뢰성 | 신뢰성 | 약속한 서비스를 믿을 수 있고 정확하게 수행할 수 있는 능력 |
| 대응성 | 대응성 | 고객을 돕고 신속한 서비스를 제공하려는 자세 |
| 능력 | 확신성 | 직원의 지식과 예절, 신뢰와 자신감을 전달하는 능력 |
| 예절 | | |
| 신빙성 | | |
| 안전성 | | |
| 가용성 | 공감성 | 회사가 고객에게 제공하는 개별적 배려와 관심 |
| 커뮤니케이션 | | |
| 고객이해 | | |

출처: 전인수 · 배일현(2006)

### (2) 서비스 품질의 격차

#### ① 격차 1 : 고객의 기대와 경영자 인지와의 차이

- 고객과의 커뮤니케이션이 없는 경우, 고객기대를 알아보고자 하는 의지가 없는 경우, 고객기대에 응할 준비가 되어 있지 못한 경우로 우선순위 부여에 대한 권한과 책임을 갖고 있는 경영자가 고객의 기대를 이해하지 못한다면 최적의 자원배분에 실패하여 저급한 서비스 품질을 낳게 하는 악순환이 우려된다.
- 신규고객을 유인하는 데 치중하면 기존고객의 변화하는 욕구와 기대를 이해할 수 없다.
- 고객기대를 이해하는 기업도 고객과의 서비스 회복에 실패하는 경우가 있다. 이를 막기 위해서는 서비스 실패를 위한 서비스 회복전

략을 어떻게 개발할 것이며, 어떤 점이 불만이고, 불만요인은 무엇인지 등에 대해 명확한 파악이 필요하다.

**② 격차 2 : 경영자 인지의 품질명세서와 경영자 인지의 차이**

- 경영자 인지에 대한 이해를 서비스 "품질명세"로 전환시키는 것은 어려우며, 격차 2는 고객기대에 대한 기업 경영자의 이해와 경영자가 알고 있는 품질명세서와의 차이 때문에 생긴다.
- 서비스의 무형성 때문에 서비스를 서술하고 의사소통하기 어려워 적절한 서비스 품질명세서를 마련하지 못할 수도 있다. 하지만 직원 모두가 동일한 개념을 가지고 일한다면 표준마련은 어렵다고 볼 수만은 없다.

**③ 격차 3 : 서비스 표준을 제대로 제공하지 못함**

- 실제로 제공되는 서비스가 품질명세서와 일치하지 않는 경우이다.
- 격차 3은 고객중심의 서비스 설계 및 표준과 접점직원이 실제로 제공한 서비스 성과 간의 차이를 말한다.
- 격차 3을 메우는 것은 바로 고객 갭을 메우는 것으로 이를 위해서 서비스 표준과 서비스 제공내용이 일치할 수 있도록 필요한 모든 자원을 적절히 지원해야 한다.

**④ 격차 4 : 고객 커뮤니케이션과 제공 서비스의 차이**

- 서비스 제공과 서비스 제공자의 외부 커뮤니케이션 간의 차이를 나타낸다. 매체광고, 판매원, 기타 커뮤니케이션을 통해 서비스 기업이 약속한 서비스 수준이 고객이 서비스 품질을 평가할 때 기준으

로 사용하는 고객의 기대를 높일 수 있다. 이때 발생하는 서비스 간의 차이는 고객 갭에 악영향을 줄 수 있는 것이다.

- 사람의 역량이 절대적인 서비스는 일반재화를 생산하듯 통제할 수 없기 때문에 서비스 커뮤니케이션은 마케팅 부서 외에 기타 부서들과 밀접한 관련을 맺게 된다. 이를 상호작용 마케팅(interactive marketing)이라 부른다. 상호작용 마케팅은 직원과 고객 간의 접촉으로 이루어지는 것으로서, 전통적인 외부마케팅(external marketing)과 조화를 이루어야 한다.
- 또한 서비스의 가격은 일반 소비재와 달리 가격에 대한 내부준거가격을 고객들이 잘 알지 못한다. 최저가와 같은 할인정책과 쿠폰발행 같은 가격 전략은 가격에 대한 준거가격이 없는 서비스의 경우

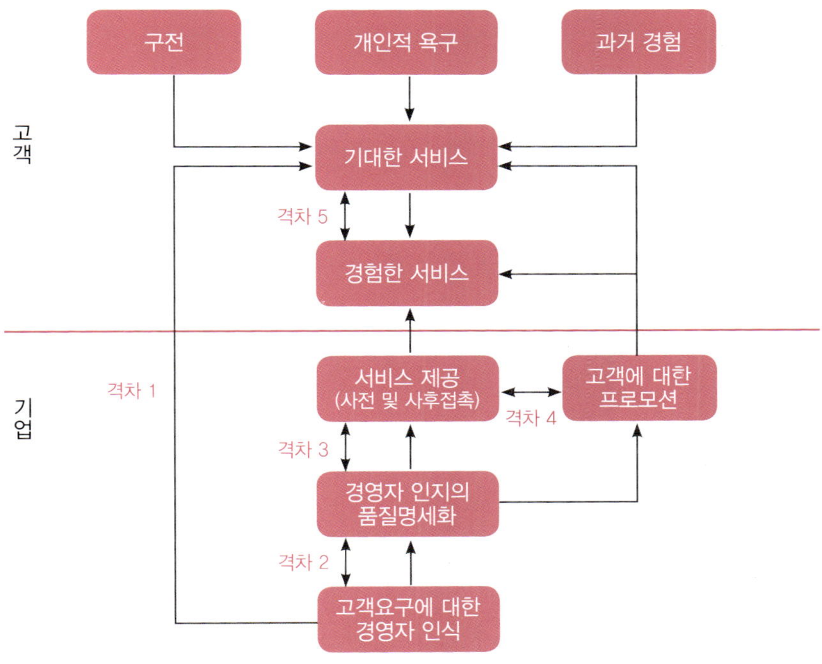


[그림 9-2] 서비스 품질 격차

명백히 달라질 필요가 있다. 즉 서비스에 대한 가격책정은 재화의 가격책정보다 복잡하다.

### ⑤ 격차 5 : 기대한 서비스 – 경험(인지)한 서비스

서비스에 대한 고객기대와 서비스를 받은 후 인지하는 서비스의 품질에 대한 격차인 격차 5는 서비스 전달과정에서 발생하는 네 가지 유형의 갭에 영향을 받고 있다.
격차 5를 발생시키는 진정한 원인이 무엇인지를 파악해 격차 5를 줄여 나가야 할 것이다.

## 3) 서비스 품질의 평가활용

SERVQUAL은 다양하게 응용될 수 있는데, 가장 중요한 기능은 정기적으로 고객조사를 통하여 서비스 품질의 추이를 추적하는 것이다. 다점포 서비스 업체에서는 SERVQUAL을 비교하여 고객 불만의 원천을 발견하는 데 사용한다. 한편 마케팅 연구에서는 SERVQUAL을 이용하여 경쟁업체와의 서비스를 비교할 수 있으며, 서비스 품질의 우위와 부적절성의 차원을 확인할 수 있다.

SERVQUAL은 고객의 서비스 품질에 대한 기대와 지각 간의 격차를 항목과 서비스 차원별로 분석할 수 있게 함으로써 기업이 서비스 품질 개선을 이해하고 노력해야 할 핵심 차원이나 차원 내의 구체적인 항목을 명확히 하는 데 일차적으로 활용할 수 있으며, 그 밖에도 다음과 같이 여러 방면으로의 활용이 가능하다.

첫째, SERVQUAL 측정을 반복 시행함으로써 고객의 기대와 지각을 시계열적으로 비교해볼 수 있다. 이를 통해 일정기간 동안 고객의 기대

수준이나 기업의 서비스 수행에 대한 평가의 추이를 살필 수 있으며, 고객들의 만족도 변화에 미치는 기대와 평가의 영향이 어느 정도였는지를 확인할 수 있다.

둘째, SERVQUAL 조사를 경쟁기업에 대해서도 실시함으로써 자사와 경쟁사 간의 서비스 품질을 비교해볼 수 있다.

셋째, 개인의 SERVQUAL 점수를 토대로 고객들의 서비스 품질 지각 수준에 따라 고객세분화를 위한 자료로 활용할 수 있다.

넷째, SERVQUAL 설문의 내용을 수정하면 기업 내부의 부서 간 업무 협조도와 같은 내부 서비스 품질을 측정하는 데 활용할 수도 있다.

# 소비와 프로모션

제10장

# 서비스 디자인의 활용

## 1. 서비스 디자인의 이해

### 1) 서비스 디자인의 배경과 개념

1997년 토니 블레어 전 영국 총리는 위기에 처한 영국을 다시 부흥시키기 위해 '창의적 산업'에 대한 육성을 강조하면서 국가 차원에서 디자인과 디자인 산업을 육성하기 시작했다. 인본주의적인 사상이 강한 국가인 만큼 디자인은 사회, 복지, 환경을 아우르는 범위로까지 확장되면서 '범죄 대응 디자인(design against crime)', '유니버설 디자인(universal design)', '그린 디자인(green design)' 등이 등장했다.

이러한 정치 · 경제 · 사회적 배경 속에서 산업혁명으로 전 세계를 이끌었던 영국에서조차 서비스 산업 비중이 2008년 기준으로 영국 전체 GDP의 76.2%를 넘고, 고용 비중에서는 76.7%에 육박하면서 사회 전반적으로 서비스의 역할과 범위는 넓어지고 있다. 그 가운데 서비스 디자인은 국가와 사회가 요구하는 디자인의 또 다른 역할로 등장한 개념이다.

서비스 디자인은 '서비스'와 '디자인'이 합쳐진 합성어로서 서비스가 지닌 무형성, 이질성, 비분리성, 소멸성과 같은 특성을 디자인이 갖는 물리적 · 유형적 · 의미적 · 상징적인 특성과 결합해 서비스의 속성을 보다 자세하고 구체적으로 드러내기 위한 방법론이라고 할 수 있겠다.

서비스 디자인의 개념에 대한 해석이 더욱 포괄적이고 광범위해지면서 그 범위는 보건, 의료, 행정, 국방, 치안, 복지와 같은 공공서비스 분야로까지 확산되고 있다. 또한 실제로 서비스 디자인 활동이 활발하게 진행되면서 국가와 사회에 이바지할 수 있는 디자인의 또 다른 역할과 임무로 자리를 잡아가고 있다. 서비스 디자인은 이제 이익추구를 위한 기업과 상품에 적용되면서 더욱 널리 알려지고 있다.

## 2) 서비스 디자인의 다양한 정의

서비스 디자인은 1982년 G. Shosttack의 'How to design a service'라는 논문에서 가장 처음 생성된 개념이다. 이후에, 1984년 하버드 비즈니스 리뷰에서 서비스와 디자인을 결합시킨 서비스 블루프린트를 제안하면서 구체화되었다. 여기서 서비스 디자인은 물질적 요소와 비물질적 요소를 통합한 형태의 확장된 디자인으로 정의를 내렸다. 서비스를 위한 행위, 프로세스, 결과물로 이루어진 서비스 프로세스가 하나의 경계선(line of visibility)을 기점으로 공급자와 고객이 나뉘어 어떻게 상호작용을 보여주는지 나타내는 블루프린트가 개발되었다.

그 이후인 1991년 Gill and Bill Hollins는 『토털 디자인』(Total design)이라는 책을 통해 디자인과 경영의 통합적 관점을 추가하였다. 같은 해, 퀼른국제디자인학교(KISD)에서 Michael Erlhoff(1999) 교수는 서비스디자인을 디자인의 한 분야로 소개하고, 독립된 교육과정을 개설하면서 오늘날의 서비스 디자인이 독립된 영역으로 인정받기 시작하였다.

서비스 디자인은 광의적인 의미로 서비스 자체를 디자인하는 것으로, 협의적인 의미로는 서비스를 디자인하는 리서치 방법을 의미한다(윤성원, 2010). 서비스 디자인은 경험을 중심으로 이루어지는데, 피상적 행동과 심상에서 떠오르는 문제를 서비스 청사진, 여정맵, 페르소나 등의 방법론을 통하여 디자이너들로 하여금 직접 체험의 과정을 거치면서 문제의 요인을 도출하는 것이다. 여기에서 경험적 요인들은 지식으로 환원되며, 직·간접 경험을 통하여 이루어진 결과의 분석을 통하여 구체적인 해결책을 찾게 된다(김효일, 2013).

서비스 디자인에 관한 정의를 살펴보면, 〈표 10-1〉과 같다.

**〈표 10-1〉 서비스 디자인의 정의**

| | |
|---|---|
| The Copenhagen Institute of Interaction Design, 2008 | 서비스 디자인은 유□무형 매개체를 사용하는 경험에 초점을 둔 새로운 분야이다. 특히 소매업, 금융업, 운수업, 의료업 등은 서비스 디자인으로 사용자 경험을 개선할 수 있는 분야이다. 서비스 디자인은 일반적으로 사용자에게 총체적인 서비스를 제공하기 위한 시스템과 프로세스를 디자인한다. 또한 이는 디자인과 경영, 공정 공학의 다양한 방법을 조합한 학제적 분야이다. 서비스는 이미 아주 오래전부터 존재했고 다양한 형태로 체계화되었다. 그러나 새로운 비즈니스 모델을 고려해 서비스를 디자인한다면 사용자의 요구를 바탕으로 새로운 사회□경제적 가치를 창출할 수 있다. 서비스 디자인은 지식기반 경제에서 필수적이다. |
| Stefan Moritz, 2007 | 서비스 디자인은 고객에게 더욱 유용하고 매력적인 서비스를 제공하고 조직이 효율적이고 효과적으로 서비스를 제공할 수 있도록 기존의 서비스를 개선하거나 서비스를 혁신하는 것이다. 서비스 디자인은 새로운 학제적 통합 분야이다. |
| UK Design Council, 2010 | 서비스 디자인은 서비스를 유용하고 효율적이며 효과적이고 매력적으로 만드는 일이다. |
| Birgit Mager, 2009 | 서비스 디자인은 서비스 인터페이스가 고객 입장에서는 편리하고 매력적이도록, 공급자 입장에서는 효과적이고 효율적이며 차별화될 수 있도록 하는 것을 목표로 한다. |
| Engine Service Design, 2010 | 서비스 디자인은 훌륭한 서비스를 개발하고 제공하는 데 도움을 주기 위한 분야이다. 서비스 디자인 프로젝트는 서비스를 제공하는 사람을 함께 고려하면서 환경, 의사소통, 제품 등의 사용성과 만족도, 충성도, 효율성을 개선한다. |

| | |
|---|---|
| Frontier Service Design, 2010 | 서비스 디자인은 기업이 고객의 요구를 종합적이고 깊이 있게 이해하기 위한 총체적 방법이다. |
| Continuum, 2010 | 서비스 디자인은 직원들이 브랜드 메시지에 걸맞은 최상의 서비스를 제공할 수 있도록 업무 환경과 도구, 프로세스를 개발하는 일이다. |
| Livework, 2010 | 서비스 디자인은 서비스 개발을 위한 디자인 프로세스와 역량이다. 서비스 디자인은 기존의 서비스를 개선하고 새롭게 혁신하기 위한 창조적이고 실질적인 방법이다. |
| 31 Volts Service Design, 2008 | 같은 가격에 같은 커피를 파는 두 커피숍이 나란히 있을 때 서비스 디자인은 여러분이 첫 번째 커피숍 대신 두 번째 커피숍으로 들어가도록 만드는 것이다. |

## 2. 서비스 디자인의 다섯 가지 주요 요소

### 1) 시스템(Systems)

서비스는 사람, 사물, 프로세스로 이루어진 시스템을 통해 전달된다. 따라서 서비스 디자인은 이러한 시스템에서 요소들을 어떻게 조화시키고 개선할지 탐색하고 이해해야 한다. 서비스 혁신은 이러한 시스템에서 고객이 일차적으로 인식하지 못하는 사이에 일어나는 욕구를 감지하고 이를 고객의 마음속으로 전달하는 과정에서 발생한다.

### 2) 가치(Value)

성공적인 서비스 상품은 서비스 사용자뿐 아니라 제공자에 의해서도 평가되어야 한다. 이는 맥락에서 서비스의 핵심 성과 지표는 어느 한쪽에 치우쳐 있는 것이 아니다. 다시 말해 서비스 사용자를 모두 만족시켜야 한다. 서비스 사용자를 위해 제공되는 서비스는 유용하고 편리하며 매력적이어야 하고 서비스 제공자를 위해서는 제공하려는 서비스의 시스템이 효율적이고 효과적이어야 한다.

### 3) 사람(People)

사람은 대상이 서비스 사용자이건 제공자이건 간에 서비스 경험에서 절대적인 요소이다. 서비스 디자인을 위한 조사와 개발에 관여한 사람들의 적극적인 참여는 서비스를 디자인할 때 필수적인 요소로 반드시 고려해야 한다.

### 4) 여정(Journeys)

시간이 흐름에 따라 고객이 어떻게 서비스를 경험하는지 아는 것은 서비스 경험이 시작되기 전과 후를 비교할 수 있게 해 지속적인 서비스 혁신을 가능하게 한다. 이 방법을 통해 서비스 경험이 고객에게 일관적으로 제공되는지, 또 이를 고객이 혁신적인 것으로 받아들이는지 확인할 수 있다.

### 5) 제안(Propositions)

시장에서 소비되고 차별화되는 상품으로서의 서비스와 이의 설비가 어떻게 설계되는지와 이것이 현재 형태에서부터 과연 어떤 미래 비전을 가지고 변화해 갈 것인가에 대해 이해해야 한다.

이런 서비스 디자인의 다섯 가지 주요 요소에 대한 고려, 서비스 디자인에 관계하는 사람들의 높은 참여, 그리고 사용자 중심의 디자인 프로세스를 통해 서비스 디자이너는 고객을 행복하게 하는 디자인을 명확하게 제안하고 조화롭게 유지해 갈 것이다. 또한 서비스를 고객에게 잘 전달하기 위한 시스템과 프로세스, 그리고 고객들이 진정으로 원하는 것을 제공하기 위해 지속해서 노력할 것이다.

## 3. 고객의 마음을 움직이는 서비스 디자인

서비스 디자인은 기업이 전달하고자 하는 마케팅 메시지를 고객에게 효율적으로 전달하는 역할을 한다. 이는 서비스 구매자가 서비스 상품을 인지하고, 감응을 느끼고, 행동하는 단계를 밟으므로 보통 'learn-feel-do' 과정을 거치게 된다. 자극으로서의 서비스 디자인이 작동하면 이때부터 고객과의 본격적인 커뮤니케이션이 시작된다. 먼저 서비스 디자인에 노출된 고객은 서비스 상품을 인지하고 판단해, 이를 바탕으로 어떤 형태로든 감정을 느끼며, 마지막으로는 서비스를 경험하거나 구매하게 된다. 이렇듯 대부분은 인지(cognition), 감응(affect), 행동(behavior) 순으로 반응하지만, 비행기 좌석과 같이 그 서비스의 등급이 가격이나 품질에 따라 이미 나뉘어 있을 때에는 'do-feel-learn' 순으로 반응하기도 한다.

### 1) 고객 이해: 인지 유발(Cognition Response)

인지 유발의 목적은 고객이 정확하고 올바른 판단을 하도록 유도해 특정 기업이나 서비스를 긍정적으로 인식하게 만드는 것이다. 인지는 자극에 대한 해석과 이해, 사고를 포함하는 정신적 구조나 프로세스와 관련된다.

디자인은 정보 자극을 전달하는 일종의 매개체이다. 여기에서 디자인의 의미 전달 과정은 고객의 다양한 감각을 자극하고, 고객은 이를 통해 전달된 정보를 이해하는 일종의 커뮤니케이션 과정이다. 디자인을 접한 고객은 심미적, 의미적, 상징적 자극을 받게 되며 이를 통해 각종 정보와 지식을 얻을 수 있다.

일반적으로 누구에게나 보편적으로 다가가는 의미를 객관적 · 외연적 의미(denotative meaning), 각각 다르게 느껴지는 의미를 주관적 · 함축적 의미(connotatus meaning)라 한다. 병원은 객관적 · 외연적 의미로 환자를 보호하고 치료하는 곳이지만, 병원에서 의료사고를 당한 사람이라면 병원에 대해 부정적인 주관적 · 함의적 의미가 있을 것이다.

다시 말해 개인마다 느끼는 자극이나 과거의 경험에 따라 해석과 판단이 달라진다. 고객은 서비스 디자인을 통해 전달받은 인지적 단서를 통해 서비스의 의미를 이해하거나 정보를 평가하며, 다른 서비스 상품과는 차별되는 정보를 받기도 한다. 따라서 기업은 자사 제품에 대한 포괄적인 정보, 정확한 메시지, 함축적인 아이덴티티를 디자인에 담아내고 이를 고객에게 효과적으로 전달해야 한다.

기존 고객과 잠재고객을 이해시키기 위한 디자인을 개발할 때에는 막연한 미적인 아름다움으로 고객의 충동구매를 유도하려는 의드가 아닌 이상 항상 이론적이고 논리적으로 접근해야 한다. 만일 기업이 서비스 디자인에 담은 상품에 대한 메시지에 별다른 내용이 없다고 해도 충동적 자극에 따라 소비로 연결될 수는 있다. 하지만 구매 단계에서 고객이 이론적 사고 과정을 통해 행동을 결정할 때에는 어려움에 부닥칠 수밖에 없다. 또한 디자인의 속성 가운데 감정적 매력에만 이끌려 서비스를 경험했을 때 타당한 정보나 의미 있는 구매단서를 받지 못한다면 소비와 연결되지 않기 때문에 결국 기업에서는 직접적 이득을 얻지 못하게 될 것이다.

따라서 디자이너는 디자인을 통해 고객이 서비스를 올바로 이해하고 정확한 판단을 할 수 있는 근거를 제공해 서비스를 구매하도록 유도해야 한다. 이 목적을 달성하기 위해서는 먼저 서비스의 전체적인 개념과 효용을 파악하고, 디자인을 통해 표현하고자 하는 핵심 속성을 나열해야 한다. 또한 이를 잘 표현하기 위해 제품, 공간, 정보, 아이덴티티, 디지털미디어 등의 디자인 분야와 형태, 재료, 질감, 색 등의 표현 요소를 정해 원하는 서비스의 속성을 담을 수 있는 실체적인 형태를 디자인 프로세스를 통해 찾아야 한다.

지금까지 상업적으로 성공한 디자인을 살펴볼 때 그저 아름답기만 한 것은 없다. 철학과 마케팅 정보를 담고 있고, 그에 따른 콘셉트를 적절히 표현하고 있다. 무작정 아름다움으로 충동구매를 불러일으키는 디자인은 한시적으로 사용자의 눈길을 끌 수 있을지는 몰라도 금세 시장에서 사라지게 될 것이다. 따라서 서비스 디자이너에게는 창의성뿐 아니라 논리성까지 동시에 요구되는 것이다.

## 2) 고객 기대: 감응 유발(Affect Response)

감응 유발은 기업이 서비스 디자인을 통해 고객에게 서비스에 대한 감성(emotions), 기분(moods), 느낌(feeling) 등의 긍정적인 감성을 이끌어내려는 자극이라고 할 수 있다. 디자인이라는 시각 언어는 말과 글보다 그 의미가 함축적이고 상징적인 비(非)시각 언어이기 때문에 사람에 따라 느끼는 것이 다르게 나타난다. 또한 논리적으로 정확히 이해할 수 있는 메시지보다는 불명확하지만 강렬한 느낌을 전달하기에 적합하다. '경험해보고 싶다', '가보고 싶다', '사용해보고 싶다', '가입하고 싶다' 같은 느낌은 최종으로 구매를 결정하는 논리적 판단상황에서도 매우 중요한 요소로 작용한다. 같은 디자인을 경험하고도 성향에 따라 어떤 사람은 즐거움을, 어떤 사람은 불쾌함을 느낄 수 있다. 이렇게 상반된 감정을 느끼는 것은 극단적인 예일 수 있지만 분명한 점은 개인이 디자인을 보고 느끼는 정도는 언제나 다르다는 것이다.

### 3) 고객 반응: 행동 유발(Behavioral Response)

고객이 디자인을 접하고 느끼는 심리적인 반응은 고객의 행동 방식에도 깊은 영향을 미친다. 고객은 서비스 디자인에 대한 반응에 따라 크게 두 부류로 나눌 수 있다. 한 부류는 디자인에 흥미를 느끼는 고객이고, 다른 한 부류는 관심을 보이지 않는 고객이다. 그에 따른 각 행동 반응을 구분하기 위해 환경심리학자들은 '접근'(approach)과 '회피'(avoid)라는 용어를 사용한다. 접근은 눈으로 보거나 손으로 만지는 등 서비스 디자인을 경험할 때 고객이 호감을 느끼고 자신과 커뮤니케이션을 시도하려는 디자인에 끌려서 좀 더 근처에 머무르거나 작동시키려 하는 등 서비스 디자인에 가까이 다가가려는 행동을 말한다. 반대로 회피는 서비스 디자인을 접했을 때 느낀 반감이나 거부감 때문에 피하거나 무시하는 행동을 취하는 것을 말한다.

고객은 서비스를 경험하는 과정에서 서비스를 단순히 소비하는 데 그치지 않고 서비스를 생산하는 데에도 직접 참여한다. 따라서 고객을 순간순간 긍정적이거나 부정적으로 반응하게 하는 디자인과의 실시간 커뮤니케이션은 매우 중요하다. 긍정적인 감정이나 부정적인 감정은 접근 또는 회피라는 반응으로 돌아온다. 서비스에 끌리는 느낌을 받았다는 것은 서비스 공간에 더 오래 머물고 싶다는 것을 뜻하며, 제품, 패키지, 키오스크(kiosk) 등 시각 · 청각 · 촉각 · 미각 등으로 느낄 수 있는 것을 좀 더 경험하고 싶다는 것을 뜻한다. 그런 경험을 한 고객은 그 서비스를 지속해서 이용할 것이고, 이는 주위 사람들에게도 긍정적인 영향을 미칠 것이다. 그리고 결국에는 사람들이 그 서비스를 최종적으로 선택하게 하는 결과를 가져올 것이다.

## 4. 서비스 디자인의 활용

### 1) 서비스 디자인 청사진

서비스를 개발할 때에는 앞에서도 밝혔듯이 네 가지 주요한 특성, 다시 말해 형태가 없어 이를 객관적으로 파악하거나 평가하기 어렵고(무형성), 생산되자마자 소비되어 한순간에 모든 것이 판단되며(동시성), 서비스를 만나는 순간순간 수많은 변수로 그 질을 일정하게 유지하기 어렵고(이질성), 제품과 달리 구매해서 사용하면 바로 편익이 사라져버리는(소멸성) 특성 때문에 유형의 제품을 개발할 때보다 오히려 체계적인 개발 방법이 필요하다. 그뿐 아니라 일반적인 제품 개발과 마찬가지로 서비스 디자인이 비즈니스에서 중요한 역할을 담당하는 요소로 기업 내에서 인정받기 위해서는 서비스 디자인을 개발할 때에도 명확한 근거와 체계적인 개발 방법을 제시해야 한다.

서비스 디자인 청사진에는 서비스 디자인을 개발, 실행, 유지하는 데 필요한 모든 유·무형적 자원과 프로세스가 누구나 알아볼 수 있는 객관적 용어로 가능한 자세히 나타내야 한다. 이는 서비스 디자인 개발에 참여하는 사람들, 주로 마케터, 디자이너, CS(customer satisfaction) 담당자 등의 배경이 다양하더라도 쉽게 이해할 수 있어야 한다. 또한 개발된 서비스 디자인이 효율적으로 실행되고, 지속해서 유지 및 수정, 보완하는 데 참여하는 모든 사람들이 이해할 수 있도록 보편타당한 기호와 용어를 사용해야 한다. 서비스 디자인 청사진은 구체적으로 자세하게 서비스 디자인을 설명하도록 만들어진 마스터플랜(master plan)과 같다.

서비스 디자인 청사진은 이를 개발하는 시점과 개발하는 팀에만 필요한 것이 아니다. 은행, 학교, 병원, 통신, 금융 등 각종 서비스를 제공하는 조직의 전체적인 서비스와 밀접하기 때문이다. 그래서 서비스 디자인 청사진은 서비스를 개발 및 실행하고 종업원을 교육하는 모든 단계, 그리고 제공하려는 서비스와 연관된 모든 조직의 부서에 필요하다. 따라서 서비스 디자인 청사진은 서비스 디자인 개발의 시작이자 기준이 되어야 하며, 서비스를 개발한 뒤 그 서비스에 관련된 모든 사람이 서비스 디자인을 한눈에 파악하고 이해할 수 있도록 작성해야 한다. 모든 서비스 디자인 개발은 '청사진'에서 시작한다. 훌륭한 서비스를 위해 반드시 필요한 요소이다. 따라서 서비스 디자이너의 첫 번째 임무는 모든 사람이 이해할 수 있는 청사진을 작성하는 것이다. 서비스 디자이너는 끊임없이 질문을 던지며 서비스를 제공하는 일련의 과정 속에서 일어날 수 있는 온갖 상황을 염두에 두고 청사진을 작성해야 한다. 또한 완벽한 청사진은 없다는 점을 명심하고 늘 업데이트에 신경 써야 한다. 서비스는 그 무형성만큼이나 변화무쌍한 모습으로 나타나기 때문에 서비스 전략 혹은 상황의 변화에 따라 청사진 역시 유동적이어야 한다.

## 5. 서비스 디자인 청사진의 주요 요소

### 1) 서비스 스케이프(Servicescape)

서비스 스케이프는 고객이 서비스를 경험하게 되는 유·무형의 공간을 나타낸다. 이는 물리적 공간일 수도 있고, 시간적 공간일 수도 있으며, 단지 서비스를 느끼는 고객의 마음속 공간일 수도 있다. '서비스'(service)와 경치, 풍경 등을 의미하는 '스케이프'(scape)라는 접미사와 합성한 용어로 인위적으로 디자인된 물리적 서비스 공간을 말한다. 물리적 공간에서는 사람, 프로세스와 증거물의 연관관계를 나타내는 디자인이 가장 큰 이슈가 된다. 서비스 스케이프는 보통 외부 환경과 내부 환경으로 나눌 수 있다.

### 2) 고객 여정(Customer Journey)

고객 여정은 서비스가 시작되는 시점부터 끝날 때까지 고객이 생각하고 판단하고 행동하는 경로를 의미한다. 만약 서비스가 일어나는 서비스 스케이프가 일정한 면적을 확보한 공간일 경우 고객은 일정하게 움직이므로 곡선으로 표현된다. 고객 여정은 고객이 서비스를 위해 행하는 모든 행동과 거치게 되는 행로를 말한다. 서비스 디자인에서는 서비스 디자이너가 반드시 머릿속에 그려보아야 하는 과정이다. 고객 행로가 보다 광범위하고 복잡하다면 우리는 무언가의 도움을 받아야 할 것이다.

서비스에서 고객의 여정관리를 보다 자세하게 살펴보면, 크게 8단계로 이루어진다.

① 탐색 여정 단계로 기업과 고객이 서로의 존재에 대해 탐색해 가는 과정을 말한다. 이때 고려하는 것은 고객의 관점에서 관계를 형성함으로써 얻게 되는 의무적인 서비스나 특별한 혜택, 비용 및 관계의 가능성이다. 그리고 시험적인 거래를 형성하기도 한다. 이 단계는 매우 짧은 것이 특성이고 후속단계인 평가와 연결될 수 있다. 광고나 상품의 진열에 의해 유도되어 구매하게 되는 경우가

그 사례이기도 하다.

- 관계탐색을 위한 매력(attraction)을 고객에게 전달: 탐색관계의 시초이며, 최소수준의 비용과 보상의 결과를 유추하는 단계로, 고객은 자신의 신념, 가치, 개성과 같은 것에 의해서 개인 간 관심의 정도가 다르기 때문에 매순간 고객의 특성이 다르게 나타나는 것이다.
- 협상(bargaining)을 통해 탐색과정에서 소비자 호기심 유발: 협상은 고객과 종업원이 의무, 편익, 비용을 상호 재조정하여 교환하는 과정이다. 잠재적인 고객은 협상을 시작함으로써 자신의 가치를 만족시키고자 한다. 그러나 기본적으로 고객의 선호도나 거부감의 정도 및 흥미의 정도를 벗어나지 않는 단계이다. 동시에 고객과 종업원 간에 일종의 기초적인 커뮤니케이션이 시작되는 단계이기도 하다. 이 단계의 관계가 지속되기 위해서는 친숙한 구매단계가 상호연계되어야 하며, 미래에도 고객과 종업원의 관계를 유지하기 위해서는 고객들의 기대를 충족시킬 수 있는 충분한 기회를 가져야 한다. 따라서 다양한 프로모션 믹스 전략이 필요하다.
- 관계의 능력: 이는 구매단계와 불가분의 관계에 있는 것으로 고객에게 보다 많은 관계의 형성에 유리하게 작용하게 될 것이다.

② 확장 여정 단계로 고객과 기업이 서로의 존재를 인식하고 관계를 확장시켜 나가는 과정을 말한다. 기업은 고객의 탐색에서 더 나아가 기업과 고객과의 관계를 더욱 확장하여 관계의 친밀함을 확장시키는 전략을 수립해야 한다.

- SNS 이용을 통한 확장전략

- 기업의 멘토링 프로그램 및 대외활동 프로그램을 통한 확장전략

③ 평가 여정 단계로 고객이 기업과 맺은 관계에 대해 평가하는 단계를 말한다. 고객은 기업의 제품과 서비스에 직접 평가함으로써, 피드백을 요구할 수 있고, 기업은 고객의 의견을 바탕으로 관계 개선을 위한 방법을 모색하거나, 고객의 불만을 해소하려는 시도를 할 수 있다.

- NCSI(National Customer Satisfaction Index) 지표
- 상품평, 영화 별점주기 및 후기작성, 상품 구매 후기 등 기업은 고객들의 평가를 실시간으로 받아볼 수 있다.

④ 갈등 여정 단계로 평가한 내용을 바탕으로 고객이 내적 갈등을 겪는 단계를 말한다. 기업이 이 단계를 잘 극복하지 못할 경우, 고객은 다른 기업으로 눈을 돌리게 된다.

- 유해성분 검출, 개인정보 유출, 다양성이 부족한 고객과의 커뮤니케이션 등의 사례가 있을 수 있다.

⑤ 해지 여정 단계로 고객이 기업과의 관계를 해지하는 단계를 말한다. 해지란 상호 간의 관계가 단절되는 것을 뜻한다. 기업은 고객과의 관계를 유지하기 위하여 고객에게 혜택을 제공하고 가격할인 등의 노력을 하게 된다. 이러한 기업의 노력은 타 기업의 기존 고객을 확보하는 유인책이 되기도 한다.

- 예를 들어 통신사는 보조금 제공 및 요금제 할인기간 연장 등 다양한 프로모션 믹스를 활용하고 있다.

⑥ 결속 여정 단계는 어떤 요인이나 계기를 바탕으로 고객이 기업과

결속하는 단계를 말한다. 결속단계는 교환과 상호 간의 임시적이고, 암시적, 묵시적 관계의 계속성이 있는 단계로 잠재적인 대안을 배제하는 단계이고, 고객과 종업원의 충성도가 형성되는 단계이다. 이 단계는 응집력과 함께 고독감이 형성되어 있으나 동질성은 모호해진다. 따라서 보상을 충족시키기 위한 기업과 고객의 계속적인 변화가 요구된다.

- SNS를 이용한 고객과의 결속, 자본투자를 통한 고객과의 결속 강화 등이 사례가 된다.
- 관계 결속을 위한 주요 프로그램은 다음과 같다.
  - 사회적 강화(social reinforcement) 제공 : 사회적 강화란 고객의 존경(esteem)과 친화(affiliation) 욕구를 가리키는 것으로 예를 들어, 고객의 생일에 맞춰 생일축하 쿠폰을 보내줌으로써 사회적 강화를 제공할 수 있다.
  - 재확신(re-assurance) 유도 : 확신이란 믿음직함(trustworthiness), 신뢰성(reliability), 약속(commitment), 그리고 관심(concern) 등을 가리키는 것으로 물리적으로나 정신적으로 고객 가까이 있음으로써 확신을 줄 수 있다.
  - 편익강화(benefit reinforcement) : 이는 고객에게 서비스가 편익을 제공한다는 사실을 알려주는 것으로 이를 통해 고객들로 하여금 서비스 경험에서 발생할 수 있는 인지부조화를 감소시키는 데 도움을 줄 수 있다.
  - 고객문제 해결 : 고객 데이터를 바탕으로 고객의 문제를 해결하는 데 도움을 준다.
  - 맞춤형(customization) 서비스 제공 : 고객의 욕구에 맞춰 서비스를 제공해주는 것이다.

– 서비스 향상(enhancement) : 고객들이 기업에 보여준 충성에 보답하는 의미에서 해당 고객을 매우 특별하게 대우하는 것을 말한다.

⑦ 보상 여정 단계로 기업이 고객에게 보상을 제공하는 단계를 말한다.

- 포인트 마케팅 및 멤버십 강화
- 가격할인 등

⑧ 유지 여정 단계는 고객과 기업이 계속해서 관계를 유지해 나가는 단계를 말한다.

- A/S(After Service) 제도
- 고객 리스트 관리

### 3) 터치포인트(Touchpoint)

터치포인트 고객의 서비스 경험을 구성하는 요소를 말한다. 터치포인트는 광고, 매장, 웹사이트, 청구서, 콜센터, 안내장, 종업원 등 셀 수 없이 많은 형태일 수 있다. 이 모든 것이 고객이 서비스를 이용할 때 감각적으로 경험할 수 있는 유형의 요소들이다. 서비스를 디자인할 때에는 서비스 프로세스의 모든 터치포인트를 예상하고, 명확하고 일관되게 통합된 고객 경험을 창조하기 위해 터치포인트를 그려야 한다. 이를 모두 그려낼 때 고객 서비스의 여정을 디자인할 수 있다.

### 4) 물리적 증거(Physical Evidence)

서비스의 물리적 증거는 고객이 서비스의 터치포인트를 경험할 수 있게 하는 디자인된 유형의 것을 총체적으로 말한다. 서비스 디자이너는 고객이 경험하게 될 서비스를 예상하고 증거물을 가장 효과적으로 경험할 수 있도록 디자인해야 한다. 기업은 서비스 디자인 청사진을 통해 고객이 어떤 터치포인트와 접촉하는지 알 수 있고, 이를 유형화한 물리적 증거로 눈에 보이지 않는 서비스의 한계를 극복할 수 있다. 또한 물리적 증거에 대한 고객의 반응을 예측하게 되므로, 어느 정도 서비스의 질에 관한 판단이 가능해 서비스 도중 맞닥뜨릴 수 있는 위험을 방지하는 효과도 있다. 궁극적으로 서비스의 물리적 증거는 고객과 협력자들의 추상적 평가가 아닌 구체적인 체험을 통해 그들의 가정을 점검해볼 기회를 제공한다.

터치포인트는 고객 여정에서 만나는 고객과 서비스의 모든 접점을 의미한다. 이 터치포인트를 기준으로 생성되는 유형적 증거물을 물리적 증거라 한다. 터치포인트와 물리적 증거는 거의 같은 의미로 사용하지만, 물리적 증거가 터치포인트보다 유형적 속성을 뚜렷이 나타낸다.

### 5) 서비스에콜로지(Service Ecology)

서비스에콜로지는 서비스를 이루는 구성원의 상호관계와 그 시스템을 말한다.

서비스에콜로지 맵핑은 서비스가 작동하는 맥락과 서비스의 체계적인 관점을 구축하기 위해 사용하는 프로세스이다. 서비스 조직은 새로운 기회를 발견하고 아이디어를 얻어 전체적인 서비스 콘셉트를 구축하기 위해 서비스의 영향을 받는 주체와 그들이 서로 관계하는 양상을 그림으로 나타낸다. 이는 궁극적으로 보면 서비스 조직은 지속적인 서비스에콜로지를 창조하기 위해 노력하는 것이다.

### 6) 프로토타이핑(Prototyping)

프로토타이핑은 서비스 디자인을 통해 제시된 모델을 실제적인 구현과 시뮬레이션을 통해 그 타당성이나 성능 등을 검토하기 위해 실제로 초기 모형을 미리 만들어보는 방법론이다. 제품을 실제 모형으로 미리 만들어 여러 가지 실험을 거친 다음 양산에 들어가는 것처럼 서비스 프로토타입도 본격적인 적용에 앞서 다양한 서비스 터치포인트를 물리적 증거로 디자인하고, 서비스 경험을 위한 장면과 장소, 시간을 설정하고, 서비스에 참여하는 고객과 직원, 전문가를 실제로 참여시켜 가장 이상적인 서비스 환경을 실제로 구현해 시뮬레이션해야 한다.

프로토타이핑은 한 가지 또는 몇 가지 조건을 갖추고 운영하는 것이 아닌 실제로 공간과 시간이 움직이는 상황에서 서비스와 함께 제공되는 각종 제품, 공간, 시스템, 프로세스가 동시에 서로 연관을 맺으며 진행되는 것을 경험하게 하는 프로세스적 접근 방식이다. 따라서 이는 실제 환경과 같이 조성한 경험 프로토타이핑을 통해 유·무형의 복합적인 서비스 디자인의 문제점을 찾아내 개선하는 데 매우 유용하다.

## 6. 통합적 서비스 디자인 커뮤니케이션 믹스

서비스는 무형의 상품이라는 특성 때문에 서비스를 소비하는 동안이나 소비한 그 서비스에 대해 가치 판단을 할 때 고객은 종종 유형의 단서나 물리적 증거에 의존하게 된다. 그러므로 서비스를 디자인으로 창조한다는 것은 무형의 서비스를 기업이 고객에게 전달하고자 하는 가치와 내용을 디자인으로 유형화해 전달한다는 데 그 의미가 있다. 또한 이러한 서비스 디자인 활동은 제품디자인과는 달리 서비스라는 무형의 정보를 전달하기 위한 커뮤니케이션을 목적으로 하는 활동이 주를 이루게 된다.

서비스 조직에서 주로 실행하는 디자인 커뮤니케이션은 크게 제품디자인, 공간디자인, 정보디자인, 아이덴티티 디자인, 디지털미디어 디자인으로 나눌 수 있다. 이는 전통적인 디자인의 영역에 따른 분류로, 최근에는 디자인 활동이 복합적으로 융합되어 이루어지는 경우가 많아 각 분야의 경계가 모호해지는 특성을 보인다. 이러한 특성을 반영해 서비스 디자인을 평면, 입체, 시간의 개념으로 확장시켜서 정보와 아이덴티티 디자인을 2D디자인, 제품 및 공간디자인을 3D디자인, 디지털미디어디자인을 4D디자인으로 분류할 수도 있다.

### 1) 서비스제품디자인(Service product Design)

제품디자인은 사람들에게 널리 알려진 디자인의 가장 오래된 형태이다. 아주 오래전 인간이 필요에 따라 단순한 도구를 고안해 사용하던 것에서 시작되어, 현재는 제품과 인간이 상호작용하는 여러 국면을 포괄하는 유용성과도 매우 밀접한 관계를 맺고 있다. 우리 주위에 있는 모든 것, 예를 들어 자동차와 가구, 가전제품 등이 모두 제품디자인에 속한다. 그 밖에도 우리 주위에서 일정한 부피를 가지고 공간을 차지한 사물 모두가 디자인된 것이라는 점을 고려하면 그 범위는 훨씬 넓어질 것이다.

제품디자인이 물리적 제품을 생산해 판매하는 회사라면 어디든 관련된 분야이다. 상업적으로 디자인은 제품에 가치를 부여해 부가가치를 창출하는 활동이라 할 수 있다. 기본적인 유형성을 지닌 형태가 있는 물체에 디자인으로 가치를 부여함으로써 소비자에게 최대한의 효용을 제공하는 일이다. 이러한 활동은 근본적으로 소비자를 위한 것이고 결국에는 비즈니스를 위한 것이다. 디자인이 좋은 제품은 잘 팔려서 시장점유율을 높이고 판매 수익을 올릴 것이며 더 좋은 제품을 생산할 수 있는 투자를 가능하게 할 것이다.

지금껏 혁신적이고 성공적인 제품으로 인정받은 물건들 뒤에는 하나같이 객관적으로 훌륭한 디자인이 있었다. 마케팅의 대가 대부분이 칭송한 애플의 아이폰과 닌텐도의 위가 그 가운데 하나이다. 아이폰과 위는 탁월하고 매력적인 디자인으로 너도나도 소유하기를 원했고 온갖 매체에서 기사로 다루어 막대한 홍보비용을 따로 들일 필요가 없었다. 소비자는 제품이 출시되자마자 웃돈을 주거나 한시라도 빨리 사기 위해 줄을 서서 기다렸을 정도이니 말이다. 포트폴리오에 이런 캐시카우(cash cow) 상품이 하나라도 있는 기업은 행복할 것이다.

서비스제품디자인은 이런 제품디자인의 특성을 이용해 소비자에게 서비스의 가치와 의미를 전달하려는 노력이기도 하다. 서비스를 제공하는 데에도 일정한 부피와 크기로 물리적 공간을 차지하는 '제품'의 디자인이 한몫을 담당하는 것이다. 제품은 형태와 기능을 지닌 하드웨어로서 고객과 상호작용하며 체험을 통해 서비스의 유형성을 강화한다.

## 2) 서비스공간디자인(Service-space Design)

서비스공간디자인은 크게 세 가지로 나눌 수 있다. 사무실, 공장, 사옥같이 회사 직원들이 주로 활동하는 업무 공간과 고객과의 직접적인 만남이 이루어지는 소매점, 콘셉트스토어, 플래그십스토어 등의 상업 공간, 그리고 서비스의 홍보와 판매를 목적으로 전시나 이벤트를 개최하는 전시 공간이 그것이다.

서비스공간디자인은 경영학, 특히 서비스 마케팅 분야에서 인간이 창조한 서비스 공간의 의미로 '서비스 스케이프'라고 하며 그에 관한 연구가 활발히 진행되고 있다. 서비스공간디자인의 중요성은 특히 음식점이나 호텔 같은 숙박시설에서 두드러진다. 고객이 소비를 위해 어떤 장소를 방문할 때 상품 그 자체보다 물리적인 공간이 구매 결정에 더 큰 영향을 미치는 사례가 발견되기 때문이다. 예를 들어 패밀리레스토랑에 갈 때에도 무엇을 먹을 것인가의 문제보다 좋아하는 분위기나 음악, 인테리어, 향기 등이 장소 결정에 더 큰 영향을 미친다는 조사 결과가 발표되고 있다. 이런 사례는 비단 음식점이나 호텔뿐 아니라 병원, 우체국, 은행 같은 서비스 공간에도 파급되고 있다.

서비스를 위한 공간디자인은 한 장소에서 영속적으로 서비스를 펼치는 병원, 레스토랑, 백화점 같은 상업시설에만 해당하는 것이 아니다. 일시적 공간을 점유했다가 해체되는 전시, 이벤트, 박람회 같은 공간에서도 그 효력을 발휘한다. 보통 전시회나 박람회는 많은 기업이 자사의 상품과 서비스를 홍보하고 선전하기 위해 모여드는 장소적 특성을 지닌다. 이런 공간에서 자사의 부스를 디자인할 때에는 특히 얼마나 많은 관람객의 시선과 관심을 끌어 모을 수 있느냐에 초점을 맞추어야 한다. 아무리 좋은 상품을 가져와서 전시를 한다고 해도 전시장에서 관람객이 관심을 보이지 않는다면 아무런 의미가 없다. 따라서 매력적인 전시 공간을 연출해서 관람객의 발걸음을 자사의 부스로 끌어들이고 효율적인 동선을 따라 이동하며 제품이나 서비스를 즐겁게 체험할 수 있도록 하는 등 전시 공간이 제품에 대한 인지도를 높이는 역할을 하도록 해야 한다.

### 3) 서비스정보디자인(Service-information Design)

각 기업의 서비스 디자이너는 고객에게 유용한 서비스 정보를 전달하기 위해 각종 아이디어를 짜내느라 진통을 겪는다. 그렇게 오랜 산고 끝에 얻어낸 정보가 최종적으로 잘못 디자인되어 전달된다면, 그동안 많은 사람이 참여해 노력한 결과가 한순간에 물거품으로 변하고 말 것이다.

정보디자인은 복잡한 정보를 고객이 이해하기 쉽게 디자인하는 것이다. 언어학, 심리학, 인간공학 같은 분야의 이론을 디자인 세계로 끌어들여 적용한 분야로 요즘처럼 다양한 정보가 급속히 생성되고 유통되는 환경에서 정확하고 신속하게 고객이 정보를 받아들일 수 있도록 도와주는 디자인이라고 할 수 있다. 다시 말해 다른 디지털미디어나 제품의 작동 및 조립, 혹은 복잡한 동선 등 짧은 시간 내에 인지하기 어려운 커뮤니케이션이 필요할 때 디자인 요소를 통해 단순화해서 쉽게 이해할 수 있도록 도와준다.

사회가 복잡다단해지고 정보의 양이 하루가 멀다 하고 늘어나는 오늘날, 우리에게 많은 정보를 짧은 시간 내에 알기 쉽게 전달해주는 정보디자인의 역할이 중요하다. 다루는 정보의 양이 많고 정보 전달이 중요한 분야, 특히 디자인과는 별개로 여겨졌던 정부기관이나 조직에서 그 수요가 점차 늘어나고 있다. 물론 잘못 디자인된 서비스 디자인은 불필요한 비용을 지출하게 하고, 내·외부 구성원의 시간을 빼앗아 전체적인 효율을 떨어뜨리기도 한다. 또한 제품의 조절 장치나 디지털미디어를 사용할 때 잘못된 디자인으로 좌절감을 느끼게 하고, 심지어 잠재적인 위험 상황으로 이끌 수도 있다.

만일 그것이 교육 자료일 경우에는 학습자의 이해력을 떨어뜨리고,

과학 기술에 관한 자료일 경우에는 잘못된 이해와 해석을 일으킬 수 있다. 한편 웹사이트일 경우에는 원활한 정보 검색을 방해해 불쾌감을 느낄 수도 있다. 이러한 불편보다 더 중요한 것은, 결국 이런 결과는 서비스 제공자에 대한 부정적인 이미지로 이어진다는 사실이다. 잘된 정보 디자인은 인간을 그 중심에 두고 사용자의 입장에서 디자인한 것이다. 따라서 효과적인 정보디자인은 서비스가 진행되는 동안 고객과 기업의 의사소통을 원활하게 해서 효율성을 높이고, 서비스에 대한 고객의 이해를 증진해 서비스 공급자와 소비자가 긍정적인 관계를 형성하는 데 긍정적인 역할을 한다.

### 4) 서비스아이덴티티(Service-identity Design)

서비스아이덴티티는 기업이 전하고자 하는 서비스의 모습이고, 서비스아이덴티티디자인은 이를 최종적으로 고객이 인식할 수 있도록 한 시각적인 표현물이다. 다시 말해 서비스아이덴티티에는 서비스의 본질적인 가치 체계와 목표 및 의미가 담겨 있고, 서비스아이덴티티 디자인은 이를 심벌, 캐릭터, 로고타입 등을 통해 시각적인 이미지로 드러낸다. 가치 체계와 목표 및 의미, 그리고 시각적인 이미지를 각각 의미 요소와 표현 요소라 한다. 다시 말해 서비스아이덴티티를 확고히 하기 위해서는 서비스의 가치와 목표를 담고 있는 의미 요소, 비시각적 요소와 서비스의 심벌, 캐릭터, 로고타입을 포함하는 표현 요소 간의 연계성을 극대화해야 한다.

서비스아이덴티티디자인은 기업의 아이덴티티와 문화와도 연결된다. 그래서 심벌, 로고타입, 브랜드로 표현되는 아이덴티티디자인은 고객에게 객관적인 신뢰를 심어주는 서비스 기업의 상징이 된다. 그런 만큼 아이덴티티디자인은 서비스 기업의 특징, 이데올로기, 가치 등을 내포하며, 이를 올바른 이미지로 형성하기 위해서는 많은 비용과 노력이 뒤따른다. 서비스아이덴티티디자인의 중요성이 주목받는 이유는 소비자가 서비스 상품을 구매하기 전 시각적 커뮤니케이션으로 이미 각인된 브랜드에 대한 인상과 편견이 상품의 구매 여부에 영향을 미치기 때문이다. '저 서비스를 이용하면서 내가 자부심을 느낄 수 있을까?', '남들이 저 브랜드를 사용하는 나를 좋게 평가해줄까?' 같은 감정이 개입하는 것이다.

무형의 서비스 가치를 시각적인 아이덴티티디자인으로 창조해 전면에 내세우는 것은 무엇보다도 고객 스스로 차별화된 서비스를 받고 있다고 인식하게 해 서비스에 대한 가시성을 높이고 충성도를 향상시키는 데 그 목적이 있다.

### 5) 서비스디지털미디어디자인(Service-digital Media Design)

오늘날 각종 정보와 서비스가 넘쳐나면서 인터넷과 디지털TV, 스마트폰과 PDA(Personal Digital Assistant) 같은 디지털미디어를 통해 서비스를 제공받는 빈도가 높아지고 있다.

디지털미디어는 기존의 전통적인 미디어와 달리 하루가 멀다고 새로운 커뮤니케이션의 가능성을 제시해왔다. 전통적인 미디어는 시간과 공간의 제약이고 비용이 많이 드는 반면에 디지털미디어는 시공의 제약을 받지 않는 전달이면서 개발 및 유지비용이 저렴하다는 장점이 있다. 또 전통적인 미디어가 한정된 공간과 비용 등의 문제로 정보나 감성적인 측면 어느 한쪽에 치우쳐서 광고를 할 수밖에 없는 데 비해, 디지털미디어는 표현의 다양성과 공간의 무제한성을 토대로 광범위한 정보를 감성적으로 동시에 전달할 수 있다. 그뿐 아니라 디지털미디어를 통한 커뮤니케이션은 상호작용적이다. 인쇄 매체나 TV 광고에서 보내 일방적으로 정보를 받아들이는 데 그쳤지만, 디지털미디어에서는 서로 의견을 교환하거나 제시하고 반영하는 것이 가능하다. 이러한 상호작용 커뮤니케이션이 가능한 것은 인쇄 광고가 시각적 자극에 호소할 수밖에 없는 반면 디지털미디어는 청각, 시각, 촉각 등 다른 감각으로 그 전달 매체를 확장할 수 있기 때문이다.

## 참 / 고 / 문 / 헌

김승욱(2019). 디자인씽킹과 서비스디자인. 박영사.

김영석(2005). 설득 커뮤니케이션. 나남출판.

김정현(2006). 설득 커뮤니케이션의 이해와 활용. 커뮤니케이션북스.

김훈철(2005). 브랜드 설득. 다산북스.

박노일, 한정호, 정지연(2012). CEO 트위터 사과메시지의 위기관리 효과: 트위터 사과여부, 사과주체, 감성적 소구를 중심으로. 광고학연구. 23(3): 85–108.

서여주(2019). 소비자행동과 심리. 백산출판사.

서용구, 구인경(2015). 브랜드 마케팅. 학현사.

손일권(2003). 브랜드 아이덴티티. 작가정신.

양윤, 구혜리(2006). 기분, 메시지 틀, 제품관여가 제품태도와 구매의도에 미치는 영향. 한국심리학회지: 소비자 · 광고. 7(1): 1–22.

유명환, 용진경(2009). 캐릭터상품 차별화를 위한 엽기 캐릭터디자인의 연구: 팬시제품을 중심으로. 브랜드디자인학연구. 7(1): 145–156.

윤성원(2010). 서비스디자인 시대가 온다. 한국디자인진흥원.

윤희중, 신호창(2000). PR 전략론. 책과길.

이명천, 김요한(2005). 광고연구방법론. 커뮤니케이션북스.

이차옥, 이성근(2000). 프로모션 에센스. 무역경영사.

이학식, 안광호, 하영원(2007). 소비자행동: 마케팅전략적 접근. 제4판. 법문사.

전인수, 배일현(2006). 서비스 마케팅. 한국맥그로힐.

정유진, 배국진(2007). 소셜네트워킹서비스(SNS)의 동향과 전망. Emerging Issue Report ISBN. pp. 978–89.

지명구(2013, April). 키치가 현대 광고 디자인에 미치는 효율성에 대한 연구. In 한국디지털디자인협의회 conference, pp. 133–136.

차배근(1988). 커뮤니케이션학 개론(상). 세영사.

차배근(1989). 설득커뮤니케이션 이론. 서울대학교출판부.

최윤희(1992). 현대 PR론. 나남.

한혜주, 이경미(2014). 소비자의 소셜 미디어를 통한 정보공유 활동에 대한 연구. 소비자학연구. 25(2): 21-44.

Alba, J. W., Marmorstein, H., & Chattopadhyay, A.(1992). Transitions in preference over time: The effects of memory on message persuasiveness. Journal of Marketing Research. 29(4): 406-416.

Arthur, D., & Quester, P.(2004). Who's afraid of that ad? Applying segmentation to the protection motivation model. Psychology & Marketing. 21(9): 671-696.

Baines, T., & Lightfoot, H.(2013). Made to serve. What it takes for a Manufacturer to Complete.

Baker, M. J., & Churchill Jr, G. A.(1977). The impact of physically attractive models on advertising evaluations. Journal of Marketing research. 14(4): 538-555.

Bass, F. M., & Talarzyk, W. W.(1972). An attitude model for the study of brand preference. Journal of Marketing Research. 9(1): 93-96.

Belch, G. E., & Belch, M. A.(2004). Advertising and promotion: An integrated marketing communications perspective. 6th. New York: McGraw-Hill.

Cantor, J., & Venus, P.(1980). The effect of humor on recall of a radio advertisement. Journal of Broadcasting & Electronic Media. 24(1): 13-22.

Carlton A., Wright, Milburn D., Weitz, Barton A.(1987). Selling: Principles and Methods, Irwin.

Chaiken, S.(1979). Communicator physical attractiveness and persuasion. Journal of Personality and social Psychology. 37(8): 1387.

Chattopadhyay, A., & Basu, K.(1990). Humor in advertising: The moderating role of prior brand evaluation. Journal of Marketing Research. 27(4): 466-476.

Chebat, J. C., Gelinas−Chebat, C., & Filiatrault, P.(1993). Interactive effects of musical and visual cues on time perception: An application to waiting lines in banks. Perceptual and Motor skills. 77(3): 995−1020.

Chestnut, R. W., LaChance, C. C., and Lubitz, A.(1977). "The Decorative Female Model: Sexual Stimuli and Recognition of Advertisements." Journal of Advertising. 6(3): 11−14.

Cooper, M., & Nothstine, W. L.(1992). Power persuasion: Moving an ancient art into the media age. Educational Video Group.

Cox, A. D., Cox, D., & Zimet, G.(2006). Understanding consumer responses to product risk information. Journal of Marketing. 70(1): 79−91.

Davis, S., Inman, J. J., & McAlister, L.(1992). Promotion has a negative effect on brand evaluations—or does it? Additional Disconfirming Evidence. Journal of marketing research. 29(1): 143−148.

Debevec, K., & Kernan, J. B.(1984). More evidence on the effects of a presenter's attractiveness some cognitive, affective, and behavioral consequences. ACR North American Advances.

Deighton, J., Romer, D., & McQueen, J.(1989). Using drama to persuade. Journal of Consumer research. 16(3): 335−343.

Dion, K., Berscheid, E., & Walster, E.(1972). What is beautiful is good. Journal of personality and social psychology. 24(3): 285.

Dommermuth, William P.(1989). Promotion: Analysis, Creativity, and Strategy. second edition. Boston: PWS−Kent Publishing Company.

Dröge, C., & Darmon, R. Y.(1987). Associative positioning strategies through comparative advertising: Attribute versus overall similarity approaches. Journal of Marketing Research. 24(4): 377−388.

Eagly, A. H.(1974). Comprehensibility of persuasive arguments as a determinant of opinion change. Journal of Personality and Social Psychology. 29(6): 758.

Gass, R.H., & J. S., Seiter(1999). Persuasion, social influence, and compliance gaining. Needham Heights, MA: Allyn and Bacon.

Gorn, G. J., & Weinberg, C. B.(1984). The impact of comparative advertising on perception and attitude: Some positive findings. Journal of Consumer Research. 11(2): 719-727.

Grunig, J. E. and Hunt, T.(1984). Managing Public Relations. Fort Worth, TX: Harcourt Brace Jovanovich College Publishers.

Hannah, D. B., & Sternthal, B.(1984). Detecting and explaining the sleeper effect. Journal of Consumer Research. 11(2): 632-642.

Harrison-Walker, L. J.(1995). The import of illiteracy to marketing communication. Journal of Consumer Marketing.

Henthorne, T. L., LaTour, M. S., & Nataraajan, R.(1993). Fear appeals in print advertising: An analysis of arousal and ad response. Journal of advertising. 22(2): 59-69.

Jones, R. A., & Brehm, J. W.(1970). Persuasiveness of one-and two-sided communications as a function of awareness there are two sides. Journal of Experimental Social Psychology. 6(1): 47-56.

Kahneman, D., & Tversky, A.(1979). On the interpretation of intuitive probability: A reply to Jonathan Cohen.

Kamins, M. A., & Assael, H.(1987). Two-sided versus one-sided appeals: A cognitive perspective on argumentation, source derogation, and the effect of disconfirming trial on belief change. Journal of marketing Research. 24(1): 29-39.

Kaplan, A. M., & Haenlein, M.(2010). Users of the world, unite! The challenges and opportunities of Social Media. Business horizons. 53(1): 59-68.

Keller, K. L.(1998). Branding perspectives on social marketing. ACR North American Advances.

Kelman, H. C., & Hovland, C. I.(1953). "Reinstatement" of the communicator in delayed measurement of opinion change. The Journal of Abnormal and Social Psychology. 48(3): 327.

Kotler, Philip, H.(1991). Marketing Management: Analysis, Planning,

Implementation, and Control. 7th ed. Englewood Cliffs, NJ: Prentice–Hall, Inc.

Kotler, P.(2003). "Marketing Management." 11th ed. Pearson, Englewood Cliffs, NJ: Prentice–Hall.

LaTour, M. S., Snipes, R. L., & Bliss, S. J.(1996). Don't be afraid to use fear appeals: An experimental study. Journal of Advertising Research. 36(2): 59–68.

Martin, M. C., & Kennedy, P. F.(1993). Advertising and social comparison: Consequences for female preadolescents and adolescents. Psychology & Marketing. 10(6): 513–530.

McCullough, J. L., & Ostrom, T. M.(1974). Repetition of highly similar messages and attitude change. Journal of Applied Psychology. 59(3): 395.

McQuarrie, E. F., & Mick, D. G.(1996). Figures of rhetoric in advertising language. Journal of consumer research. 22(4): 424–438.

Miniard, P. W., Barone, M. J., Rose, R. L., & Manning, K. C.(1994). A re–examination of the relative persuasiveness of comparative and noncomparative advertising. ACR North American Advances.

Moore, D. J., Mowen, J. C., & Reardon, R.(1994). Multiple sources in advertising appeals: When product endorsers are paid by the advertising sponsor. Journal of the Academy of Marketing Science. 22(3): 234–243.

Moore, H. F., & Kalupa, F. B.(1985). Public Relations: Principles, Cases and Problems - 1977.

Muntinga, D. G., Moorman, M., & Smit, E. G.(2011). Introducing COBRAs: Exploring motivations for brand–related social media use. International Journal of advertising. 30(1): 13–46.

Murdick, R. G., Render, B., & Russell, R. S.(1994). Service Operations Management Technical Texts.

Nisbett, R. E., & Ross, L.(1980). Human inference: Strategies and shortcomings of social judgment.

Oliva, R., & Kallenberg, R.(2003). Managing the transition from products to services. International journal of service industry management.

Olson, J. M., & Zanna, M. P.(1993). Attitudes and attitude change. Annual review of psychology. 44(1): 117-154.

Pechmann, C., & Ratneshwar, S.(1991). The use of comparative advertising for brand positioning: Association versus differentiation. Journal of Consumer Research. 18(2): 145-160.

Pechmann, C., & Stewart, D. W.(1990). The effects of comparative advertising on attention, memory, and purchase intentions. Journal of Consumer Research. 17(2): 180-191.

Pederson, C. A., Wright, M. D., & Weitz, B. A.(1984). Selling: Principles and Methods, Homewood, IL: Richard D. Irwin.

Philport, J. C., & Arbittier, J.(1997). Advertising: Brand communications styles in established media and the Internet. Journal of Advertising Research. 37(2): 68-77.

Puto, C. P., & Wells, W. D.(1984). Informational and transformational advertising: The differential effects of time. ACR North American Advances.

Raven, B. H., & Rubin, J. Z.(1983). Social Psychology. second ed. Canada.

Richins, M. L.(1991). Social comparison and the idealized images of advertising. Journal of consumer research. 18(1): 71-83.

Rogers, E. M.(1989). Inquiry in development communication. In M. K. Asante & W. B. Gudykunt(Eds.). Handbook of international and intercultural communication, Newbury Park, CA: Sage, pp. 67-86.

Rothman, A. J., & Salovey, P.(1997). Shaping perceptions to motivate healthy behavior: The role of message framing. Psychological bulletin. 121(1): 3.

Rothman, A. J., Salovey, P., Antone, C., Keough, K., & Martin, C. D.(1993). The influence of message framing on intentions to perform health behaviors. Journal of experimental social psychology. 29(5): 408-433.

Safko, L., & Brake, D. K.(2009). The social media bible: Tactics, tools, and strategies for business success. Hoboken: Wiley John & Sons.

Sawyer, A. G., & Howard, D. J.(1991). Effects of omitting conclusions in advertisements to involved and uninvolved audiences. Journal of Marketing Research. 28(4): 467-474.

Schultz, D. E., & Barnes, B. E.(1999). Strategic brand communication campaigns. NTC business Books.

Shiv, B., Edell Britton, J. A., & Payne, J. W.(2004). Does elaboration increase or decrease the effectiveness of negatively versus positively framed messages? Journal of consumer research. 31(1): 199-208.

Shiv, B., Edell, J. A., & Payne, J. W.(1997). Factors affecting the impact of negatively and positively framed ad messages. Journal of Consumer Research. 24(3): 285-294.

Shultz, D., & Robinson, W.(1982). Sales Promotion Management. NTC Business Books.

Smith, S. M., Haugtvedt, C. P., Jadrich, J. M., & Anton, M. R.(1995). Understanding responses to sex appeals in advertising: An individual difference approach. In F. Kardes, & M. Sujan(Eds.). Advances in consumer research, Ann Arbor, M. I.: Association for Consumer Research, Vol. 22: 735-739.

Speck, P. S., Schumann, D. W., & Thompson, C.(1988). Celebrity endorsements-scripts, schema and roles: Theoretical framework and preliminary tests. ACR North American Advances.

Steadman, M.(1969). How sexy illustrations affect brand recall. Journal of Advertising Research.

Sternthal, B., Dholakia, R., & Leavitt, C.(1978). The persuasive effect of source credibility: Tests of cognitive response. Journal of Consumer research. 4(4): 252-260.

Swaminathan, V., Zinkhan, G. M., & Reddy, S. K.(1996). The evolution and antecedents of transformational advertising: A conceptual model. ACR North American Advances.

Swinyard, W. R.(1993). The effects of mood, involvement, and quality of store experience on shopping intentions. Journal of consumer research. 20(2): 271-280.

Traylor, M. B.(1981). Product involvement and brand commitment. Journal of Advertising Research.

Tversky, A., & Kahneman, D.(1981). The framing of decisions and the psychology of choice. Science. 211(4481): 453-458.

Unger, L. S., & Stearns, J. M.(1983). The use of fear and guilt messages in television advertising: Issues and evidence. Patrick E. Murphy et al. eds. pp. 16-20.

Unnava, H. R., Burnkrant, R. E., & Erevelles, S.(1994). Effects of presentation order and communication modality on recall and attitude. Journal of Consumer Research. 21(3): 481-490.

Vandermerwe, S., & Rada, J.(1988). Servitization of business: Adding value by adding services. European management journal. 6(4): 314-324.

Webster Jr., F. E.(1992). The changing role of marketing in the corporation. Journal of marketing. 56(4): 1-17.

Wilkie, W. L., & Farris, P. W.(1975). Comparison advertising: Problems and potential. Journal of Marketing. 39(4): 7-15.

Witte, K., Meyer, G., & Martell, D.(2001). Effective health risk messages: A step-by-step guide. Sage.

Wright, P. L.(1973). The cognitive processes mediating acceptance of advertising. Journal of marketing research. 10(1): 53-62.

Zajonc, R. B., & Markus, H.(1982). Affective and cognitive factors in preferences. Journal of consumer research. 9(2): 123-131.

Zhang, Y., & Zinkhan, G. M.(1991). Humor in television advertising: The effects of repetition and social setting. ACR North American Advances.

## 저자 약력

### 서여주

이화여자대학교 일반대학원 경영학 석사
이화여자대학교 일반대학원 소비자학 박사

前 IDS & Associates Consulting 컨설턴트
경기연구원 연구원
한국직업능력개발원 연구원
과학기술정책연구원 부연구위원

現 알토스랩 대표
이화여자대학교, 을지대학교, 가천대학교 외래교수
우송대학교 겸임교수

서여주 박사는 타인의 존재 여부에 의해 크게 영향을 받는 인간 심리를 연구하는 학자이자, 비즈니스 컨설턴트이다. 경영학과 소비자학의 가교 역할을 담당하며, 심리학과 연계된 대학 강의도 함께 진행하면서, 남들이 해온 이야기보다는 남들이 미처 보지 못한, 누구도 하지 않은 이야기들을 찾아내는 데서 행복을 느끼는 교수이다.

인간의 행동과 심리에 대한 다양하고 심층적인 정보를 수집 · 가공하여 다수의 학술연구와 국내외 기업 프로젝트 그리고 학술 및 정책 연구를 수행하고 있다. 특히 2016년 소비자정책교육학회와 2018년 고객만족경영학회에서 단독으로 우수논문상을 수상하였고, 학계는 물론 실무영역에서도 선도적으로 문제를 제기하고 있다.

대표 저서로는 『고객응대실무』, 『365 글로벌 매너 : 당신의 결정적 차이를 만들어 줄 법칙』, 『Built for growth』, 『소비자 행동과 심리』, 『컨슈머리즘의 이해』(공저), 『소비와 시장』 등이 있다.

저자와의
합의하에
인지첩부
생략

# 소비와 프로모션

2021년 3월 10일 초 판 1쇄 발행
2021년 8월 10일 제2판 1쇄 발행

**지은이** 서여주
**펴낸이** 진욱상
**펴낸곳** (주)백산출판사
**교 정** 성인숙
**본문디자인** 신화정
**표지디자인** 오정은

**등 록** 2017년 5월 29일 제406-2017-000058호
**주 소** 경기도 파주시 회동길 370(백산빌딩 3층)
**전 화** 02-914-1621(代)
**팩 스** 031-955-9911
**이메일** edit@ibaeksan.kr
**홈페이지** www.ibaeksan.kr

ISBN 979-11-6567-347-5 93320
**값 23,000원**